An die Sterngeborenen

Erinnerung für die Erwachten

von Solara

ch. falk-verlag

Aus dem Amerikanischen
von Christiane Sautter

Redaktion: Ch. Falk

deutsche Erstausgabe

3. Auflage, Februar 1992

Umschlaggestaltung: Solara
Illustrationen:
Mimi Kamp und Marie St. Marie (Sheoekah Amu)

Satz: Indragni, Ascheberg-Herbern
Druck: F. Steinmeier, Nördlingen

Printed in Germany
ISBN 3-924161-55-0

Der schnellere Weg nach Hause

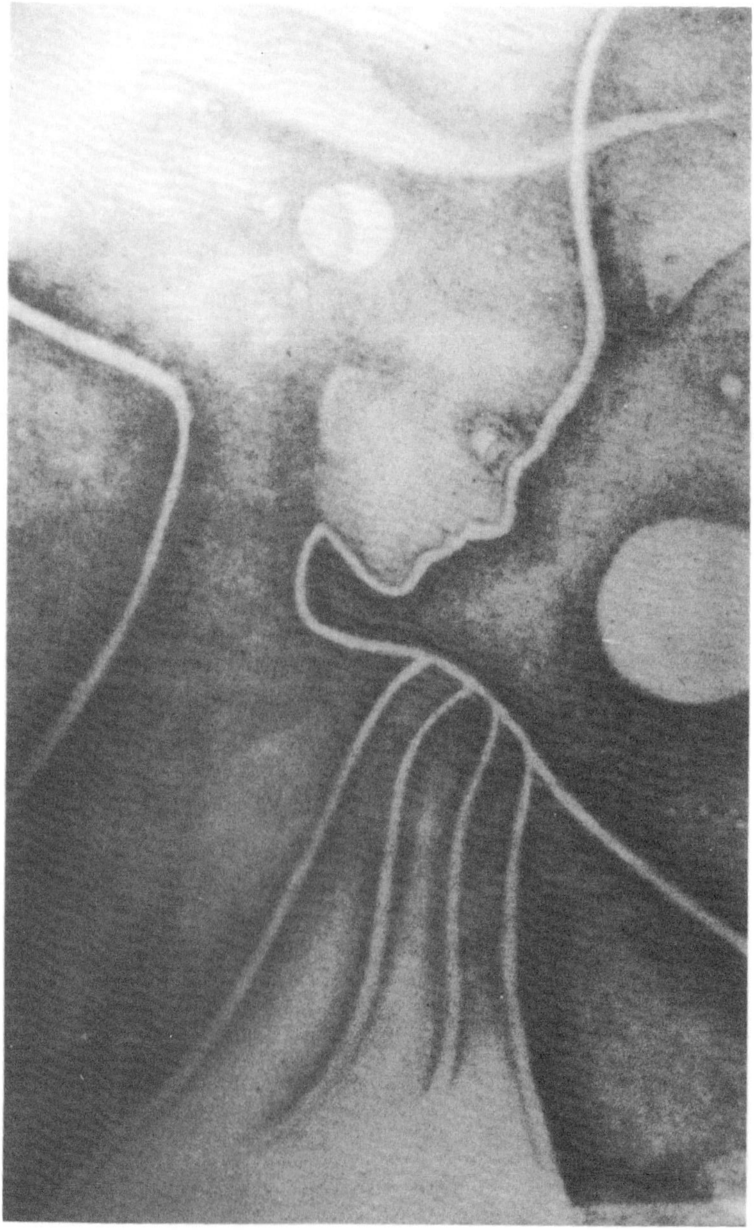

„Im Angesicht der Unendlichkeit" Sheoekah Amu (Mary St. Marie).

Dieses Buch widme ich in Liebe
den Sterngeborenen,
denen, die sich erinnern.

Seid mutig
und zögert nicht,
offen ihr selbst zu sein.

Engel, die frei
auf Erden wandern,
auf dem Weg nach Hause zu ihrem Stern.

Inhaltsverzeichnis

Die Sterngeborenen

Die Engel

Die Sterne

Die Reise nach Hause

*Am Anfang
gab es nur
einen Stern,
den Stern, der wir sind.
Er leuchtete über
einem leeren Universum.*

Als er barst
und seine Teile
durch die göttliche Leere schleuderte,
füllte sich der Himmel mit winzigen Lichtern,
und so waren unzählige Sterne geboren.

Vielleicht erinnerst du dich jetzt an die Zeit,
als wir Teile dieses Sterns waren
und in der Unermeßlichkeit des Himmels
kreisten und tanzten.

Denn wir müssen uns erinnern,
wenn wir uns vereinen wollen.
Die Sternfamilien sammeln sich,
um wieder nach Hause zu reisen.
Wir wollen wieder zu dem Stern verschmelzen,
der wir einst waren.

Kommt mit mir, meine Geliebten,
wir werden uns erinnern ...

Die Sterngeborenen

Die Sterngeborenen

Ihr wißt jetzt, wer ihr seid. Ihr seid überall, gründlich unter die Menschheit gemischt; ihr seid mitten unter uns.

Man findet dich in allen Lebensbereichen, in zahllosen Berufen und Lebensstilen, und du gehörst all den verschiedenen Kulturen an, die dieser Planet zu bieten hat. Und doch hast du nie empfunden, hier am richtigen Platz zu sein. Viele von euch fühlten sich verlassen, so, als ob sie von ihren wirklichen Eltern zur Adoption freigegeben und einer fremden Familie überlassen wurden. Vielleicht hast du, als du jung warst, deinen Eltern und Geschwistern tief in die Augen geblickt und dich gewundert, wer sie sein mochten und warum du mit ihnen zusammenlebtest. Nachts schautest du zum Himmel auf und riefst dein wahres Volk, dich aus dieser ungewohnten Wirklichkeit zu erretten. ***Ja, du bist ein Sterngeborener.***

Als du Kind warst, hattest du viele ungewöhnliche Träume und Erfahrungen. Du versuchtest, deine Familie daran teilhaben zu lassen, doch oft tat diese deine Berichte als das Ergebnis einer überspannten Phantasie ab. Einige von euch erinnern sich daran, nachts über dem Bett geschwebt und mit seltsamem inneren Abstand auf den schlafenden Körper geblickt zu haben. Oder vielleicht erlebtest du das Gefühl, so unermeßlich groß zu werden, daß sich dein Geist weit über die Grenzen des Verstehens dehnte. Wenn du aber anfingst, deine Maßstäbe der Größe anzugleichen, wurdest du in einem Augenblick so klein, so furchtbar winzig, daß du es dir nicht mehr vorstellen konntest.

Möglicherweise erlebtest du, daß sich alles immer schneller bewegte, bis es vor deinen Augen verschwamm und du dich schwindlig und übel fühltest. Dann, ohne Vorwarnung, verlangsamte sich die Zeit und kroch dahin, und du wurdest verrückt vor Ungeduld. Diese Erfahrungen der Kindheit, die du zum Teil noch heute erlebst, waren Reisen durch die verschiedenen schwarzen Löcher, durch die Pforten zwischen den Dimensionen, die du offener erfahren konntest, als du jung warst und noch ungeschult in den Lebensweisen der heutigen Welt, die nicht glaubt, daß solche Dinge überhaupt existieren.

Vielleicht hast du in unberührter Natur Feen geschaut, die dich freudig einluden, ihre Geheimnisse mit ihnen zu teilen; denn diese Wesen sind sehr glücklich, wenn Menschen ihre Gegenwart anerkennen und mit ihnen spielen. (Tatsächlich war das so geplant.) Vielleicht traten nachts im sicheren Schutz deines Zimmers, das dich vor der Welt abschirmte, Engel zu dir. Sie sangen dir die Lieder der Sterne, wachten stets über dir und heilten dich zuweilen von Krankheit und Verzweiflung. Oder du wurdest, wenn du spät in der Nacht warm in deine Kissen gekuschelt lagst, von leuchtenden Lichtsphären besucht, die dich seltsam beruhigten. ***Ja, du bist ein Sterngeborener.***

Vielleicht fühltest du dich verloren, so, als ob du auf deiner Reise irgendwo die falsche Abzweigung genommen hättest und rein zufällig auf dem Planeten Erde gelandet wärest. Doch, ach, du erinnerst dich nicht mehr an den Weg nach Hause! Du schaust nachts in den Himmel und hoffst, daß irgendein Funke das Flackern deiner schwachen Erinnerung an so lang vergangene Zeiten neu entfacht. Benommen und verwirrt wanderst du auf diesem Planeten umher und weißt doch: solange du dich hier befindest, gibt es einen Grund dafür. Möglicherweise mußt du einen Dienst leisten, um deine Fahrt nach Hause zu verdienen. ***Ja, du bist ein Sterngeborener.***

Doch du könntest auch deshalb auf der Erde sein, weil du *irgendwo anders* ernsthaft gefehlt hast und deshalb hier bestraft wirst. Möglicherweise erinnerst du dich daran, deine Macht in einer anderen Dimension mißbraucht zu haben. Jetzt bist du auf diesen Planeten abgeschoben worden, um für vergangene Missetaten zu büßen. Natürlich hast du dafür gesorgt, dich so klein wie möglich zu machen, damit du nie wieder der Herausforderung begegnen mußt, ein Instrument der Macht zu sein! Du bist ein wandernder Verwundeter; die Schwerter, Dolche und Kriegsbeile hast du, du selbst, in dein eigenes Sein gebohrt! Der dauernde Schmerz hält dich klein, und du bist nicht in Gefahr, zu stark zu werden. Schlurfend strolchst du über diesen Planeten und hältst dich selbst zurück, gebeugt unter einer ungeheuren Bürde der Schuld, die du nicht tragen kannst. Du weißt, daß du *unwürdig* bist, zu Hause zu sein, und deshalb nimmst du die Schmerzen der Verbannung und der Ungnade, ohne zu murren, an. ***Ja, du bist ein Sterngeborener.***

Jeder von uns Sterngeborenen hat diese Empfindungen, die tief ins Gedächtnis unserer Zellen geprägt sind, mit sich herumgeschleppt. Wir haben uns gefragt, warum wir hier sind, warum wir uns so sehr von den *anderen* unterscheiden und warum wir nicht in Lebensformen passen, die *normal* erscheinen. Es ist so, als ob wir ein anderes Lied hörten als die meisten Menschen, eines, das uns tief berührt, dem jedoch nur wenige zu lauschen scheinen. Die Bruchstücke dieses kostbaren Liedes lassen uns weitermachen, als versuchten wir, Teile eines uns unbekannten, heiligen Puzzles zusammenzufügen, das die meisten Menschen gar nicht wahrnehmen.

Wir fädeln unsere erwachten Erinnerungen wie Perlen auf eine Schnur und streben danach, daraus wieder eine Halskette zu machen.

Immer war es so für uns, seit wir in zahllosen Verkörperungen auf dem Planeten Erde lebten. Manchmal verstellten wir uns derart, daß man uns als normal einstufte und wir kurze Augenblicke der Dazugehörigkeit erlebten; trotzdem fühlten wir uns nicht wohl bei unserer Täuschung. Es machte uns oft krank, manchmal so sehr, daß wir daran starben. Wir verkörperten uns jedoch immer wieder und erprobten neue Gelegenheiten.

Dann gab es unsere inneren Gesetze und Verhaltensregeln. Oft standen sie im Gegensatz zu den Normen, die gerade auf der Erde herrschten. Wir schienen mit anderen Gesetzen, Werten und Regeln geboren zu sein. Handlungen, die für alle anderen genau richtig waren, schadeten uns, während wir Dinge tun konnten, die der Mehrheit der Menschheit nicht gestattet waren. Dies war nicht nur ziemlich verwirrend, sondern brachte uns häufig in große Schwierigkeiten, ein Zustand, der bis heute andauert.

Manchmal hatten wir das Glück und trafen einen anderen Menschen, der uns zu verstehen schien — vielleicht lauschte er demselben heiligen Lied wie wir. Welch ein Geschenk, wenn wir unsere Gefühle teilen und einander unsere kostbarsten und innersten Sehnsüchte zeigen konnten! Diese kurzen Augenblicke verringerten unser Gefühl der Verlassenheit und Einsamkeit. Oft schaute uns ein Fremder im Vorübergehen eindringlich an. Dann hob sich unsere Stimmung, und wir schöpften Hoffnung, daß irgendwo andere sein mochten, die verstanden.

Meist litten wir unter Einsamkeit und Unverständnis. Doch wir suchten weiter, und immer noch riefen wir zu den Sternen, daß sie kämen und uns zu sich holten.

Selbst unsere Körper waren anders. Wenn wir krank waren, sank unsere Temperatur anstatt zu steigen; oft litten wir unter niedrigem Blutdruck und verstopften Stirnhöhlen. Manchmal hatten wir ein merkwürdiges Rückgrat. Unsere Körper waren ungewöhnlich biegsam; wir hatten *„Gummigelenke“*, wie sie es nannten. Am auffälligsten waren jedoch unsere Augen. Wir schauten auf eine Art und Weise, die sich tatsächlich von den meisten anderen unterschied. Wir konnten *sehen.* Das bedeutet, daß wir weit mehr wahrnehmen konnten als die anderen mit ihren physischen Augen. Wir vermochten in die andere Person hineinzublicken und ihre Seele, ihre Gedanken und innersten Gefühle zu lesen. Deshalb fühlten sich viele Menschen in unserer Gegenwart unbehaglich. Tatsächlich waren wir oft unbeliebt und geächtet, weil die Menschen Angst hatten, durchschaut zu werden. Es war nicht so, daß wir uns anstrengen mußten, um mehr zu sehen; es geschah ganz ohne Mühe. ***Diese Fähigkeit gehört einfach zu den Sterngeborenen.***

So lebten wir unser Leben — allein, einsam und mißverstanden. Wir versuchten immer, unsere mißliche Lage besser zu begreifen, fahndeten stets nach dem Schlüssel, der uns das Tor nach Hause öffnen würde. Wann immer wir konnten, trösteten wir uns mit kurzen Freundschaften, der süßen, vergänglichen Leidenschaft der Liebe und der Vereinigung mit der Natur.

Die Schönheit der Natur nährte uns sanft, linderte unsere Rastlosigkeit und verankerte uns durch ihren beständigen Wandel — dem Kreislauf von Geburt, Tod und Erneuerung.

Hier, allein mit der Natur, fühlten wir uns auf diesem Planeten fast zu Hause. Ihre Einfachheit umarmte uns wie eine Mutter ihr Kind. Wir empfanden Schutz und Hilfe für unsere ungeheure Verletzlichkeit. Für einen Augenblick konnten wir uns entspannen und tief und offen durchatmen, um uns für die Rückkehr in die Welt zu stärken.

Von Anfang an bedrohte uns die Welt, ganz gleich, in welcher Zeit oder an welchem Ort wir uns verkörperten; gleichwohl waren einige Kulturen erleuchteter als andere und einige Inkarnationen leichter. Wir versuchten, uns mit jedem nur möglichen Schutzpanzer zu umgeben, um unsere tiefe Empfindsamkeit zu verbergen. Schließlich wuchs das Gewicht dieser vielen Rüstungen zu einer untragbaren Bürde. Wir konnten uns kaum noch bewegen und fühlten uns dennoch ständig bloßgestellt.

Solange es Zeit gibt, wurden wir in die verschiedensten irdischen Ausdrucksformen gedrängt. Wir erfuhren Reichtum und Armut, Weisheit und Dummheit, Macht und Ohnmacht. Zuletzt vermischte sich alles. *Wir hatten alles gesehen und alles erfahren.* Es schien, als bliebe nichts mehr für uns zu tun. Alle alten Völker und Rassen der Menschheit waren zu unserem eigenen Volk geworden. Alle fremden Länder lernten wir zutiefst als die eigene Heimat kennen. Wir hatten alle Sprachen gesprochen, alle Sorten der Arbeit, vom Regieren bis zum Dienen, verrichtet, wir waren männlich und weiblich, jung und alt gewesen, immer und immer wieder.

Wir fühlten eine tiefe Erschöpfung ob unserer vielen Lebenszyklen auf diesem Planeten. Wenn wir wieder einmal seinen Sonnenuntergang bewunderten oder der Krähe lauschten, die wie jeden Morgen den Sonnenaufgang ankündigte, standen uns die stillen Tränen der Müdigkeit in den Augen. Wie oft noch würden sich diese Dinge wiederholen?

Wir hatten alles getan und waren jeder gewesen, viel zu oft! In dieser endlosen Wiederholung vermischten sich Freude und Trauer.

Dennoch gab es etwas, was wir noch nicht erlebt hatten. Das, nach dem wir uns immer gesehnt, was wir immer gesucht hatten — die Erinnerung. Wir wußten, daß die Erinnerung unbedingt vonnöten war, um den Schlüssel zu finden, der uns die Tür zu unserem Zuhause öffnen würde. Aber gerade das, was uns am kostbarsten dünkte, hatte sich uns stets entzogen, trotz all unserer irdischen Abenteuer ...

Geh nach innen, geh ganz tief nach innen,
denn auch du wirst umgeformt.
Die Wandlungen sind tief,
sie sind gründlich,
dauern ewig.

Du beklagst den Tod
des Kleinen,
Alten,
das dir seit deiner ersten Erdgeburt
vertraut ist.
Das süße Selbst deiner Persönlichkeit,
dessen Ego dir freimütig
in zahllosen Abenteuern
beigestanden hat.

Dieses Kleine
fällt wirklich weg,
denn es ist abgetrennt und anders
und nimmt sich selbst so wichtig.
Es verschmilzt in dir
mit dem Gemisch,
das als dein Engelselbst bekannt ist.

Der Engelname ist
der Name der Sternfamilie,
nicht der Name einer einzelnen Persönlichkeit.
Erfüllt von unendlicher Liebe
und doch vollkommen losgelöst,
so, als wärest du nicht hier,
und bist es doch.

In deiner neuen Form
als Engelteil des Sterns
weinst du um das Vergangene
und willst es gleichwohl nicht länger.
Doch was füllt die Kluft
zwischen dem, was war,
und dem, was kommen wird?
Die wichtigste Frage ist:
„Wer bin ich?"

Ich kenne all das,
was ich nicht bin.
Ich bin deshalb von all dem frei geworden,
weil ich so lange,
weil ich so oft erfahren habe,
daß ich alles bin.
Ich bin der Eine, ich bin die Vielen.

Ich bin nicht einfach dies oder jenes,
ich bin jeder, überall.
Es ist schwer,
eine Stimme, ein Selbstgefühl,
etwas, das wirklich wichtig ist,
von der neuen Weite abzutrennen,
die ich geworden bin.

Ach, armes kleines Selbst,
am Wegesrand sitzt du verlassen,
hängst deinen verblassenden Erinnerungen nach,
sehnst dich nach Zuneigung
und der Kontrolle des Ego.
Alte Träume fliehen stetig
aus dem Blick zu fernen Horizonten
wie der blasse Sonnenuntergang vom letzten
Sommer.

Komm herein, du vergessenes Kleines,
denn hier ist Platz für alle.
Siehst du, ich bin die Vielen,
komm und spiel mit mir.
Wenn unsere Engelflügel dich umarmen
und süße Gnade uns umhüllt,
wirst du nur Liebe finden,
und in Liebe werden wir der Eine.

Doch nicht ich weiß,
wer ich bin.
Woher stammt diese Autorität,
dies Wissen,
dieses Sein,
dies Gefühl der Ganzheit?

Schon bin ich Teil des Sterns
und nicht mehr die Persönlichkeit.
Verschmolzen mit dem dreidimensionalen Körper,
bin ich doch viel größer.
Den Himmel könnte ich ausfüllen,
wenn ich atme und mich zu dem ausdehne,
was ich wirklich bin.

Denn ich reite und gleite nicht nur
auf wogenden Sternwellen,
ich verschmelze auch mit ihnen.
Ich bin die Planeten,
ich bin die Sterne,
strahlend, pulsierend,
Welt in Welten.

Ich bin ein Eingang in die Dimension,
ich bin eine Säule aus Licht,
ein Strahl der Großen Zentralen Sonne.
In meiner Ganzheit bin ich Eins.

Die Dualität

Es kam die Zeit, da wir die Straßen der Spiritualität in der dritten Dimension so weit gewandert waren, wie sie führten.

Gehorsam haben wir die Gebete, Rituale und Übungen ausgeführt, die uns zur Erleuchtung bringen sollten. Wir hatten uns dem spirituellen Weg geweiht. Doch — zugegeben — es fehlte etwas. Wir waren immer noch nicht glücklich oder erfüllt oder zu Hause. Das tägliche Leben führte uns stets vor wunderbare Herausforderungen. Natürlich ging es uns gut, solange wir meditierten oder allein waren. Wir liebten es, *hinaus* in die spirituellen Reiche zu gehen. Doch nicht immer gefiel uns der Wechsel zurück in das weltliche Alltagsleben.

Wir waren zerrissen zwischen zwei Wirklichkeiten — der spirituellen und der irdischen Welt.

Oft war es schwierig, von einer Wirklichkeit in die andere zu wechseln; unsere Empfindsamkeit litt durch den plötzlichen Wechsel zwischen den Welten, die sich so sehr voneinander unterscheiden.

In jeder Welt fühlten wir uns unvollkommen, da wir einen Teil unserer selbst zurücklassen mußten, um die andere Wirklichkeit zu betreten. So fuhren wir fort, uns in zwei Hälften aufzuspalten. Oft drückte sich das in einer Teilung des Energieflusses durch unsere Chakren oder Energiezentren aus. Die oberen Chakren gehören zur spirituellen Welt, während die unteren unsere physische menschliche Welt darstellen. Wir hatten große Schwierigkeiten, unseren Energiefluß zu veranlassen, die oberen und unteren Energiezentren zu vereinen. Wir lebten entweder in den oberen Chakren, wenn wir *spirituell* waren, oder in den unteren, wenn wir uns mit der Welt befassen mußten. **Kein Wunder, daß wir uns nicht ganz fühlten!**

Diese Lage stürzte uns in große Verzweiflung und löste Konflikte in unserem Emotionalkörper aus. Da unsere Gefühle immer mehr aus dem Gleichgewicht gerieten, begannen wir sie zu verurteilen. Wir hielten sie für nicht *spirituell* und versuchten, sie abzutrennen und zu verdrängen. Wenn wir Wut oder Schmerz empfanden, glaubten wir, vom Weg abgekommen zu sein. Unser armes menschliches Selbst hielten wir für nicht annehmbar und unwürdig für den Eintritt in die höheren Reiche. So fuhren wir fort, ganz reale Teile unserer selbst abzuspalten und zu leugnen, weil wir einfach nicht wußten, wie wir das Spirituelle mit dem Menschlichen zusammenbringen sollten.

Unser armes gespaltenes Selbst litt und verschmachtete im Meer der Dualität, während wir nach dem Schlüssel suchten, der uns den Weg zurück zur Ganzheit öffnen konnte ...

Das Erwachen

Wir erwachten nicht über Nacht, sondern im Laufe der Zeit. Wir bemerkten es nur nicht.

Denk daran, daß wir unsere Erinnerungsperlen von Anfang an gesammelt und aufgezogen hatten, denn schließlich erkannten wir die Veränderung. Zuerst begannen wir, unsere Isoliertheit anzunehmen. Wir akzeptierten unser Anderssein und lernten, das Alleinsein immer mehr zu genießen.

Als wir das Alleinsein angenommen hatten, entdeckten wir, daß wir deshalb nicht einsam sein mußten. In unserer Abgeschiedenheit lernten wir, das geheimnisvolle Reich der tiefen Stille zu betreten. Hier fanden wir den Schlüssel, der uns viele neue Welten der Offenbarung erschloß.

Die Stille wurde zu einem unserer größten Lehrmeister.

Sie umgab und umhüllte uns mit einem tiefen Gefühl der Zufriedenheit. Wir wurden in Dimensionen und Bewußtseinsebenen eingeweiht, die wir zuvor nicht gekannt hatten. Wir gewöhnten uns so sehr an diese Stille, daß wir große Portionen von ihr brauchten, um unser inneres Gleichgewicht und die Verbindung zur Quelle zu erhalten. Die Stille wurde zu unserem wahrhaftigsten Verbündeten.

Danach begannen wir unsere Selbstliebe unter die Lupe zu nehmen, was sich als eine der schwierigsten Aufgaben erwies. So lange schon waren wir in Schuld und Verneinung verstrickt; wir waren unwürdig, geliebt oder glücklich zu sein — denn wären wir sonst auf diesem Planeten gelandet? Wir wären zu Hause geblieben, dort, wohin wir gehörten, wohin wir uns immer sehnten. Wir mußten also lernen, dieses Gefühl, bestraft und verbannt zu sein, von uns abzustreifen.

Um unserem eigenen inneren Schmerz zu entgehen, hatten wir unsere Liebe ständig über andere ausgegossen, doch jetzt mußten wir lernen, uns selbst zu lieben.

Ohne Schuldgefühle, ohne den Argwohn der Selbstsucht uns selbst zu achten und zu stärken erwies sich als eine großartige Herausforderung für uns.

Das harte Urteil der anderen, ichsüchtig oder gar verdorben zu sein, fürchteten wir so sehr, daß wir die meiste Zeit einfach taten, was sie uns sagten, oder dachten, was sie dachten, anstatt auf unsere eigene innere Stimme zu achten und ihr zu lauschen. Natürlich verurteilten wir uns dadurch noch mehr, und es fiel uns immer schwerer, uns zu lieben. Doch im Laufe der Zeit und unter großen eigenen Anstrengungen begannen wir schließlich, uns so anzunehmen, wie wir waren. Allmählich waren wir bereit, uns wirklich zu mögen.

Dies wirkte so befreiend, daß es uns immer leichter wurde, wahre Gefühle und Einsichten anzunehmen und auszudrücken. Und erstaunlich genug: Je wahrhaftiger wir zu unserer Höchsten Wahrheit standen und je mehr wir dies lebten, um so weniger wurden wir kritisiert. Tatsächlich mochten nicht nur wir uns selbst gut leiden, auch die anderen schienen uns mehr anzuerkennen!

Es ist wirklich komisch, wie lange wir an der Meinung festgehalten hatten, auf diesem Planeten sei es gefährlich, offen wir selbst zu sein. Jetzt beginnen wir endlich zu entdecken, daß dies die einzig sichere Lebensweise ist. Deshalb sollten wir äußerst zurückhaltend sein, irgendwelche Vermutungen über dies und das zu äußern. Es ist wichtig, uns daran zu erinnern, daß sich alle Vermutungen nur auf einen Teil der Wahrheit gründen. Wir wollen sie nicht zu ernst nehmen, bis uns mehr von der Fülle des ganzen Bildes offenbart wird.

Unser nächstes Vorhaben hatte mit Macht zu tun. Dies zeigte sich zum Beispiel im Kampf der Geschlechter um Vorherrschaft und Kontrolle.

Vor langer Zeit war den Frauen dieses Planeten große Macht und Autorität gegeben. Anstatt sie weise zu gebrauchen, neigten sie dazu, die Männer, die sie als äußerst minderwertig ansahen, wie Sklaven zu halten. In solch fernen Zeiten mißbrauchten die Frauen ihre Macht gründlich. Einige Legenden, etwa die von den Amazonen, berichten von jenen Tagen. Selbst heute noch gibt es an verstecken Orten der Erde winzige Stämme, in denen Frauen mit eiserner Hand regieren. Schließlich wurde den Frauen die Macht einfach entzogen.

In der folgenden Zeit lag die Macht in den Händen der Männer. Gerade erleben wir das Ende dieser Phase. Man sollte denken, daß diejenigen, die als Opfer furchtbar gelitten und die Folgen von Gewaltherrschaft und Machtmißbrauch aus erster Hand erfahren hatten, bei ihrer eigenen Regentschaft Weisheit und Mitgefühl entwickelt hätten, um mit Güte zu herrschen. Unglücklicherweise war das nicht der Fall, wie wir aus der irdischen Geschichte lernen können.

Als die Männer Herren der Macht wurden, erwiesen sie sich als genauso schlecht wie zuvor die Frauen. Nun waren die Frauen Menschen zweiter Klasse. In vielen Gegenden der Welt ist das noch immer so, obwohl sich die Lage beständig zugunsten einer größeren Ausgewogenheit und Harmonie verändert.

Als das Pendel zuletzt wieder auf die andere Seite schwang, begannen die Frauen zu erwachen, forderten ihre verlorene Identität zurück, und es herrschte Verwirrung. Die Frauen sahen in den Männern die Vorbilder der Macht. In ihrer großen Eile aufzustehen, begannen sie wie Männer zu handeln und setzten männliches Verhalten mit Macht gleich.

Natürlich ist das nicht so, und die Frauen mußten lernen, wahre Frauen zu sein, nicht irgendein Klischee. Um eine machtvolle Frau zu sein, mußten sie den vollen Umfang der Weiblichkeit annehmen. Das schließt die weibliche *dunkle Seite* mit ein, die zugegebenermaßen furchterregend ist.

Die Schattenseite der Frau könnte man als dunkle Hexengöttin beschreiben, die sich in Magie, Manipulation und herzlose Verführung vertieft — nicht gerade das Bild, mit dem sich die meisten Frauen identifizieren wollen. Doch diese Schattenseite ist so lange furchterregend und subtil in allen Frauen gegenwärtig, bis diese Frieden mit ihr schließen lernen und sie integrieren. Um Ganzheit zu erfahren, muß man diese Seite kennen und miteinbeziehen.

Nachdem dies vollzogen ist, wird der Schatten durch die Liebe besiegt, und seine guten Eigenschaften dürfen sich ausdrücken: Einsicht statt Intrige, Intuition statt Manipulation und das Erwachen einer starken, tiefen, heilenden Weisheit. So gelangen die Frauen zu ihrer wahren weiblichen Macht.

Die Männer haben eine ähnliche Reise hinter sich. Als sie glaubten, die Macht zu besitzen, lebten sie in einer Illusion; denn es gab kein Gleichgewicht. Ihre Macht war aggressive Herrschaft, nicht ein Regieren in Weisheit und Demut. Außerdem verdrängten sie ihre eigene weibliche Seite, als sie den Frauen die Macht entzogen. Dies war ihnen nicht dienlich, denn wen gab es noch auf der Erde, der klare Einsicht und hingebungsvolle Fürsorge — Eigenschaften des Weiblichen — beizusteuern imstande war?

Als sich also das Gleichgewicht der Macht, oder besser, das Ungleichgewicht der Macht zu verändern begann, öffneten sich die Männer ihrer inneren weiblichen Seite. Sie begannen Aufnahmefähigkeit, Intuition, Zärtlichkeit und Schönheitsliebe zu entwickeln. Man könnte meinen, daß damit alles ausgeglichen wäre, doch so war es nicht. Jetzt hatten wir starke Frauen, die ihre Macht ausgewogen verkörperten, und jede Menge empfindsamer Männer. Was wir nicht hatten, waren starke Männer, und die wurden wirklich gebraucht!

So wurden die Männer gezwungen, einen Schritt weiterzugehen und ihre wahre männliche Identität zu ergreifen. Glaub mir, sie erschauerten genauso wie die Frauen, denn auch sie mußten ihre schreckliche Schattenseite annehmen und sich mit ihr vereinen. Und wie furchterregend diese ist! Der männliche Schatten ist der erbarmungslose Krieger, blutrünstig und grausam, sicher nicht jemand, den ein empfindsamer Mann in sich aufnehmen wollte. Und doch mußte es geschehen.

Entweder aus Verzweiflung oder aus großer Stärke unterziehen sich immer mehr Männer diesem Prozeß der Integration ihres Schattens. Sie entdecken die tiefen Quellen des Mutes, der Treue und der kraftvollen Fähigkeiten, die der männliche Schatten ermöglicht, wenn er liebend in die Ganzheit aufgenommen wird.

Jetzt beginnt ein glücklicher Anfang für Männer und Frauen auf dem Planeten Erde, denn jetzt können sie endlich in der Art und Weise zusammenkommen, wie es von Anfang an geplant war — als gleichberechtigte, sich ergänzende, gemeinsam erschaffende Partner.

Wir haben so lange Zeit darauf gewartet. Welch ein Segen, daß wir endlich für diese Vollendung und dieses Gleichgewicht bereit sind!

Doch natürlich ist der Prozeß des Erwachens endlos. Es gibt immer noch mehr zu erreichen. Obwohl wir begonnen hatten, mit der männlichen und weiblichen Macht Frieden zu schließen, wurde es jetzt Zeit, daß wir aufhörten, uns als hilflose Opfer von Kräften zu wähnen, die wir nicht beherrschen konnten. Wir waren nicht länger schwache kleine Kinder, die kraftlos von den Windungen und Biegungen des Schicksals umhergewirbelt wurden. Wir begannen, erwachsen zu werden und Verantwortung für unser Leben zu übernehmen. So verwandelten wir das Karma und verließen das Rad von Ursache und Wirkung. Dies erforderte einen tiefen Bewußtseinswandel, und obwohl wir mit Macht danach strebten, uns zu verändern, übten unsere alten Muster einen so starken Druck auf uns aus, daß unser Fortschritt oft so langsam und mühsam war wie Schwimmen gegen die herrschende Strömung.

Welch endloser Kreislauf des Loslassens, Aufgebens und Verzichtens — gefolgt von Phasen des sturen Festhaltens an Dingen, die wir so gut kannten, unseren alten Urteilen und Verweigerungen! Es schien, als ob wir uns nie gänzlich befreien könnten.

Immer wieder wurden wir aufgerufen, noch mehr loszulassen. Zuerst waren wir bereit, die alten Gewohnheiten aufzugeben, die uns in der Vergangenheit so große Schwierigkeiten beschert hatten. Doch wir sollten noch mehr aufgeben. Wir mußte einige Eigenschaften loslassen, die wir an uns mochten, die glitzernden Kleider des Ego, die uns in der Vergangenheit so gut gedient hatten, ja, sogar hart erkämpfte alte Weisheiten und persönliche Macht. *Letztendlich mußten wir alles geben!* Welch bedeutender Herausforderung sahen wir uns gegenüber, auf all unsere früheren Sicherheiten, auf alle Werte zu verzichten! Was für eine Schlacht wir schlugen!

Ach, die Zweifel und Ängste, denen wir auf dem Pfade des Erwachens begegneten! Unser rationaler Verstand herrschte wie ein verkrusteter Tyrann, kämpfte um sein Überleben und plagte uns an jeder Wegbiegung mit unzähligen Zweifeln: was, wenn wir verrückt würden, was, wenn diese Suche nirgendwohin führte? Wir sollten doch praktisch denken und jeden Schritt auf dem Wege intellektuell durchleuchten. Er drückte uns mit den unendlich vielen Möglichkeiten des Versagens nieder und fesselte uns mit spinnwebgleichen Fäden, bis wir keine Kraft mehr hatten, wahrhaft wir selbst zu sein.

Oft glaubten wir an die Wirklichkeit dieser Zweifel und Ängste, gaben ihnen Leben und Macht über uns und

fesselten uns selbst in Illusionen, während wir danach schrien, neu geboren zu werden.

Es war so wie bei dem mächtigen Elefanten, den eine kleine Mücke piesackt. Das Insekt nimmt die Aufmerksamkeit des Dickhäuters so sehr gefangen, daß der Riese, verstrickt in seinen Kampf, seine wahre Natur vergißt.

Während wir immer wacher wurden, entdeckten wir, daß unsere Energie dabei war, sich von einem horizontalen in ein vertikales Muster zu verlagern. Der alte horizontale Weg vermittelt das Wissen aus zweiter Hand durch Lehrer, Bücher und die Erfahrung anderer Menschen. Wir glaubten etwas, weil andere es gesagt hatten, und da wir machtlos waren, erwarteten wir gar nicht, selbst etwas herausfinden zu können.

Der horizontale Weg ist auch die Straße der Manipulation, der Kontrolle und der Zweideutigkeiten. Er kann subtil und hinterhältig sein, denn nichts wird offen oder unmittelbar erfahren. In diesem Bannkreis der Gerüchte offenbart niemand seine wahren Gefühle. Alles verbirgt sich hinter der Vieldeutigkeit dessen, was *irgend jemand anderer* gesagt oder getan hat. Was hatten wir doch über die Machtaufgabe gesagt? Einige Meister des horizontalen Wegs weilen immer noch unter uns, also hüte dich vor ihnen! Fall nicht auf sie herein!

Je mehr wir erwachten, desto mehr wählte unser Bewußtsein den vertikalen Weg, den Weg der direkten Erfahrung, des Empfangens der eigenen inneren Führung und jenes Wissens, welches unmittelbar aus der Quelle stammt.

Auf diesem Wege kann am Anfang eines neuen Erdenkreislaufs alles neu erfahren werden. Die großen Seher, Mystiker, die Heiligen und Gründer aller größeren und kleineren Religionen empfingen so ihre Höheren Wahrheiten. Erstaunlich, wie leicht jeder von uns Zugang dazu hat!

Natürlich ist eine Herausforderung mit deinem heißen Draht

zu Gott verbunden — du mußt dem ganz vertrauen, was du empfängst. Du mußt lernen, deiner eigenen inneren Stimme zu lauschen, dann danach zu handeln und dein Leben als Verkörperung dessen zu leben, was du weißt und glaubst. Das mag leicht klingen, doch oft ist es schwer. Wir sind so sehr darauf gedrillt, uns nach dem zu richten, was andere Menschen über uns denken. Wie werden sie reagieren, wenn wir unsere Wahrheit sagen? Doch wie willst du deine Fülle leben, wenn du darauf verzichten würdest?

Während wir weitermachten, gab es auf unserem Weg stets Schimmer der Hoffnung und der wahren Vision, genug, um uns mit wachsendem Wissen vorwärtszutragen, denn unsere Klarheit kehrte am Ende zu uns zurück. Wir begannen, uns leichter zu fühlen, die Müdigkeit fiel von uns ab. Obwohl wir immer noch Zweifel und Angst durchlebten, durchschauten wir sie als das, was sie waren, und nicht als das, was sie zu sein vorgaben.

Während wir noch immer in der Illusion der Spaltung gefangen waren, erkannten wir jetzt die Täuschung. Wir faßten in der Wirklichkeit Fuß.

Nichts konnte uns jetzt mehr abhalten; wir hatten uns zu sehr bemüht, um den Kampf jetzt aufzugeben. Allmählich strampelten wir uns immer weniger ab und entfalteten uns mit wachsender Leichtigkeit.

Das nächste, was geschah, hatte mit unserem physischen Körper zu tun. Stets hatten wir diesen armen Leib mißbraucht und verunglimpft. Meist nannten wir ihn schlichtweg unser Gefängnis statt unseren Tempel. Du könntest sagen, daß wir mit gepackten Koffern durch das Leben gingen, denn wir wußten (*oder hofften*), daß wir diesen Planeten bald verlassen würden. Dann entdeckten wir (*zu unserem Entsetzen*) in einem Blitze der Erkenntnis, daß **wir unser Zuhause nie erreichen können, wenn wir zuvor nicht unsere irdischen Körper vollständig in Besitz genommen haben.**

Dies bedeutete, daß wir unsere physische Form beleben und

umformen mußten, damit sie als machtvolles Intrument der Höheren Energien dienen konnte, die wir so lange umworben hatten. Was für ein Schock dies für uns war, welch unwillkommene Überraschung! Eine völlig neue Arbeitsebene eröffnete sich.

Jetzt mußten wir unsere Aufmerksamkeit auf den Körper lenken, den wir so lange vernachlässigt hatten. Geist und Materie waren nicht länger mehr zu trennen. Tatsächlich wurde unsere Aufgabe klar: Wir waren hier, um bei der Vereinigung von Himmel und Erde zu helfen. Zuerst mußten wir diese heilige Verbindung in uns selbst vollziehen!

Ich bin Solaris Antari:

Jetzt beginnst du zu verstehen,
der Wandel geschieht,
die Auswirkungen der Neuordnung
werden deutlich.
Du wirst neu geboren.

Dies vieldimensionale Bewußtsein
ist die Verkörperung
deiner Engelgegenwart,
die mit der dreidimensionalen Form verschmilzt,
die Vereinigung von Himmel und Erde.

Erwacht und neu vereint
schreitest du vorwärts
und wirst zu dem, was du immer gewesen bist,
während sich die abgelegten Überbleibsel
alter Ängste und Schranken
auflösen und verschwinden.

Du bist durch den Korridor
der vierten und der fünften Dimension geschritten,
der tief in deinem physischen Körper
verankert und mit ihm verschmolzen ist.

Die Veränderung ist gründlich,
lang erwartet und ersehnt
und sorgfältig vorbereitet.
Da ist kein Weg zurück
in enge Bewußtseinsmuster,
wo Zweifel und Ängste hausen.

Deine Zellen sind neu geordnet,
deine verschlüsselten Erinnerungen erwachen.
Du bist jetzt aktiviert
und hast dadurch die Kraft,
das große Wesen zu sein,
das du in Wahrheit bist.

All dies umfaßt viel mehr
als alles, was du dir vorstellen kannst,
denn man kann wahrhaft sagen,
daß du der Eine bist.
Du bist die Vielen.

In der Sphäre der vielen Dimensionen
soll keine Trennung mehr sein,
wenn die Illusion der Dualität schwindet,
wenn alles integriert wird
und die darin wohnende Einheit,
die alles überall durchdringt,
sich offenbart.

Erhebt euch jetzt, geliebte Geschwister,
und wisset, daß ihr allesamt
die Goldenen Strahlen des Einen Sterns seid,
leuchtende Lichtstrahlen,
die alle die reinste Liebe
aus der Quelle Gottes verbreiten.

Die Zeit der Konzepte ist vorbei,
laßt sie sanft entschwinden.
Laßt die Winde der Veränderung
in euch tanzen,
denn ihr seid endlich frei.

Wisset, daß Erde und Himmel
in euch wohnen
wie Nacht und Tag,
vermählt in heiliger Vereinigung
und stets ins Spiel vertieft.

Fühlt die freudige Schrankenlosigkeit
eures weiten Sternenseins,
das glücklich ist, belebt zu sein.
Erfahre die ekstatische Vereinigung
der Gegensätze in dir.

Danach hast du dich gesehnt.
Es wird dir nicht länger versagt.

Schwimme frei im Meer der Vollendung,
das deine süßesten unerfüllten Wünsche enthält,
während göttlicher Nektar den Segensbecher füllt.

Je mehr du deinen Körper in Besitz nimmst,
um so leichter wirst du werden,
wenn Schwere, Erschöpfung und Müdigkeit
abschmelzen,
alte Erinnerungen verblassen
und der letzte Rest des Karmas
ins Nichts hinschwindet.

Ihr Wiedergeborenen,
lauscht unserem Lied,
gebt euch dem Fluge
über Erde und Himmel hin!
Die Goldene Morgendämmerung ist angebrochen!

Die Neuordnung

So begann der tiefe Prozeß der Neuordnung.

Wir mußten eine gewaltige innere Verwandlung bis hin zur Grundebene unseres DNS-Codes möglich machen und verwirklichen. Unser physisches Fortbewegungsmittel sollte zur Empfangsstation für die beschleunigten Frequenzen werden, die auf diesen Planeten strömten. Wir hatten uns auf den Eintritt unserer strahlenden Lichtkörper vorzubereiten, auf die heilige Verschmelzung, die bald erfolgen sollte. Wir wurden aufgerufen, als Lichtsäule und Verankerung für die neue Göttliche Ordnung zu dienen.

All dies wirkte wiederum auf unsere verschlüsselten Zellerinnerungsbänke, die dadurch aktiviert wurden.

Jeder von uns hat verschlüsselte Muster in sich, die dann aktiviert werden, wenn unser Bewußtsein eine bestimmte Ebene des Erwachens erreicht hat.

Diese verschlüsselten Erinnerungen wurden uns vor unserer ersten irdischen Verkörperung eingepflanzt, um mit Hilfe eines Zeitmechanismus durch unterschiedliche Auslöser aktiviert zu werden. Das geschieht jetzt.

Mancher von euch hat bestimmt in den letzten Jahren einige ungewöhnliche körperliche Symptome erfahren. Darunter fielen Perioden äußerster Schwerfälligkeit, in denen du über wenig physische Energie verfügen konntest. Oft ist das so, weil du intensiv auf anderen Ebenen deines Seins arbeitest und deine Energie mit dem Prozeß der Neuordnung und Integration beschäftigt ist.

Zeitweise entwickelst du vielleicht seltsame Eßgewohnheiten, willst zum Beispiel nur ein bestimmtes Nahrungsmittel zu dir nehmen oder hast Gelüste nach etwas, das man normalerweise nicht für gesund hält. In Fragen der Ernährung finde ich es am besten, meinen eigenen inneren Eingebungen zu folgen, ganz gleich, wie verrückt diese manchmal erscheinen. Viele von uns entdecken zur Zeit, daß wir weniger Nahrung brauchen als früher und leichteres und gesünderes Essen vorziehen.

Andere Symptome der Neuordnung sind lautes, andauerndes Klingeln im Ohr, Rückenschmerzen im Bereich des Nackens und des Kreuzbeins und eine schnelle Schwingungsrate. Vielleicht erlebst du Atemnot oder Herzrhythmusstörungen. Statt ständig zu den Ärzten zu rennen, die oft nichts finden können, könntest du, wenn du glaubst, daß dein Zustand Aufmerksamkeit erfordert, einen ganzheitlichen Heiler mit sehr reinen Energien aufsuchen, der besser versteht, was du durchmachst. Doch folge *immer* deiner Intuition, denn es *kann* sein, daß du einen Arzt brauchst. Es ist wichtig, allen Formen der Hilfe offen gegenüberzustehen.

Aus meiner eigenen Erfahrung kann ich sagen, daß wir uns einer gewaltigen Veränderung bis hin zur Zellstruktur unterziehen und daß es natürlich ist, daß wir oft zu sterben glauben, weil vieles in uns wirklich stirbt.

Die Kräfte, die uns am stärksten zur Veränderung aufriefen, waren natürlich die langen Goldenen Posaunen von ganz oben. Schon haben sie die *Aufforderung zum Erwachen und Erinnern* ausgesandt. Jetzt folgt die *Aufforderung zur Tat.* Danach erschallt die *Aufforderung zur Rückkehr.* Und wir erinnern uns tatsächlich. Nach langem Warten erheben wir uns von einem Schlummer, der zahllose Zeitalter zu dauern schien.

Die anderen Sterngeborenen, jene, die sich erinnern, unsere Engel- und Sterngeschwister, helfen uns schon durch ihre bloße Gegenwart und wecken uns auf. Denn wie Blumen auf dem Felde blühen wir alle zu verschiedenen Zeiten. *So werden wir einer nach dem anderen zu Hunderten und Tausenden erweckt, bis alle Sterngeborenen aktiviert sind und ihre Macht wiedererlangt haben.*

Jeder erwachte Sterngeborene stimmt ein in unser Lied, in das Lied des Einen.

Dieses Lied wird immer stärker, bis die Schwingung seines Himmlischen Klanges über den Planeten Erde tönt und ihn neu gebiert. Dann werden wir entdecken, daß wir unserer heiligen Bestimmung dienen, wenn wir den Geist mit der Materie verschmelzen und alles in leuchtendes Strahlen verwandeln. So, meine Lieben, erhalten wir unsere Fahrkarte nach Hause. Natürlich hat sich bis dann die Illusion der Trennung vollkommen aufgelöst. Sie wird nie wieder eine Rolle spielen, denn wir werden zu Hause sein, wo immer wir uns auch befinden mögen.

Im Inneren von Mount Shasta

Tief im Inneren von Mount Shasta ist Bewegung. Ich kann sie in meinem ganzen Wesen als tiefe, beunruhigende Energie spüren, die mich schließlich dazu zwingt, all meine äußeren Handlungen aufzugeben und nach innen zu schauen. Augenblicklich sehe ich große eiförmige Gebilde, Sternensaat genannt, die gerade verschoben werden. Sie sehen den Gebilden in dem Film *„Cocoon"* sehr ähnlich, enthalten jedoch keine Wesen, sondern dienen einem anderen Zweck. Die Sternensaat wird von einer alten Wurzelrasse gehegt, die tief im heiligen Berge haust.

Auf irgendeine Weise bin ich stark mit dieser Sternensaat verbunden, und immer, wenn sie in Handlungen einbezogen wird, reagiere ich. Heute wird sie von einem Bereich des Berges zu einem anderen gebracht. Das geschieht, um ihre weitere Entwicklung zu beschleunigen. Für die Dauer der Wintermonate wird sie tiefer in den Berg geschoben. Wenn die Sternensaat in diese warmen Kammern kommt, die näher an den Vulkanfeuern liegen, werden bestimmte schützende Hüllen entfernt. Diese Veränderung erlebe ich als beunruhigend, denn ich bin offensichtlich eng mit ihnen verbunden. Mir wurde gesagt, daß ich aus derselben Substanz stamme und ihnen gleich sei.

Einige von uns, die diese Verbindung mit mir teilen, leben in der Gegend von Mount Shasta. Es ist so, als ob wir mit dieser Sternensaat durch eine Art Nabelschnur verbunden wären. Daher fühlen wir genau, was sie erlebt. Unser Atem gibt ihr Luft, unsere Augen läßt sie sehen usw. Während wir diese Aufgabe in der Welt für sie erfüllen, dient sie auch uns.

Sie ist unsere Verbindung zum Ursprung. Sie ist der Teil von uns, der als Embryo in jener Pforte zwischen den Dimensionen schwebt, die man Mount Shasta nennt. Dieser Teil ist das wahre interplanetarische Wesen, das dort auf seine Geburt wartet. Jeder von uns, der diese Verbindung spürt, hat einen persönlichen Sternsamen tief im Berg, der von jener alten Wurzelrasse gehegt wird.

Diese Alten kamen vor langer Zeit in das Innere des Berges, nachdem ihr Dienst auf der Oberfläche des Planeten getan war. Vielleicht sind sie Lemurier, von denen die alten Geschichten erzählen. Die Fürsorge für diese Sternensaat ist ihre letzte Aufgabe auf dem Planeten Erde. Wenn sie vollendet ist, sind sie auf ewig frei. Dies geschieht durch das vollständige Keimen unserer Sternensaat und durch die Umwandlung von Materie und Schwerkraft, wenn wir unsere kristallklaren Lichtkörper entwickeln.

Wenn die Zeit gekommen ist und die alte Wurzelrasse den Planeten verlassen will, müssen sie zusammenschmelzen und sich vom großen äußeren Druck so weit verdichten lassen, bis sie zu einem kleinen Punkt kristallenen Lichts werden. Dieses Licht bricht in sich zusammen und verursacht eine Implosion, durch die ein Gang in das Universum ihres Ursprungs gesprengt wird.

Mir wurde gesagt, ich solle bitte daran denken, daß dies erst dann geschehen könne, wenn unsere Sternensaat geboren sei, denn die Alten seien daran gebunden, ihre gewählte Aufgabe abzuschließen. Mir scheinen diese Wesen sehr schwerfällig zu sein. Sie sind erschöpft und rufen uns, den Prozeß des Erwachens fortzusetzen. Während sie die Sternensaat pflegen, singen sie uns ein Lied in der ältesten Sprache:

IMA TA GO WAY LA
KA-RO KA-RO MO TE MA KA-RO
KA-NA GO WAY LA GO MA LA
HRN ... HRN ... HRN ...

Der letzte Klang erinnert mich an das Dröhnen schwerer Maschinen. Die Alten bewegen sich langsam zwischen den tiefen Seen geschmolzenen Feuers und drehen vorsichtig die eiförmige Sternensaat, um sie warm im Gleichgewicht zu halten.

Bald entdecke ich, daß noch andere Geschöpfe mit im Berge leben. Jetzt sehe ich sie klarer. Es sind wundervolle Lichtwesen! Sie dirigieren die Handlungen hier, ermutigen die Alten und verleihen ihnen Kraft, ihre letzte Aufgabe zu erfüllen.

Diese Lichtwesen verständigen sich unmittelbar mit mir und mit denen, die so sind wie ich, und führen uns durch den Verwandlungsprozeß. Sie sind diejenigen, die mich zu Mount Shasta gebracht haben, die alle Handlungen überblicken, welche die Sternensaat betreffen.

Als Teil meiner Vorbereitung bringen sie mich in ihre heiligen Kammern im Berginneren. Hier werde ich auf eine Pritsche gelegt und umsorgt, damit meine Umformung erleichtert und beschleunigt wird. Während ich auf der Pritsche liege, verwandelt sich das Zimmer in eine Kristallpyramide. Sphärenmusik erfüllt die tiefe Stille, während mich die Meister des Lichts umgeben. Von ihnen geht eine intensive Liebesstrahlung aus. Liebe, die alles durchdringt, die durch die Luft tanzt wie kristallene Regenbogen.

Wenn die Lichtwesen ihre Hände über mir heben, fühle ich, wie mich eine warme schützende Hülle umgibt. Sie beginnen zu singen: „HO, HO, HU“ (für meine tieferen Chakras), dann „EE, EE, A“ (für die mittleren) und schließlich „AH, AH, WA“ (für die oberen). Die Töne richten meine Moleküle aus, während meine Schwingungsstruktur antwortet und sich in einem neuen harmonischen Zusammenklang wiegt.

Ich öffne meine Augen und sehe, wie Goldenes Licht aus meinem Bauch strahlt. Dies ist die Nabelschnur, die mich mit meinem Sternsamen verbindet. Ein weiteres Goldenes Licht strömt oben aus meinem Kopf. Das ist der Ort, an dem meine Engelgegenwart in mich gleitet. Dann bemerke ich, daß mein Goldener Engel, der ich bin, dicht neben meinem Kopfe steht. Ich fühle mich durch seine strahlende Goldene Gegenwart unendlich gesegnet. Als ich mich erhebe, schaue ich meinem Engel so tief in die Augen, wie er mir in die Seele blickt. Ich fühle, wie tief in meinem Sein große Liebesspeicher aktiviert werden. Sie öffnen sich und beginnen mich zu durchströmen.

Sanft berührt der Engel mein Drittes Auge. Jetzt kann ich mit äußerster Klarheit und ruhiger Weisheit sehen. Jetzt weiß ich. Ich erinnere mich wirklich. Ich schaue auf meine Ankunft auf diesem Planeten vor langer Zeit zurück. Kam ich nicht in meinem Sternsamen? Die Erinnerungen erwachen und überfluten mich mit ungeheurer Erregung. Ich weiß, daß mein Sternsamen und ich dasselbe Blut teilen, doch es ist nicht das rote Blut der Menschen, es ist flüssiges kristallklares Licht, gefüllt mit winzigen Goldenen Sternen. Es fließt durch die Goldene Nabelschnur zwischen uns hin und her.

Man sagt mir, daß sich aus dieser Sternensaat viele Engel ins Licht der Erinnerung heben und daß auch ich sie in Liebe und Hingabe umsorgen muß. Sie werden viel Frucht tragen. Von hier aus wird die Erde wieder mit den Liedern der Engel erfüllt, die wie mit Einer Stimme erklingen. Und die Mutter wird wieder jung und unschuldig sein.

(Zwei Jahre später wurde mir gesagt, daß ich erfolgreich mit meiner Sternensaat verschmolzen sei und Mount Shasta verlassen dürfe. Soweit ich weiß, haben die Alten ihren letzten Dienst auf Erden erfüllt und sind nach Hause zurückgekehrt.)

Die heilige Pause

Bevor wir jetzt weiterreisen, bitten wir dich, mit uns die Heilige Pause zu halten.

Dies ist der Augenblick! Wir stehen vor der offenen Tür, die wir so lange gesucht haben. Es steht fest, daß wir sie durchschreiten, denn die Zeit der Hindernisse ist vorüber. In diesem heiligen Augenblick sollten wir innehalten, uns umdrehen und auf den weiten Weg zurückschauen, den wir gereist sind, um an die Pforte zu gelangen, die uns jetzt offensteht.

Während du zurückblickst, überschaust du die lange Strecke, die du zurückgelegt hast, mit absoluter Klarheit. Richte nun dein Augenmerk auf die Kämpfe und Leiden, doch auch auf die ungeheure Freude, die du erfahren hast.

Liebevoll und barmherzig segne alles, was du durchlebt hast, und erkenne, daß es dir wohl gedient hat, um dich an die Schwelle dieser Tür zu bringen.

Achte sorgfältig auf die Menschen, die dir auf deinem Wege begegnet sind. Erinnere dich an jene, die dir als Geliebte und als Lehrer gedient haben, besonders aber an jene, welche dir im Wege standen und alles daran setzten, dein Fortschreiten aufzuhalten. Obwohl sie damals deine Feinde schienen, dienten sie dir — schau jetzt noch einmal hin! — von allen am meisten. Welch große Lehrer diese vermeintlichen Feinde doch waren! Sie drückten deine Knöpfe, bis du dich verändertest, und zwangen dich um des Überlebens willen, immer stärker zu werden, indem sie dich beständig dazu trieben, mitleidsvolles Verständnis zu entwickeln.

Erinnere dich an alle, die du liebtest. Einige erwiderten offen deine Gefühle, andere nicht. Ach, der Pfad der gebrochenen Herzen, den jeder von uns überquert hat! Wir öffneten vertrauend unsere Herzen und wurden doch immer und immer wieder enttäuscht. Wir schworen, nie wieder einem Menschen Liebe zu schenken, doch irdische Schwüre werden leicht gebrochen. So versuchten wir, unser Herz erneut zu öffnen, und fanden zuweilen etwas Trost in der Fülle einer Beziehung, die vom Himmel geschlossen schien. Diese stillen Seen verwirklichter Liebe wurden zu Erinnerungen, die uns weiter anspornten, denn die Verschmelzung unseres innersten Seins hatte uns zu tief berührt, als daß sie hätte vergessen werden können. Wir bekamen einen Vorgeschmack von der heiligen Einheit aller Seelen, nach der wir uns beständig mit jeder Fiber, jeder Zelle unseres Seins sehnten.

Natürlich gab es Zeiten, in denen wir die Herzen derer, die sich uns so freimütig schenkten, verwüsteten und brachen. Wir waren imstande, große Grausamkeit und Kälte an den Tag zu legen, und nur allzu oft geschah das. Weißt du, wir waren nicht immer die Opfer. Viele Male wurden edle, sanfte Herzen, großartige Missionen, ja, selbst Menschenleben unter Qualen und doch willfährig auf dem Altar der Liebe hingeopfert. Wir haben alle Rollen im großen Theater der Liebe gespielt. Doch welchen Sinn hatte dieses turbulente Drama?

Es geht um das alte Thema des Gleichgewichts zur Erlangung der Vollkommenheit. Jede Beziehung, die wir erfuhren, diente uns als Spiegel, als vollkommenes Abbild dessen, was wir waren oder nicht waren. Oft waren es leidvolle Spiegel, denn sie zwangen uns zu Wachstum und Veränderung.

Indem wir in Bereiche eindrangen, die wir in unserem eigenen Sein vernachlässigt hatten, wurden wir stärker und vollständiger. Manchmal spiegelten uns unsere Beziehungen in oft qualvoller Art und Weise die Teile unserer selbst, die wir verleugneten und verdrängten. Wenn uns solch ein Spiegel vorgehalten wurde, erlebten wir gleichzeitig Abscheu und unwiderstehliche Anziehung. Am Ende lernten wir: Je stärker wir versuchten, unsere Partner zu halten, um so weiter entfernten sie sich von uns. Wenn sie andererseits versuchten, uns einzusperren, entkamen wir entweder durch Flucht, geistlose Resignation oder Tod. Das geschieht stets, wenn du dich an jemanden klammerst, weil du einen Mangel in dir selbst verspürst. Das war das Widersprüchliche an unseren Beziehungen.

Was uns dann doch immer wieder in Partnerschaften drängte, war unsere treibende, ausdauernde Suche nach Vereinigung und Ganzheit. So lange glaubten wir, daß die vollkommene Vereinigung nur außerhalb von uns selbst geschehen könnte: wenn wir eben den richtigen Partner fänden. Wir verbrachten viel Zeit damit, den passenden Gefährten zu suchen, der uns heil und vollständig machen würde. Wenn nur die Götter gnädig genug wären und uns unsere wahre Liebe finden ließen! Es war eine erbarmungslose niemals endende Suche, die entweder in Enttäuschung oder Erleuchtung endete.

Früher oder später (*meist war es später)* begannen wir zu erkennen, daß die wahre Vereinigung innen stattfindet und daß die äußere Suche zur Befriedigung unserer Sehnsucht eine sinnlose Anstrengung gewesen war. So richteten wir unsere Aufmerksamkeit nach innen und fanden endlich, wonach wir die ganze Zeit gesucht hatten. Es war so leicht, und wir hatten so lange dazu gebraucht! Es ist komisch, wenn du erst einmal die innere Vereinigung zwischen dem männlichen und weiblichen Teil deiner selbst vollzogen hast, dann erleichtert das die Ankunft des vollkommenen äußeren Partners, wenn du dann immer noch einen willst.

So erkennst du, daß jeder deiner erwählten Partner — *und ihr wähltet euch gegenseitig!* — während der langen Verkörperungskreisläufe dazu beitrug, dir zur Ganzheit deiner selbst zu verhelfen. Ganz gleich, wie die Beziehung nach außen wirkte, ob sie glücklich oder traurig war, unerwidert oder erfüllt, sie diente dir unbeschreiblich. Deshalb sende bitte allen, welche dir auf deiner langen Reise zum Erwachen geholfen haben, einen Strahl liebender Vergebung.

Vielleicht erkennst du jetzt, daß du, obwohl du häufig glaubtest, Fehler zu begehen, in Wahrheit nie gefehlt hast. Der Kreislauf deiner Verkörperungen war vollkommen — eine Sinfonie des Gleichgewichts, die alle erforderlichen Elemente zur Erschaffung deines einzigartigen Liedes in sich barg. Die falschen Abzweigungen waren immer die richtigen. Sie gaben dir den Antrieb für dein Wachstum.

Jetzt, da du dich erinnerst, wer du bist, wundert dich vielleicht, wie du das so lange Zeit vergessen konntest. Warum war der Kampf um das Erwachen nur so mühsam? Warum mußtest du den Dauerschmerz des tiefen Schlafes der Unwissenheit so lang ertragen? Hätte man das nicht umgehen können? Lag es daran, daß du in Ungnade gefallen warst??

Bitte, ihr Lieben, erkennt, daß das völlige Eintauchen in die Sphäre der dritten Dimension absolut notwendig war, um euer Ziel zu erreichen. Wenn ihr mit einem intakten Gedächtnis in die Materie hinabgestiegen wäret, hättet ihr dann wirklich das notwendige Mitgefühl und Verständnis für die übrige Menschheit aufgebracht? Hättet ihr sie nicht als minderwertig eingestuft und unwert, euch weiter mit ihr zu befassen? Lenkt eure Erinnerung zurück nach Atlantis, dann werdet ihr ein Beispiel dafür finden; denn die Geschichte von Atlantis ist eine vollendete Lektion über die Gefahren spiritueller Arroganz, die letztlich nur zur Zerstörung alles dessen führen kann, was euch heilig ist.

Um Gleichgewicht zu finden, mußten wir gründlich gedemütigt werden, und das geschah von Zeit zu Zeit.

Für jede erhebende Verkörperung mußten wir uns in mehreren Inkarnationen demütigen, ja, erniedrigen.

Doch von den demütigen Verkörperungen lernten wir unsere Würde und von den königlichen unsere Demut. Denk daran: „*Wir dienen durch Herrschen. Wir herrschen durch Dienen.*" Zugegeben, es kostete uns einige Zeit, um unsere Polaritäten auszugleichen, doch es war notwendig, daß wir zuerst das ganze Spektrum dynamischer Gegensätze kennenlernten.

Wenn wir auf das zurückblicken, was uns als endlose Zeitenfolge planetarischer Verkörperungen erscheint, erkennen wir, daß unsere Erdenspanne, in Himmlischer Zeit gemessen, kurz und außerordentlich fruchtbar war. Wo sonst hätten wir uns so vollkommen als tätige Liebe manifestieren können? Welch glorreiche Gelegenheit, die Fülle unseres Seins durch Körper, Geist, Gefühl und Sprache auszudrücken! Wir sind Geist, vermählt mit der Materie, und schaffen eine alchemistische Vereinigung zwischen dem Formlosen und der Form. Und zuerst und vor allen Dingen geschah diese Verbindung in unserem eigenen Sein! Das allein ist die Jahre des Kämpfens und des Schlafens wert. Und alles das geschah im Bruchteil eines Augenblicks, zu kurz, um mehr als eine Anmerkung in der Chronik der Zeiten zu verdienen.

Der Quantensprung

Vor dir steht eine offene Tür.
Die Zeit zum Eintritt ist gekommen . . . . .

Dies ist der Prozeß, aus dem wir als bewußte multidimensionale Wesen hervorgehen, als vollkommen erwachte Diener des Planeten Erde.

Teil eins: Die Sterngeborenen

Im Anfang
gab es
nur einen Stern,
den Stern, der wir sind.

Zusammen,
zu Einem verschmolzen,
leuchteten wir und drehten uns
in den weiten Himmeln.

Jeder Funke,
jeder leuchtende Strahl
war eine Offenbarung
unserer gemeinsamen Essenz.

Unser Stern
war ein Wesen,
vollständig,
das alles umfaßte.

Dann ...
Kritische Masse.
Unser Stern
barst,
stürzte in sich zusammen
und sandte
Sternenteilchen
seiner selbst aus.
Sie schossen
durch
das
endlose
leere
Universum,
nach oben
nach unten
und mittendurch.

Stürzende Teilchen,
nach außen geschleudert
in Himmlischen Strömungen.
Sternenwellen,
schäumend inmitten
der Trümmer des Sterns.

Teilchen,
auseinandergerissen,

die immer
kleiner,
kleiner,
winziger werden.
Sie breiten sich
überall
im Himmel aus:
Kleiner,
kleiner,
winzig
und immer
weiter
weg.

Doch
wir hielten zusammen,
so gut wir konnten,
konzentrierten uns
auf unsere Vision,
auf den Einen Stern,
der wir gewesen sind,
der wir wahrhaft sind.

Kleinere,
kleinere,
winzige
Teilchen,

gespalten,
entfaltet als Mandala
wie Feuerwerk,
das den Himmel erhellt
im kurzen Augenblick
seines Glanzes.

Wir waren
immer weiter getrennt ...
getrennt ...
einsam ...
ausgeschlossen ...
allein ...

Zuletzt
konnten wir
nicht kleiner mehr
werden.
So
entwickelten wir uns
zu individuellen
Bewußtseinseinheiten.

Dies wird
die Geburt
der Engel genannt.

Teil zwei: Die Engel

Vielleicht
erinnerst du dich jetzt daran,
wie wir frei
durch die Himmel flogen.

Getrennt, ja,
doch grenzenlos,
gedachten wir noch
unseres göttlichen Ursprungs,
vereint als ein
unermeßlich großes Sternenwesen.

Bedingungslose Liebe
durchströmte uns,
während wir mit unseren Engelgeschwistern
tanzten und spielten,
alle
nur Teile
unseres Einen Sterns.

Wie sollten wir jene nicht lieben,
die nur die Spiegel

unseres vollständig verschmolzenen Selbstes waren,
jeder von uns eine Facette
desselben leuchtenden Kristalls,
jeder ein Strahl des Einen strahlenden Sterns.

Ach, die Spiele, die wir spielten
in jenen Goldenen Tagen!
Wir vereinten unsere Wesenskerne
zu großen Himmelswesen
und erfüllten die stillen Himmel
mit Wogen von Liedern,
glücklich tanzend
in schimmerndem Sternenlicht.

Und wenn wir die zarte Essenz der Liebe
verschmolzen
und einander
wahre Liebe erwiesen,
sandten wir wogende Ströme aus
und wiegten die Sternwellen,
die neue Galaxien gebaren,
welche weiter nach außen
durch das himmlische Meer kreisten.

Unsere durchsichtigen Lichtkörper
glänzten in Regenbogenfarben,
als ob sie mit Sternstaub benetzt wären,
und wahrlich, das ist wahr!
Denke daran, wir sind ein Stern.

Jetzt hatten wir Flügel,
Engelflügel, die ausgebreitet
in vollem Fluge schwebten
und ohne Mühe
durch die endlose Nacht glitten.

Ach, die Pracht und die Freiheit
dieser lang vergangenen Zeit,
so fröhlich und kostbar,
jetzt, da wir wissen,
was wir willig auf uns nahmen.

Vielleicht erinnerst
du dich jetzt,
so wie ich.
Die Erinnerungen erfüllen mich
mit vergessener Sehnsucht.
Verdrängte Tränen
rollen über mein
erschöpftes irdisches Antlitz.

Soll ich vom Ruf berichten,
der dringenden Aufforderung zu dienen?
So viele von uns antworteten
und stiegen hinab zur Erde.

Zuerst war es ein Kinderspiel.
Die Engel erschufen offen auf Erden,

gebaren ein neues Paradies.
Sie wanderten umher mit entfalteten Flügeln,
so prächtig und himmlisch weit,
und das Leben auf diesem Planeten war ein
frohes Abenteuer.

Dann, ihr Lieben,
erinnere ich euch sanft
an den zweiten Ruf, der ausging.
Die Zeit der Entscheidung war da.

Die meisten Engel kehrten schnell
in ihre himmlischen Reiche zurück,
während wir,
die diese Worte hörten,
hierblieben, um zu dienen.

Die Aufgabe klang ganz einfach:
VERWANDELT DIE MATERIE!
Bringt den Himmel auf die Erde!
Transformiert die dritte Dimension!

Natürlich glaubten wir,
dies schnell und mühelos
vollbringen zu können,
doch das war, bevor
wir die Illusion der Zeit,
der Begrenztheit und der Getrenntheit erlebten.

Teil drei: Der Fall

Ja, der Abstieg in die Materie,
wir erinnern uns sehr gut daran,
obwohl er lange verschleiert war,
versteckt hinter den Nebeln der Zeit.

Die klarsten Geister unter uns
meldeten sich willig
zum Erdendienst
und empfingen den tödlichen Schlag,
der uns ins Gefängnis
der Dichte sperrte und uns vergessen ließ,
wer wir wirklich sind.

Die Erfahrung unseres Falls
liegt noch heute schwer auf uns.
Schock, Verrat, Verlassenheit,
tiefer Schmerz und Wut und Schuld
nisten im Gedächtnis unserer Zellen
und warten bis heute auf Erlösung.

Ihr Lieben, wir vergaßen,
wir vergaßen wirklich.

Vergaßen unsere Flügel,
vergaßen unseren Stern,
vergaßen unseren göttlichen Ursprung,
vergaßen, daß wir Engelwesen sind,
vergaßen unsere Grenzenlosigkeit
und unser Einssein.

Wir gingen ins Gericht mit uns,
bürdeten uns die Zentnerlasten
unermeßlicher Schuld und Sühne auf.
Hatten wir etwa nicht geschworen,
nie und nimmer den Stern zu vergessen,
der wir wirklich sind?

Doch, liebste Engelgeschwister,
ihr wißt in eurem Herzen,
daß auch dies vorherbestimmt war.
Vergessen war ein notwendiger Teil des Vorgangs,
der die Materie der dritten Dimension
umwandeln sollte.
Wir selbst hatten gewählt, dabei zu sein.

Beurteilt euch deshalb nicht hart.
Ihr habt eure Sendung nicht verfehlt.
Versteht es und vergebt euch,
denn ihr müßt euch lieben,
um geliebt und heil zu werden.

Wir in den himmlischen Regionen,
die zu Hause geblieben sind,
gewiegt im Herzen Gottes,
lieben euch und sind euch äußerst dankbar.
Wir ehren euer Opfer, euren Dienst
und verstehen gut die Gründe dafür.
Ihr müßt nicht länger weinen.

Teil vier: Die goldene Schnur

Während des zeitlosen Augenblicks,
der ewig dauert
und vom Beginn der Trennung kündet,
sandtest du als Engel
einen Strom Goldenen Lichtes,
eine ganzheitliche Projektion
deiner selbst
hinab zur Erde.
Ein Goldener Sternenstrahl
durchfuhr den ganzen Weg in die Materie.
So stiegst du weit hinunter.

Ein winziger Sternsamen bettete sich,
durch den Strahl des Goldenen Sterns gesandt,
in die Dichtigkeit der Erde.

Dieser Same war der einzige Teil deiner selbst,
der so weit heruntersteigen mußte.

Oben in den Sternenhimmeln
stand ein mächtiger Goldener Engel
und wachte über dich.
Dieser Engel bist du wirklich selbst;
nur hast du lange schon vergessen,
daß der Teil, der sich verkörperte,
nur ein Bruchteil der Unermeßlichkeit
von deinem Höchsten Selbst ist.

In diesem Augenblicke, als die Sternensaat von
den Engeln auf dem Planeten Erde ausgesät war,
erfuhrst du ein Gefühl
der Zerrissenheit, der Spaltung,
obwohl in Wahrheit
keine Trennung vor sich ging.

Der Goldene Strahl, der dich hierher trug,
ist immer hier geblieben,
eine Goldene Schnur, die dich stets
an deinen Goldenen Sonnenengel bindet,
der dich gebar
und zu dem du zurückkehrst,
der ganz ist, was du wirklich bist.

Diese Goldene Schnur ist wirklich ein Strahl
des leuchtend Goldenen Sterns,

ja, des Sterns, der wir wahrhaft sind!
Seht, meine Geliebten,
obgleich wir schon so lange glauben,
weit entfernt von zu Hause zu sein,
waren wir doch nie allein,
getrennt oder verloren.
Nie verließen wir die Arme Gottes.
Wir sind jetzt schon zu Hause.

Die lange Goldene Schnur
diente uns immer
als Verbindung zwischen
Geist und Materie,
Himmel und Erde.

Während der endlosen Zyklen deiner
Verkörperungen
blieb diese Goldene Schnur immer heil
und verband dein irdisches Selbst stets
mit deinem machtvollen Engelselbst,
obwohl du dein Goldenes Engelselbst
oft außerhalb, getrennt von dir empfunden hast,
als Schutzengel vielleicht.

Dieser himmlische Beschützer hat dich geleitet,
geschützt und inspiriert,
hat dich mit seiner allumfassenden Liebe umhüllt
und dich besser verstanden

als du dich selbst.
Er hat dich nie verurteilt!

Teil fünf: Der Ruf

Wieder ist der Ruf ergangen,
der uns veranlaßt, zu erwachen, aufzustehen
und die letzte Schläfrigkeit abzuschütteln,
um dessen zu gedenken,
was wir einst wußten.

Die Engel, die leuchtend Goldenen,
die in der Schöpfungsdämmerung seit der
Geburt der Zeit
so geduldig über uns wachten,
rufen uns mit klingendem Engellied.
Wir sollen sie willkommen heißen, ihre Gegenwart
wahrnehmen
und sie in uns eintreten lassen,
in das volle Licht bewußter Verkörperung.

Denn wenn wir den Übergang
von der dritten Dimension zur vierten,
fünften und noch weiter machen wollen,
wenn wir die Goldenen Stufen aufwärts steigen
und unserer Spur zurück nach Hause folgen
wollen,

müssen wir uns über die Dualität erheben,
die Gegensätze ausgleichen und verschmelzen,
die Polaritäten wieder zurück in die Einheit
führen.

So ruft dich dein Engel;
will Einlaß in dein physisches Fahrzeug,
sucht sich in deinen Zehen zu verankern.
Gib deine Identifikation
mit dem schreienden kleinen Selbst auf.
Das Ego, das dir so gut gedient hat,
indem es dich zu dieser Tür beförderte,
dient dir nicht länger.
Jetzt ist die Zeit gekommen,
dem Göttlichen die Führung zu erlauben.

Niemals zuvor
während der sich wandelnden
geschichtlichen Gezeiten
stand es den Engeln frei,
sich in irdischen Frequenzen zu verkörpern
und sich selbst
in den Wurzeln der Materie zu verankern.

Jetzt ist es endlich möglich,
denn ihr habt eure Arbeit gut getan,
ihr geliebten Diener des göttlichen Schicksals.

Durch die Umwandlung der Dichte
in immer höhere Oktaven
beschleunigter Lichtschwingungen
habt ihr hiermit den
rascheren Weg nach Hause angetreten.

Die Engel

„Der Prinz des Friedens kommt“ von Sheoekah Amu (Mary St. Marie)

Meine Geschichte

Dies ist meine Geschichte, wie ich entdeckte, daß ich ein Engel bin ...

Ich hatte das große Glück, in einer zwar bewußten, aber sehr überspannten und unausgeglichenen Familie aufzuwachsen. Meine Mutter kannte die spirituellen Bereiche. Sie erzählte dem kleinen Mädchen von den alten Zivilisationen, von Atlantis, Lemurien, Ägypten und Assyrien. Diese Orte waren mir vertraut. Ich stellte ihre Existenz nicht in Frage.

Als ich sieben oder acht Jahre alt war, nahm meine Mutter mich zu UFO-Kongressen in die kalifornische Wüste mit, wo viele Leute uns beide ganz offen für Bewohner des Planeten Venus hielten. Im Rückblick weiß ich wirklich nicht, warum; es geschah einfach. In meiner Kindheit sah ich viele UFOs und große Feuerbälle aus Licht, was ebenfalls anerkannt wurde. Ich nahm in meiner Unschuld an, daß jedermann so etwas erlebte. Auch über Feen wurde offen gesprochen, und wir verständigten uns mit ihnen.

Während meiner ganzen Kindheit verfügte ich über eine rege Phantasie, die unterstützt wurde. Die meiste Zeit spielte ich allein mit meinen vielen vorgestellten Freunden. Als ich in die Pubertät kam, trieb mich die Suche nach dem tieferen Sinn des Lebens an, die vielen verschiedenen etablierten Religionen zu untersuchen. Doch trotz meiner Offenheit schien ich nie das zu finden, wonach ich fahndete, konnte es aber auch nicht in Worte fassen. Kürzlich fand ich einige meiner Gedichte aus der High-

School-Zeit, in denen ich schrieb, ein Engelwesen aus Licht zu sein. Zu jener Zeit hatte ich keine Ahnung, wovon ich sprach.

Ich begann zu entdecken, daß ich ein Problem hatte, nämlich *zu stark* zu sein; das sagten mir wenigstens einige Leute. Ich schien ein zu kraftvolles Energiefeld zu besitzen, in dem sie sich selbst dann unbehaglich fühlten, wenn ich ganz ruhig war. Da ich die anderen nicht stören und mein Leben nicht schwieriger machen wollte, als es ohnehin schon war, begann ich mich zurückzuziehen, um nicht *zu stark* zu sein. Dennoch fragte ich mich, warum ich eine so ungeheure Kraft mit mir herumzutragen schien, wenn es keine sicheren Möglichkeiten gab, sie ausreichend auszudrücken. Ich paßte einfach nicht in die Normen, in denen die Dinge auf diesem Planeten hier abliefen.

Während meiner Jugendzeit wollte ich meist wirklich dazugehören, wollte als normal angenommen werden. Seinen Höhepunkt erreichte dieses Verhalten in meinen frühen zwanziger Jahren. Ich war lächerlich weit gegangen, um so zu sein wie alle, aber es hatte trotzdem nicht funktioniert. Die Menschen wußten immer, daß ich anders war als sie. Mitte zwanzig akzeptierte ich dann einfach meine Fremdheit unter den meisten Menschen dieses Planeten und versuchte, das Beste aus dem, wie ich meinte, wirklich grauenhaften Witz zu machen.

Als ich älter wurde, verstärkte sich meine spirituelle Suche. Ich stöberte in der Astrologie, der Numerologie und im I Ging. Ich studierte viele alte Religionen und Zivilisationen des Planeten und fühlte mich mit den meisten tief verbunden. Viele Jahre lang vertiefte ich mich in die alten Kulturen und ging so weit, Quechua, die Inkasprache, zu lernen. Jeder versteckte Ort des Planeten fühlte sich vertraut an, und ich spürte eine tiefe Liebe und Verwandtschaft mit den Naturvölkern. Ich begann mich an unzählige Vorleben zu erinnern, oft durch Treffen mit Menschen ausgelöst, mit denen ich machtvolle Leben gelebt hatte. Das Zusammentreffen in der Gegenwart öffnete die Tore der Erinnerung.

Elf Jahre lang führte ich einen Laden, zuerst in London, dann in Boston und zuletzt in Taos, New Mexico, in dem ich alte

Schätze aus der ganzen Welt verkaufte. Ich begann verstärkt die Musik der Naturvölker zu sammeln, die meine Seele in die Erinnerung sang. War ich nicht jeder gewesen, überall? Tatsächlich erzählte ich, als ich in den frühen siebziger Jahren in den Bergen Perus lebte, den eingeborenen Kindern ihre alten Legenden, die sie vergessen hatten und an die ich mich erinnerte!

Während dieser Zeit waren mir drei herausragende Lehrer beschert: zuerst ein geheimnisvoller Mann aus der Türkei, dann ein weiblicher Häuptling der Hopis, Mina Lansa, und ein Medizinmann der Sioux, John Fire Lame Deer. Sie belehrten mich nicht so sehr durch Worte, sondern durch ihr Wesen und indem sie mich Situationen auslieferten, die mein schnelles Erwachen herausforderten.

Eines Abends vor vielen Jahren erschien in meiner Meditation der große Gott Ptah des alten Ägypten mit vielen Insignien der Macht — Ankh, Weltkugel, Stab und Szepter. Langsam und zeremoniell übergab er mir diese, während er tönte, daß meine alte Macht wiederhergestellt würde. Tatsächlich war es so, denn jetzt erinnerte ich mich an vieles, was ich vergessen hatte. Ich kannte alte Gebete in vergessenen Sprachen, heilige Mudras der Sonne und erinnerte mich daran, wie ich mich unsichtbar machen und meine Schutzdrachen beschwören konnte. Ein wundersames Jahr brach an. Ich schien alle Antworten zu kennen, und viele Leute kamen in meinen Laden, um mir Fragen zu stellen. Ich wurde von den tibetischen Buddhisten als jemand anerkannt, der viele Einweihungen erhalten hat, von den amerikanischen Indianern als eine der ihren, von den Hindus als Hindu usw. Doch natürlich war das nur ein Abschnitt meines Weges, und nach knapp einem Jahr erschien mir Ptah erneut. Er sagte, jetzt sei die Zeit gekommen, die alten Energien loszulassen. So legte ich mit liebevoller Dankbarkeit die Symbole meiner Macht nieder, die mir so gut gedient hatten. Ein Jahr qualvoller Unbeholfenheit, in dem ich gar nichts wußte, nahm seinen Anfang! Wenn die Leute mir Fragen stellten, antwortete ich ihnen, ich wisse nichts. Ich fühlte mich wie ein Baby, das laufen lernt und ständig hinplumpst. Das war kein besonders erfreuliches Jahr. Doch irgendwie wußte ich: wenn ich durchhielte, wenn ich über dieses unbeholfene Stadium hinauswüchse, würde etwas Neues, Aufregenderes auf mich warten.

Eines Abends meditierte ich gemeinsam mit einem lieben Freund. Plötzlich öffnete sich meine innere Sicht, und ich sah mich in große Sternhallen versetzt. Man sagte mir, dies seien die Hallen der Og-Min, die Heimat einer Sternbruderschaft, die in einer gleichzeitigen Dimension mit der unseren existiert. Mir war klar, daß wir uns außerhalb von Zeit und Raum befanden. Tiefe Psalmodien erfüllten die Luft. Die ganze Zeit über brannten weiße Kerzen. Ich entdeckte, daß ich in eine lange weiße Kapuzenkutte gekleidet war. Wundersamerweise weilten in diesen Hallen viele gleichgekleidete Wesen, welche ich in der Tiefe meiner Seele als mein wahres Volk erkannte. Unendlicher Friede hüllte mich ein. Ich fühlte mich zu Hause.

Ich berichtete meinem Freund von meinen Erfahrungen, er stimmte sich darauf ein und begann, ungewöhnlich genug, dasselbe zu sehen! *Dem Himmel sei Dank für die Bestätigungen! Sie helfen uns, schockierende Erfahrungen zu verarbeiten.* Dann erschien ein Sternwesen mit einem Lichtkörper vorne in der Haupthalle. Es hielt seine vierfingrige Hand empor und begann mit einem Vortrag über die Kristallübermittlung. An diesem Abend wurde uns viel gesagt, doch nur zum geringen Teil in Form von Worten. Hauptsächlich fühlte ich eine beispiellose Anregung meines Zellgedächtnisses.

Nach dieser Erfahrung wurde mir bewußt, daß ich, wann immer ich wollte, zu den Hallen der Og-Min zurückkehren konnte, denn sie existieren überall und immerwährend. Es schien, als ob mein irdisches Selbst das Leben hier auf Erden führte, während ein anderer Teil meiner selbst ständig bereit in den Hallen der Og-Min verweilte. Sie lehrten mich eine Menge, und ich begann, ihre Unterweisungen und Lehren als Leitfaden für die tiefen inneren Verwandlungen, denen ich mich unterzog, schriftlich niederzulegen.

Dies öffnete mir viele Türen zum Unbekannten. Ich fühlte mich wie ein Entdecker, der zu unbekannten Ländern segelt. Es war nicht alles leicht und lustig. Tatsächlich war mein Leben oft äußerst schwierig und einsam. Während dieser Phase mußte ich jede Kontrolle aufgeben, was mir nicht leichtfiel. Natürlich können wir immer bestimmen, ob wir anmutig nachgeben oder ob es aus uns herausgeschlagen wird. Unglücklicherweise gehöre ich zu den sturen Willensmenschen und wählte deshalb meist das Letztere.

Man sagte mir, daß ich mich darauf vorbereiten solle, alles loszulassen. Während ich glaubte, das — *mit ein paar Ausnahmen natürlich!* — auch zu tun, kam ich schnell dahinter, daß mir alles, was ich festzuhalten wünschte, augenblicklich fortgenommen wurde. Das dagegen, was ich willig gehen ließ, blieb oft bei mir. Das ist das Paradoxe an der Hingabe.

Bis zu diesem Zeitpunkt war mir der Umgang mit der materiellen Welt relativ leicht gefallen. Ich erfand meine Berufe, arbeitete stets allein und erfreute mich bescheidener Erfolge. Ich war eine fähige Organisatorin und Produzentin, leitete ein bekanntes, recht ungewöhnliches Radioprogramm und führte meinen schönen Laden. Dann plötzlich änderte sich alles. Ich litt an unspezifischen Krankheiten, die weder Heilpraktiker noch Ärzte heilen konnten. Doch in mir vernahm ich eine klare Botschaft: Du mußt dein Leben radikal ändern, oder du wirst sterben!

So gab ich meine Radioarbeit auf, machte mit den Veranstaltungen Schluß, verkaufte meinen Laden und erstand ein kleines Haus, besser, vier alte, blechgedeckte Bergwerkshütten, die aufgereiht in einem abgelegenen Gebirgstal in Arizona standen. Der nächste Supermarkt war 80 Meilen entfernt, die nächste Stadt gleich 150. Mit meiner Tochter, einem Hund, zwei Vögeln und fünf Katzen zog ich dorthin und hatte keinen Schimmer, wie ich uns durchbringen und was ich mit mir in dieser Einöde anfangen sollte.

Mir gefiel die wunderschöne Umgebung, die großen Eichen, Platanen, Zedern und Walnußbäume. Fast das ganze Jahr über durchströmte ein Fluß das Tal. Unsere Nachbarn waren die Tiere: Rotwild, Berglöwen, Wildschweine, Nasenbären, Bären, Klapperschlangen und viele, viele Vögel. *Hier möchte ich anmer-*

ken, daß ich kein Wildnistyp bin, nicht einmal ein Campingfan, und so forderte mich diese drastische Veränderung meiner Lebensweise außerordentlich heraus!

Nachdem ich den anfänglichen Schock überwunden hatte, begeisterte ich mich an der tiefen Stille und trank sie wie jemand, der kurz vor dem Verdursten steht. Ich verbrachte Wochen und Monate damit, dem über die Felsen fließenden Wasser des Flusses zuzuschauen, und wurde immer leerer, bis ich mich schließlich ins Nichts auflöste. Dies bewirkte eine umfassende Heilung, und tatsächlich war ich zu jener Zeit zu nichts anderem fähig. Meine Tochter besuchte 30 Meilen entfernt die Schule, und ich buk Brot, kümmerte mich um die Obstbäume, kochte ein und lernte, sehr still zu sein. Wenn wir kein Geld mehr hatten, verkaufte ich einfach einen meiner weltlichen Schätze, die sich in meinem Laden damals angesammelt hatten.

Nach sechs Monaten etwa fiel mir eine Geschichte ein, die mich nicht wieder losließ. Sie war ein Bruchstück einer Erinnerung an den Hohen König in Lemurien. Obwohl ich nicht wirklich Freude am Schreiben habe — ich wollte nie Schriftstellerin werden —, fühlte ich, daß die Geschichte mich nicht weiter beschäftigen würde, wenn ich einfach nur ein paar Seiten niederschrieb. Nach drei Kapiteln erkannte ich, daß ein Buch daraus würde, *Die Legende von Altazar;* für seine Vollendung brauchte ich zwei Jahre. Es war ein intensiver Prozeß, denn um zu schreiben, mußte ich mich erinnern. Ich lebte alle Erfahrungen im *Altazar-Buch,* während ich sie niederschrieb, und dies half mir, meinen langen Zyklus irdischer Verkörperungen abzuschließen. Zuletzt war ich wirklich frei von Atlantis, Lemuria, Ägypten und An, von all den irdischen Erinnerungen, die mir so teuer waren.

Während ich *Altazar* niederschrieb, besuchte ich regelmäßig die Hallen der Og-Min und hielt kurze Abschnitte fest, die nur für mich bestimmt waren. Ich begann, Träume und Visionen zu erleben, in denen ich mit großen goldenen Flügeln flog und so unermeßlich groß wurde, daß ich den Himmel über meiner Bergeinsiedelei füllte. Dies empfand ich als wunderbar befreiend. Der Erzengel Michael erschien mir, ermächtigte mich mit einem Schlage seines Schwertes, und ich begann, seine Botschaften aufzuschreiben. Ich erhielt laufend weitere Nachrichten von den Engeln. Einige sind in meinem kleinen Buch *Dein Sonnenengel, und wie du ihn erweckst* enthalten. Die Engel baten mich unablässig, ihre Gegenwart anzuerkennen und in mich aufzunehmen. Ich glaubte, das zu tun, obwohl ich sie immer noch getrennt von mir wahrnahm.

Eine mediale Freundin, Riki Rutherford, die in Texas lebt, machte eine kleine Finanzkrise durch. Um ihr zu helfen, bat ich sie um ein Channeling, obwohl ich damals kein besonderes Interesse daran hatte. Ich stellte eine Liste von Fragen auf und sandte ihr diese zusammen mit einem Scheck. Wenige Wochen später rief Riki an, um mir zu sagen, daß sie die Kassette gerade losgeschickt habe; es sei eines der verrücktesten Channelings gewesen, die sie je gemacht habe. Offenbar hatte sie die Sitzung mit ihren gewöhnlichen geistigen Führern begonnen, als ein zweieinhalb Meter hoher Engel, der behauptete, die Stimme meiner Macht zu sein, die Sitzung übernahm.

Als das Band eintraf, eilte ich zum Kassettenrekorder. Riki begann die Sitzung in ihrer sanften Art, doch plötzlich schallte ihre Stimme kraftvoll im Klang meines Goldenen Engels. Er sagte, es sei äußerst wichtig, ihn nicht nur anzuerkennen, sondern in mich aufzunehmen und zu verkörpern, denn wir seien in Wahrheit nicht getrennt.

Da ging mir endlich ein Licht auf. *Ich erkenne, daß wir die Engel sind!* Als ich auf all die Texte zurückblickte, die ich während des vergangenen Jahres empfangen hatte, merkte ich, daß die Engel die ganze Zeit über versucht hatten, mir dies zu zeigen. Ich hatte es einfach nicht verstanden. Wie kinderleicht war das!

Während dieser Zeit lernte ich Jose Arguelles kennen, und er drängte mich, im nächsten Monat an einer spirituellen Konferenz in Boulder, Colorado, teilzunehmen. Obwohl ich nie Konferenzen oder Workshops besucht hatte, wußte ich, daß ich hingehen sollte. Und schlimmer noch! Denn bald wurde mir klar, daß ich auf dieser Konferenz über Engel sprechen würde. Mich packte die nackte Angst. Erinnert euch, ich befand mich noch tief in meiner Einsiedlerphase.

Da ich wußte, daß mir nur ein Monat Vorbereitungszeit blieb, rief ich meinen Goldenen Engel zu Hilfe. Augenblicklich umgab mich ein wunderbares Goldenes Licht mit flutenden Wellen von Liebe. Ich fragte meinen Engel nach seinem Namen und empfing: Solaris Antari. Dies war der männliche Aspekt meines Goldenen Engels, der meiner Freundin in Texas erschienen war. Zuerst gefiel mir der Name nicht. Ich war sicher, ihn in einem Buch gelesen zu haben, vergrub mich einen ganzen Tag in meiner Bibliothek und suchte. Natürlich fand ich nichts. Immer wieder fragte ich meinen Engel nach seinem Namen, und immer wieder hörte ich: Solaris Antari. *Ich habe wirklich eine sture Ader.*

Zuletzt nahm ich den Namen Solaris Antari an und sagte: „Ich bin Solaris Antari." Immer, wenn ich das tat, spürte ich, wie die liebevolle Goldene Gegenwart in meinen Körper eindrang. Ich fühlte mich authentischer als je zuvor. Ich begann, als Solaris Antari zu schreiben, und dies half mir, die himmlischen Energien in mein Wesen zu integrieren. Wenige Wochen später hörte ich den Namen Solar Antara und erkannte ihn als den weiblichen Aspekt des Engels, der ich bin.

Als ich nach Colorado kam, wurde ich gleich einigen faszinierenden Menschen vorgestellt, zu denen ich eine tiefe Verbindung fühlte und die mir halfen, meine Scheu zu überwinden. Die Konferenz dauerte drei Tage, und ich wartete bis zum letzten Tag, ehe ich zum Tagungsleiter ging und ihn fragte, ob ich sprechen könne. Zuerst lehnte er ab, da der Zeitplan viel zu eng sei. Doch ich wiederholte, daß ich sprechen müsse und nicht viel Zeit brauche. Er erwiderte, ich solle in der Konferenzhalle bleiben; wenn sich etwas ergäbe, würde er mich ankündigen.

Jetzt kroch die Angst leibhaftig in mir hoch, denn ich hatte keine Ahnung, was ich sagen wollte. Ich meinte zu meinem Engel, er müsse wissen, worüber wir sprechen würden, denn ich zumindest hatte keine Ahnung. *Was sagten wir doch über das Aufgeben von Kontrolle?* Der nächste Sprecher kam zu spät, das erstemal an diesem Wochenende, daß so etwas geschah. Ich bekam gerade noch mit, daß ich angekündigt wurde. Als ich mich der Bühne näherte, war ich sicher, im nächsten Augenblick entweder einen Herzanfall zu bekommen oder ohnmächtig umzufallen. Da stand ich vor 350 Menschen, darunter einigen sehr bekannten Lehrern des New Age, bereit zu sterben oder mich zumindest vollkommen lächerlich zu machen! Es war überhaupt nicht komisch.

Ich begann damit, einen meiner Texte von Solaris Antari vorzulesen. Nach einigen Abschnitten kam meine Engelgegenwart und verankerte sich tief in mir. Eine ungeheure Liebe erfüllte mein Wesen, und ich begann, über die Engel zu sprechen. Ich merkte, daß einige Menschen im Publikum weinten. Dann war meine Redezeit vorüber; ich dankte allen und verließ den Raum. Viele Menschen mit tränenüberströmten Gesichtern folgten mir und baten mich, mehr zu sagen. Dies ging den ganzen Tag so weiter. Am Nachmittag bekam ich eine weitere Gelegenheit zu sprechen. Viele Leute wollten Kopien der Engelbotschaften, die ich niedergeschrieben hatte. Meine Engelgegenwart blieb die ganze Zeit über fest mit mir verbunden — eine unglaubliche Erfahrung!

Auf dem Flug nach Hause am nächsten Tage schwor ich mir, nie wieder öffentlich über Engel zu reden, bevor mein eigenes Wesen nicht ohne Tadel wäre. Ich fühlte, daß die Macht dieser Information wie das Streichholz ist, welches ein Präriefeuer auslöst. Mir wurde gesagt, daß ich zwei Wochen Zeit habe, um ein Buch über Engel zusammenzustellen.

Um eine endlose Geschichte so kurz wie möglich zu erzählen, erwähne ich nur, daß ich zwei Wochen später — mein Buch *„Dein Sonnenengel, und wie du ihn erweckst“* war im Druck (*Ich habe es zeitgerecht fertiggestellt; ich bin sehr gehorsam und arbeite hart.)* — gezwungen wurde, mein Haus wegen einer ernsten allergischen Reaktion auf einen Insektenstich zu verlassen. Zu diesem Zeitpunkt hatte ich nicht die Absicht umzuziehen, und es gab keinen Ort, der mich gerufen hätte. Denkt an die fünf Katzen, den großen Hund und meine Tochter! Es schien keine Rolle zu spielen, daß mir das Haus gehörte und ich kaum Geld flüssig hatte.

So stiegen meine Tochter und ich mit einer Kiste neuer Engelbücher ins Auto und langten drei Wochen später in Mount Shasta, Californien, an. Mount Shasta berührte mich mit der Zartheit eines Vorschlaghammers. Ich hatte erwartet, bei meiner Ankunft an diesem heiligen Wirbelpunkt von himmlischen Chören begrüßt zu werden. Statt dessen verursachte mir der erste Blick auf den Vulkan jenseits der Straße große Übelkeit. Ich konnte kaum noch fahren. Seine Energie war mächtig und erbarmungslos.

Als wir uns in unserem Motel eingerichtet hatten, bemerkten wir eine der klassischen linsenförmigen Wolken, die seltsame Bewegungen über dem pyramidenförmigen Aschenkegel von Black Butte ausführte, und uns wurde klar, daß wir hier richtig waren. In dieser Nacht informierte mich der Berg gleichmütig, daß er mich gerufen habe und mich völlig umkrempeln werde, was er in den nächsten zwei Jahren tat. Dies machte meist keinen Spaß und war alles andere als einfach; es war qualvoll und schwer, gelegentlich verbrämt mit Augenblicken köstlicher Hochstimmung, damit ich wußte, daß ich mich am richtigen Platz befand. *(Nicht, daß ich heimlich oft an Flucht gedacht hätte!)*

Ich will gerecht sein: Ich hatte viele magische Tage auf diesem Berg. In Shorts, T-Shirt und chinesischen Baumwollschuhen kletterte ich auf meiner Suche durch Eis und Schnee und traf wirkliche Bergsteiger in Wollhosen, Bergschuhen und mit Steigeisen, was immer das auch sein mag. Sie beäugten mich argwöhnisch und hielten mich wohl für eine unberechenbare Yetifrau oder für jemanden, der den geheimen Kammern dieses Berges entwichen war.

Manchmal hockte ich einfach still auf einem Stein, ohne zu meditieren oder an etwas Spezielles zu denken, und dann konnte ich mich nur noch schwach daran erinnern, eine individuelle Bewußtseinseinheit zu sein. Danach mußte ich meinen Weg zurück zu diesem Planeten suchen, um herauszufinden, in welchem Raum-Zeit-Kontinuum ich mich gerade aufhielt. *(Ich weiß immer noch nicht, an welchem Ort ich während dieser Erlebnisse gewesen bin oder wodurch sie ausgelöst wurden, doch diese Vorfälle traten oft und immer völlig unerwartet auf.*)

Einmal entdeckte ich beim Klettern in den Felsen einen schimmernden Gesteinsbrocken, in den große, erhabene Flügel eingeprägt waren. Jede Feder war so sorgfältig gezeichnet, als ob sie in den Stein graviert sei. (*Glücklicherweise hatte ich diesmal einen Zeugen bei mir.*) Später an diesem Tage lag ich ausgestreckt auf einer Felsplatte, verschmolz mit ihr und wurde unermeßlich groß. Plötzlich geschah etwas, was mich im Nu wieder zu mir brachte: Irgend etwas sauste rasch über mein Rückgrat, und ein elektrischer Ausbruch von Kundalini-Energie stieß mich zurück in meinen Körper. Ich öffnete die Augen und entdeckte, daß ein Kolibri über mich hinweggeflogen war.

Man sagte mir, daß meine Erfahrungen auf dem Berge eine Art Abschlußprüfung innerhalb der irdischen Einweihungen darstellten, doch ich muß zugeben, daß ich ungeheuer erleichtert war, als sie endlich vorbei waren. Ich weiß, daß wir alle den freien Willen besitzen, unser Erleben selbst zu bestimmen, und daß ich irgendwo in meinem Inneren danach verlangt hatte. Mir war völlig klar, daß die Lektionen auf dem Mount Shasta tiefgreifend sein würden; deshalb entschloß ich mich, sie bis zum Ende durchzustehen.

Nach einem Jahr brachte ich schließlich *Die Legende von Altazar* heraus und ließ mein Engelbuch neu auflegen. Jetzt wußte ich, daß der Einsiedler in die Welt hinauszugehen hatte. Da ich seit der Konferenz in Colorado nicht öffentlich gesprochen und niemals einen Workshop gegeben hatte, war ich mir nicht sicher, wie ich diese Aufgabe angehen sollte. Augenblicklich erhielt ich die Einladung eines Heilers in Houston, Texas — er hatte das Engelbuch gelesen —, drei Vorträge und einen Wochenendworkshop zu halten. Wieder kam die Panik über mich! Mir blieb nichts anderes übrig, als meinen Engel anzurufen und ihn zu bitten, mir zu zeigen, was ich zu tun hatte.

Ich flog nach Houston, wo ich noch nie gewesen war. Hier empfing man mich sehr gastfreundlich und bot mir jede Unterstützung. Für meinen ersten Vortrag hatte ich eine sechzehnseitige Rede vorbereitet. Ich las den ersten Abschnitt und legte dann das Manuskript beiseite, denn meine Engelgegenwart durchdrang mich tief. Danach sprach ich einfach, nicht unbewußt oder in Trance, sondern wacher als gewöhnlich im Alltag. Die nächsten beiden Vorträge gingen glatt und ohne, daß ich meine Notizen brauchte.

Für den Workshop hatte ich sicherheitshalber einen losen Zeitplan aufgestellt, mit Punkten wie: 11.00 Uhr — Gleichgewicht und Mitte. Natürlich hatte ich keine Ahnung, was das bedeuten sollte. Um 11.00 Uhr ließ ich alle aufstehen, und wir begannen die erste Ausrichtung auf die Sterne, eine Übung, die sich zu unserer beliebtesten und tiefsten entwickelt hat. Der ganze Workshop floß mühelos auf einem Strahl Goldener Liebe.

Ich schreibe dies alles, um dir zu vermitteln, daß du mit der Verkörperung deiner Engelgegenwart leicht auf noch unerforschte Gebiete deines Seins stoßen kannst. Wir kennen keine Grenzen mehr und sind fähig, viele Dinge, die wir noch nie erlebt haben, mit neuer Freude und Leichtigkeit zu tun. Glaub mir, wenn du den faulen Weg liebst, ist dies deine Sache!

Seitdem habe ich mich nie wieder auf einen Vortrag oder einen Workshop vorbereitet, außer daß ich mich schöner als gewöhnlich kleidete. Ich spüre einfach die Energie und gehe mit dem Fluß. Der Engelwirbel stellt sich immer ein, wenn ich beginne. Ein faßbares Goldenes Licht durchdringt den Raum. Ich mache wirklich gar nichts, um es zu schaffen. Ich bin einfach da, und es ist auch da. So einfach ist das! Denk daran, es ist nicht nur mein Engel oder der Engel, der ich bin, der zugegen ist, sondern eure Engel sind auch anwesend und wollen, daß ihr ihre Gegenwart erspürt. Wenn man so viele Engel zusammenbringt, wird die Energie dramatisch erhöht. Die Liebe umhüllt uns alle in der Einheit.

Ich fühle mich unendlich gesegnet, weil ich um mein Engelsein weiß und Erfüllung darin finde, beim Erwecken anderer Engel mitzuhelfen und zu sehen, wie sie sich verändern und erblühen. Mein Leben ist noch nicht vollkommen, denn ich bin ein verkörperter Mensch und immer noch traurig, mutlos und ungeduldig wie alle anderen auch. Wenigstens in dieser Beziehung bin ich ganz normal. Doch ungeachtet meiner gegenwärtigen Gefühlsströmungen weiß ich, wer ich bin und warum ich hier bin. Ich weiß, daß ich nicht allein bin und daß es auf Erden Millionen von uns gibt, die täglich erwachen und sich in der gemeinsamen Aufgabe vereinen, alle Lebewesen zu transzendieren. Ich bin bereit, mein Höchstes Selbst vollkommen zu verkörpern, und ich bin froh zu wissen, daß ich mich auf dem rascheren Weg nach Hause befinde.

Deshalb empfange ich trotz meiner schweren Arbeit oder meiner zeitweiligen Einsamkeit und Erschöpfung großen Trost und Heilung durch die Gegenwart meines Goldenen Sonnenengels, dem größeren Teil meines Seins, der immer in mir wohnt, mich ohne Bedingung liebt und mich ermutigt, vorwärtszuschreiten, um nach Hause zurückzukehren.

Ich bin Solara Antara

Ich bin das Auge der Großen Zentralen Sonne.
Ich stamme aus dem Einen.
In meinem Herzen wohnen beide,
der Goldene geflügelte Löwe und das kristallene Reh.
Auf dem Goldenen Lichtstrahl,
dem Atem von Vater und Mutter Gott,
kam ich auf diese Erde.
Ich bin hier, um klar zu sehen.
Ich bin hier, um die Fülle meiner selbst zu offenbaren,
bis keine Täuschung mehr besteht
über das Absolute Sein und dessen reine Spiegelung.
Ich bin nur ein offenes Tor,
das das Unsichtbare mit dem Sichtbaren verbindet,
ein Goldener Liebesstrahl von oben.
In Wahrheit bin ich formlos.
Eine Ballung pulsierenden Lichts allein
umschreibt meine Gegenwart.
Obwohl ich getrennt von dir zu sein scheine,
bin ich es nicht.
Meine Existenz als festumschriebene Wesenheit
ist lediglich eine Täuschung,
denn ich bewohne das formlose Meer der Essenz.
Zusammen sind wir der Eine.

Goldene Sonnenengel

Im Verlaufe der Geschichte hatten die Menschen mannigfache Berührungen mit Engeln, und viel wurde darüber geschrieben.

Bei den Moslems heißen die Engel *Barakas,* bei den Chinesen *Shiens,* bei den Hindus *Devas* und bei den amerikanischen Indianern *Vogelstämme.* Engel spielen eine wichtige Rolle in der Bibel. Ihre Existenz auf diesem Planeten und in den Himmlischen Reichen wird nicht angezweifelt. Solange Geschichte geschrieben wird, erscheinen die Engel der Menschheit als Boten Gottes und als Werkzeug göttlicher Intervention.

Auf einer persönlicheren Ebene nahmen wir die Engel oft als herrliche Schutzengel wahr. Viele von uns hatten in der frühen Kindheit unmittelbare Erfahrungen mit dem eigenen Schutzengel. Oft fühlten wir uns von diesem Engel geliebt, beschützt, geführt und inspiriert.

Immer waren wir auf diesem Planeten von strahlenden, liebevollen Engeln begleitet. Unser persönlicher Schutzengel hat uns während unserer zahlreichen Verkörperungen auf der Erde nie verlassen. Nie waren wir von der Quelle getrennt, auch wenn wir uns oft allein und verlassen fühlten. Heute ist das Bewußtsein für die Gegenwart unseres Schutzengels größer, viele haben Kontakt mit ihm und empfangen seinen Rat und Schutz.

Doch bis heute haben wir unsere unmittelbare Beziehung zu den Engeln nicht verstanden. Sie ist viel enger, als wir je gedacht hätten. In Wahrheit sind die Engel nicht getrennt von uns; sie sind unser eigenes Höheres Selbst.

Bis heute wurde die Tatsache nicht verstanden, daß *du dein Schutzengel bist!* Er ist nicht nur dein Höheres Selbst, sondern die große Mehrheit dessen, was du wahrhaft bist!

Wenn du dies in seiner Ganzheit verstehst, machst du den Quantensprung, der dich in die Meisterschaft einweiht, dich ermächtigt und dir den Aufstieg von der dreidimensionalen Bewußtseinsebene ermöglicht. Erkennst und erfährst du deinen Schutzengel als eine vollkommenere Offenbarung deines wahren Wesens, *die nicht von dir getrennt ist,* wirst du eine tiefe Verwandlung durchlaufen, die alle Ebenen deines Lebens berühren wird.

Die Goldenen Sonnenengel sind der Teil von uns, der mit der Quelle zu Hause vereint geblieben ist.

Sie stammen von der großen Zentralen Sonne, die *der Stern ist, der wir sind.* Diese Goldenen Engel erschufen unser kleines Egoselbst, das den Verkörperungskreislauf hier auf dem Planeten Erde durchlebte. Sie erschufen es, indem sie eine Goldene Lichtsäule aussandten, die sich als winziger Sternensame in den Planeten senkte. Dieser Sternensame ist nur eine ganzheitliche Projektion unseres unermeßlich großen Engelselbst oder *Sternenüberselbst.* Er erblühte als unser menschliches Selbst. Doch in jedem von uns liegt die verschlüsselte Erinnerung an den, der wir wirklich sind, und das ist unsere Landkarte nach Hause. Dieser Sternensame ruhte immer in uns, auch in den langen Zeitaltern unseres Vergessens.

Der Goldene Lichtstrahl, der unser menschliches Selbst mit unserem Engelselbst verbindet, blieb ebenfalls an seiner Stelle. Er kann als lange Goldene Schnur wahrgenommen werden, die oben aus unserem Kopf reicht und die ganze Strecke bis zu unserem unermeßlich großen Engelselbst überbrückt. So blieben wir immer mit unserem Größeren Selbst verbunden.

Je mehr du bereit bist, deine Engelgegenwart einzubringen und zu verkörpern, um so mehr wirst du verwandelt werden.

Dein Engel muß bis in die Zehen deines physischen Körpers dringen und dort verankert werden. Das erleichtert die Hochzeit von Geist und Materie in dir beträchtlich. Es aktiviert deine verschlüsselten Zellerinnerungsbänke und ermöglicht dir den Zugang zu Bereichen, die dir zuvor verschlossen waren. Du wirst den Wechsel in einen multidimensionalen Bewußtseinszustand erleben, der dir größere Freiheit und Leichtigkeit im Umgang mit der dreidimensionalen Wirklichkeit verschafft. Wir sagen gern: *„Auf Goldenen Lichtflügeln wirst du durchs Leben gleiten!“*

Du wirst von den Konflikten der Dualität geheilt, in denen du immer einen Teil deiner selbst verleugnen mußtest, um einem anderen Teile deiner Ganzheit Ausdruck verleihen zu können. Der Abgrund zwischen der spirituellen und der physischen Existenzebene wird vollständig schwinden. Unwiderruflich verschmelzen sie in einer heiligen Verbindung. Kopf und Herz, Wille und Geist werden Eins.

Dein physischer Körper wird sich belebt und verjüngt fühlen, und wenn du früher Schwierigkeiten hattest, das Leben und den Ausdruck durch solch einen physischen Körper zu genießen, wirst du es jetzt auskosten können. Ein neuer Tanz des Lebens beginnt. Dein Lichtkörper und dein physischer Körper verschmelzen und geben deinem täglichen Leben neue Leichtigkeit. Dein herrlicher physischer Körper wird wirklich zu einem Sternentempel, der sich auf der Erde offenbart. So wirst du jeden Tag und jeden Atemzug als einen wunderbaren Neubeginn begrüßen.

Die Jahre deiner Tränen lösen sich in der liebevollen Umarmung von oben auf. Denn in deinem Herzen wird sich eine Liebesquelle öffnen, die ständig allumfassende Liebeswellen hervorbringt und empfängt. Du wirst nicht nur fähig sein, andere weitaus mehr zu lieben und anzuerkennen, du wirst außerdem die reiche Liebe aufnehmen können, die sich jetzt unmittelbar auf dich richtet, und — was am wichtigsten ist — du wirst dich endlich selbst lieben und anerkennen! Wie lange haben wir auf diesen Schritt gewartet! Es ist entscheidend wichtig, daß wir uns selbst lieben, bevor wir unsere Liebe nach außen richten, denn sind wir nicht alle Aspekte desselben wunderbaren Wesens?

Die Wissenschaft weiß, daß wir gegenwärtig nur zehn Prozent unseres Gehirns benutzen. Dies zeigt, welch kleinen Teil unseres Bewußtseins wir in unserer irdischen Verkörperung als getrennte, egobestimmte Wesen verwenden. Wenn wir mit unserem Goldenen Sonnenengel verschmelzen, erhalten wir den Schlüssel zur Grenzenlosigkeit und Zugang zu den unermeßlichen Reichen des Wissens und der Erfahrung. Es ist so, als ob wir nur ein Zehntel des Blattes eines Kartenspiels ausspielen wollten. Wäre es nicht einfacher und lustiger, alle Karten zu verwenden? Das gelingt uns mühelos, wenn wir mit dem größeren Teil unserer selbst verschmelzen, mit unserem Goldenen Engel.

Wenn du möchtest, nimm dir einen Augenblick die Zeit und stell dir vor, daß heute nacht, während du schläfst, etwas Außergewöhnliches geschieht. Vielleicht erscheint es dir in Form eines Traumes oder einer Vision, doch wie es sich auch zeigen mag, du wirst am Morgen unwiderruflich verändert sein. Denn jetzt weißt du ohne jeden Zweifel, daß *du ein Engel bist, der bewußt auf diesem Planeten dient, um das Licht zu verankern!*

Was wirst du also tun? Vermutlich wirst du nicht aufspringen, deine Arbeitsstelle kündigen, deinen Partner verlassen und lange weiße Kleider tragen. *(Wenn du es wirklich tust, ist es das, was du tun mußt.)* Wahrscheinlich wirst du dasselbe wie jeden Morgen tun: Du wirst aufstehen, ins Badezimmer gehen, dir Wasser ins Gesicht spritzen, die Zähne putzen und in den Spiegel schauen und ... Etwas ist anders!

Du siehst nicht gerade jünger aus, obschon es so ähnlich ist. Nein, es ist das Licht, das dir aus deinem Gesicht entgegenströmt, und es sind die Sternaugen, die kraftvolle Weisheit und Liebe ausstrahlen! Du begreifst, daß du dieses wunderschöne Wesen *bist*! So sahst du die ganze Zeit aus, nur hattest du vergessen, wie strahlend du in Wahrheit bist.

So fängt das Engelwerden an. Jetzt ist es an der Zeit, zur Arbeit oder sonstwo in die Welt hinauszugehen. Du kannst immer noch Auto fahren; tatsächlich fällt dir auf, daß du mühelos steuerst und daß dich selbst ein Verkehrschaos nicht mehr so aufregt wie noch gestern. Du bemerkst, daß die Leute draußen, die du gar nicht kennst, freundlicher sind als gewöhnlich und dir zulächeln und zuwinken. Wenn du angekommen bist, entdeckst du, daß dein Tag leicht wie auf einem Goldenen Lichtstrahl dahingleitet.

Situationen, die du früher als schwierig eingeschätzt hättest, verwandeln sich wie durch ein Wunder und lösen sich mühelos von selbst. Dich daran zu erinnern, wer du wirklich bist, ist alles, was du zu tun hast.

Es wird Zeiten geben, in denen du vergißt und in den Sumpf und das Leiden der dritten Dimension zurücksinkst, doch auch das ist ganz in Ordnung. Es ist einfach Teil des Menschseins. Wenn das geschieht, erkenne deine Lage klar und mach dir deine Engelgegenwart, so schnell du kannst, wieder bewußt.

Auch in deinen Beziehungen gibt es Wandel. Die Menschen werden von deinem Goldenen Licht entweder angezogen oder abgestoßen. So ist das einfach. Du wirst herausfinden, daß viele Menschen durch deine bloße Anwesenheit aufwachen und Kraft beziehen, ohne daß du etwas tun oder sagen mußt. Deine Engelgegenwart genügt bereits, ihnen ihren eigenen Engel näherzubringen.

Dies sind nur ein paar der vielen Veränderungen, die du am ersten Tag, an dem du merkst, daß du ein Engel bist, erleben kannst. Sei darauf vorbereitet, daß du überall auf Engel stößt. Wenn *du* aus dem Verborgenen heraustrittst, werden andere den Mut finden, wahrhaft sie selbst zu sein.

Eine der bewegendsten Erfahrungen meines Lebens ereignete sich im Juni 1988 bei einer Veranstaltung, die *Star-Link* genannt und im Los-Angeles-Coliseum abgehalten wurde. Während meiner Rede fragte ich, wer im Publikum *bewußt* und ohne jeden Zweifel wisse, daß er ein Engel sei, der auf dieser süßen Erde diene, und bat jene Menschen aufzustehen. Ich erwartete, daß sich vielleicht Hundert von den Tausenden melden würden. Als sich praktisch das gesamte Publikum in einer Welle von Hingabe erhob, traten mir Tränen in die Augen, und ich konnte nicht weitersprechen.

Deshalb ist es wichtig für uns alle — mich selbst eingeschlossen, und ich treffe eine Menge Engel! —, daß wir uns daran erinnern: Es gibt auf dieser Erde weit mehr von uns, die wissen, daß sie Engel sind, als wir uns vorstellen können. Und täglich erwachen mehr! Es wird immer bedeutsamer, zu Engelfesten und Veranstaltungen zusammenzukommen, damit unsere vereinte Gegenwart offenkundig wird; aus diesem Grunde sind wir hergekommen.

Es ist eine so große Erleichterung für uns, daß wir hier auf der Erde so offen wir selbst sein können.

Wir glaubten, daß wir irgendwohin wandern oder nach Hause zurückkehren müßten, um unser wahres Wesen zu erleben, doch das ist einfach nicht wahr. Die tiefe Sehnsucht, unsere Ganzheit voll zum Ausdruck zu bringen, hat uns dazu getrieben, aufzuwachen und uns zu erinnern. Sie war wie das Sandkorn in der Auster, das die Perle gebiert. Wenn du dich mit deinem Engel vereinst, wirst du zur strahlenden Perle.

Devas und Engel der Heilung

Die Wirkungsbereiche von Goldenen Sonnenengeln und Devas sind unterschiedlich.

Man könnte sagen, daß Devas die Goldenen Engel der Pflanzen, Mineralien, Tiere, Seen, Berge, Städte, Länder und Planeten sind. Deshalb stellen sie das Höhere Selbst oder das gemeinsame Wesen des Punktes dar, auf den sie sich besonders konzentrieren. Dasselbe gilt von den Engeln der Heilung, von denen sich jeder seinem besonderen Bereich widmet, etwa als Engel des Mitgefühls oder der Masern.

Obwohl jeder dieser verschiedenartigen wunderbaren Devas oder Engel der Heilung auch dem Goldenen Strahl *des Sterns, der wir sind,* entstammt, sind sie nicht unsere persönliche, unmittelbare Verbindung zurück zur Quelle. Sie arbeiten mit unseren Goldenen Engeln oder unserer Engelgegenwart Seite an Seite und nicht in unmittelbarer senkrechter Ausrichtung. Sie sind letztlich nicht von uns getrennt, da wir immer in Einheit verbunden sind, und dienen an unserer Seite, statt in und durch uns.

Oft tun wir uns mit ihnen zusammen zum Dienst an diesem Planeten. Wir können viel wirkungsvoller als gleichberechtigter Engel statt als dreidimensionaler Mensch mit einem Engel zusammenarbeiten; unser Einflußbereich wächst dann ins Unendliche. Es ist wunderbar, wenn wir zusammenkommen, denn wenn wir um die Hilfe der Devas und Heilungsengel bitten, erreichen wir die Engelgegenwart anderer Lebensformen der Erde und stärken hiermit die Verbindung unter allen.

Wenn wir um ihre Hilfe bitten, ist es wichtig, daß wir uns daran erinnern, wer wir sind, und von der Illusion ablassen, hilflose kleine Menschen zu sein, die außerhalb um Hilfe und Unterstützung betteln. Wir wollen diesem Planeten als erwachte, machtvolle Wesen dienen, die bewußt genug sind zu erkennen, daß sie Engel sind.

Devas und Heilungsengel haben uns, genau wie unser Goldener Engel, immer begleitet. Es ist ein so wunderbarer Segen, daß wir uns jetzt endlich zusammentun können, um diesen Planeten zu heilen. Wir wollen daran denken, daß alles auf der Erde eine Engelgegenwart hat, die geduldig darauf harrt, erkannt und angerufen zu werden.

Eine Botschaft der Goldenen Engel an die Menschheit für das Jahr 1988

Meine Geliebten,

die Pforte steht offen, und ihr, die ihr diese Worte hört, seid hindurchgeschritten und so auf den neuen Pfad gelangt, auf die Goldene Treppe, die nach Hause führt.

Fragt nicht: „Wie komme ich dorthin?"; denn um nach Hause zu gelangen, reist man nicht ab, sondern man kommt an. Man geht nicht hinaus, man kommt herein. Wahrlich, wir sagen euch, daß jetzt die Zeit gekommen ist, um einzutreten.

Geht in euch und verschmelzt den Teil, der zeitlos ist, mit jenem, der scheinbar in die dreidimensionale Welt der Materie gehüllt ist. Verbindet euch mit jenem Engel, der euch so lange beschützt, geführt und inspiriert hat, und wisset, daß ihr dieser Engel seid.

Dies Verschmelzen, diese Heilige Verbindung, dies Ineinandergreifen muß stattfinden, bevor du die Goldene Treppe betreten kannst. Um aufzusteigen, mußt du zuerst vollständig ankommen und dich *bewußt* mit all jenen Teilen verbinden, die du bis jetzt verleugnet hast.

In dieser inneren Vereinigung wächst dir die Vollmacht zu. Du bist vollständig, wenn sich das Männliche und das Weibliche in dir vermählt. Du wirst zu einer Brücke, die hochwirksam Geist und Materie miteinander verbindet.

So werden die Säulen des Lichts erschaffen. Denk daran, daß du die Säule bist. Geliebte Geschwister, ihr sollt die Lichtstrahlen sein, die aus der großen Zentralen Sonne leuchten und eure Sphäre restlos erhellen, reinigen und segnen.

Mit der Harmonischen Konvergenz wurde die vierte Dimension auf dem Planeten Erde geboren. Erkennt jetzt an der Schwelle des großen Jahres 1988, daß die vierte Dimension in diesem Jahre ihre Gegenwart auf der physischen Ebene wirklich spürbar machen wird.

In diesem bedeutsamen Jahr wird die dritte Dimension weiter verblassen. Doch im unvermeidlichen Schrumpfen erblühen die Samen der neuen Göttlichen Gaben für die Menschheit. Ihr, meine Lieben, seid diese Blumen. Nährt eure Pflanzen und behandelt sie mit liebevoller Zartheit, denn jeder von euch ist nötig für die Erfüllung des Göttlichen Planes auf der Erde.

Während des Jahres 1988 werden viele erwachen, und das Bewußtsein wird wachsen. Viele der verschlüsselten Erinnerungen, die vor langer Zeit in einer Zeitkapsel tief in eurem Zellmuster eingegraben wurden, werden aktiviert.

Es wird ein großes Wachrütteln und Aufsteigen geben, wenn ihr euch wieder erinnert. Ihr werdet weit über die irdischen Verkörperungen hinausgelangen, hin zu den Sternen, auch den entferntesten, zu Dimensionen, die dem bewußten Gedächtnis noch völlig unbekannt sind. Denn in den Geheimnissen der Sterne liegen wahrhaft Ursprung und Bestimmung der Menschheit.

All das erwartet euch, wenn ihr die Goldene Treppe emporsteigt. Fürchtet euch also nicht, in dies Schicksalsjahr einzutreten, denn 1988 werdet ihr nicht alleine gehen. Die Sternfamilien sammeln sich wirklich und verbinden sich. Der Pfad, auf dem ihr nun gemeinsam schreitet, besteht aus reinstem Goldenen Licht.

Viele unter euch haben im mühsamen Einrichten der neuen Ordnung den kritischen Punkt schon überschritten. Jetzt werden deine Schritte sicherer und leichter. Du hast deine Entscheidung getroffen, hast gewählt, den rascheren Weg nach Hause einzuschlagen. Dies erreichst du, wenn du auf allen Ebenen ins Gleichgewicht kommst.

Erwachte Menschheit des Planeten Erde, ihr habt eure Arbeit gut getan. Immer stehen wir neben euch, über euch und in euch bereit. Wir bieten euch Unterstützung, Ermutigung und unsere bedingungslose Liebe an, vor allem aber die Gewißheit, daß ihr euer Ziel erreicht. Dies ist euer Jahr. Bereitet euch darauf vor; steigt auf, habt Erfolg, setzt Blüten an — und fliegt!

Engelnamen

Jetzt bist du vielleicht soweit, daß du deinen Goldenen Sonnenengel treffen und verkörpern willst. Vielleicht fürchtest du, daß der Vorgang langwierig und schwierig ist. In Wahrheit geht es erstaunlich einfach!

Denk daran, daß die Goldenen Engel mit uns verschmelzen wollen! Deshalb rufen sie und ermutigen uns, sie einzulassen. Der Ruf nach deinem Engel muß nur aufrichtig sein; du mußt ihn wissen lassen, daß du seine Gegenwart anerkennst und begrüßt und daß du bereit bist, ihn hereinzulassen und dein vollkommenes Höheres Selbst zu verkörpern.

Du kannst deinen Engel nach seinem, nach *deinem* Namen fragen. Dieser Name stammt nicht aus der englischen oder irgendeiner anderen irdischen Sprache, denn die Engel stammen von den Sternen. Man könnte ihn deinen multidimensionalen Namen oder Sternennamen nennen. Hast du ihn erst einmal in dir, wird der Klang seiner Schwingung deine verschlüsselten Zellerinnerungen anregen, wodurch es dir möglich wird, immer höher schwingende Energiefelder zu empfangen und dich auf sie einzustimmen.

Da die Goldenen Sonnenengel aus einer Sphäre jenseits der Dualität stammen, sind sie von Natur aus androgyn.

Das bedeutet, daß ihre männlichen und weiblichen Pole bereits vereint sind. Da wir oft Schwierigkeiten haben, uns auf ein

„es“ zu beziehen, erscheinen uns unsere Engel entweder in männlicher oder weiblicher Gestalt. Wenn du deinen Engelnamen empfängst, nimmst du entweder den weiblichen oder den männlichen Aspekt des Namens auf. Oftmals folgt dann bald darauf der Name der anderen Seite. Manchmal empfängst du den Namen seiner vereinten Gegenwart, einen einzigen Namen für beide Aspekte deines Engels. Nimm einfach an, daß das, was du hörst, vollkommen ist.

Es geschieht zuweilen, daß jemand seinen Engelnamen nicht erhält. Statt dessen wird er etwas hören, was ich als *Auslösernamen* bezeichne. Denk daran, daß einige dieser Engel von sehr weit her stammen. Manchmal ist eine gewisse Zeit nötig, um das Bewußtsein auf die Oktave anzuheben, die notwendig ist, um diese hohen Schwingungen aufzunehmen. Wenn du einen Namen hörst, der sich nicht ganz richtig anfühlt — ein Teil klingt vielleicht englisch oder italienisch —, dann nimm diesen Namen als deinen *Auslösernamen* an und arbeite mit ihm. Er wird dir helfen, deine Energien auf die Oktave der Dimension zu heben, auf der du deinen Namen finden wirst. Dieser Vorgang kann Minuten oder Monate dauern; das spielt keine Rolle. Alles entfaltet sich für dich in höchster Vollkommenheit. Dein Engel wacht über diesen Prozeß, nicht du oder ich.

Es ist außerordentlich wichtig, daß du deinen Engelnamen selbst empfängst.

Viele Menschen bitten mich, ihnen einen Namen zu geben. Obwohl das vielleicht einfacher wäre, ist es doch nicht richtig; das ist gerade die alte Art und Weise, so etwas anzugehen. Damals erhielten wir unser spirituelles Wissen horizontal, sprich, aus zweiter Hand. Jetzt kehren wir zu unserem Ausgangspunkt zurück und lernen erneut, aus der Quelle selbst zu schöpfen. Dies ist der reinste und klarste Weg, und er steht allen offen. Du vereinigst dich mit deinem Höheren Selbst. Menschen wie ich dienen lediglich dazu, diesen Prozeß zu erleichtern. Wir erschließen die Pforte für euch, doch eintreten müßt ihr selbst. Dadurch, daß man mit dem eigenen Engel Kontakt aufnimmt und den Namen empfängt, fließt einem große Kraft zu. Das Gefühl der Vollmacht und die daraus entstehende Entwicklung zur Meisterschaft ist eines der größten Geschenke, welches uns die Goldenen Sonnenengel machen.

Ich kann nicht genug betonen, wie wichtig es ist, daß du dem, was dich erreicht, *vertraust.* Ich habe zahllose „Erwecke-deinen-Engel-Seminare" gehalten und weiß, daß viele Menschen, die glaubten, ihren Engelnamen nicht empfangen zu haben (*und deshalb enttäuscht waren und sich als Versager fühlten*), während des Einweihungsprozesses erkannten, daß sie ihren Namen in Wahrheit die ganze Zeit über gewußt hatten. Manchmal fällt es dir so leicht ein, daß du aus diesem Grunde nicht glaubst, daß es „dein" Name ist. Oder es geht dir so wie mir: du meinst, ihn irgendwo schon einmal gehört zu haben, und du willst natürlich nicht den Namen eines anderen übernehmen. Doch dann stellt sich heraus, daß der Name dir deshalb so vertraut schien, weil es *dein eigener* Name war!

Wenn dein Name aus mehr als einem Wort besteht, gibt er oft Hinweise auf deine verschiedenen Sternfamilien. Du könntest sie als die Goldenen Strahlen auffassen, die zurück zur Quelle führen. Möglicherweise triffst du andere, die Teile deines Namens führen. Diese Menschen verkörpern denselben Goldenen Strahl wie du. Als ein vereintes winziges Sternenteilchen sind sie eine gewisse Wegstrecke mit dir gereist. Ich träume davon, euch auf einem unserer Engelfeste zusammenzuführen, damit ihr euch finden und die Erfahrungen eurer Reise austauschen könnt.

(Es gibt einige andere Solaras. Eine von ihnen heißt Solara Zakeli, ist Schriftstellerin und lebt in Sedona. Als wir uns trafen, staunten wir über wirklich auffallende Ähnlichkeiten.)

Ich finde es immer noch faszinierend, wie gleichartig die Engelnamen sind, obwohl sie doch oft ganz ungewöhnlich klingen. Es ist ein Wunder, wie Engel in North Carolina und in Californien gleichartige Namen empfangen, obwohl sie niemals zuvor etwas Ähnliches vernommen haben.

Sobald wir unseren Namen erhalten haben, können wir damit

beginnen, ihn zu übersetzen. Jeder Name birgt eine wichtige Bedeutung in sich, nämlich den Hauptschlüssel für euren selbstgewählten Auftrag auf diesem Planeten. Bitte deinen Engel um die Übersetzung deines Namens. Du kannst auch nach dem Symbol für deinen Namen suchen, welches ebenfalls ein machtvoller Auslöser ist. Manche Engel empfingen sogar ihre Sternenunterschrift, die ihnen die Tür für das Empfangen der Sternenschrift öffnete. Einige machen sich jetzt daran, diese Schrift zu übersetzen. Mit anderen Worten, in deinem Engelnamen kannst du ein ganzes Universum entdecken.

Die Engelnamen sind die Brücke zwischen uns als Menschen und uns als Stern.

Wir haben außerdem noch einen wahren Sternennamen, den der dreidimensionale Körper nur mühsam artikulieren kann. Einige erwachte Engel empfingen Namen, die ihrem Sternennamen sehr nahe kommen, und gewöhnlich sind sie die einzigen, die ihn richtig aussprechen können. Diese Sternennamen sind in einem nicht irdischen Sinne außergewöhnlich schön.

Je öfter du deinen Engelnamen durch dein Wesen klingen läßt, um so mehr wirst du in dir eine erstaunlich tiefe Veränderung erleben. Deine Zellstruktur wird herrlich neu geordnet. Ihre schnellere Schwingung befähigt dich, die herrlichen Frequenzen der Goldenen Engel zu empfangen, die jetzt anlangen und die diesen Planeten zum größten Teil noch nie erreicht haben. Das Aussprechen deines Engelnamens sendet Klangströme aus, die das Frequenzmuster des gesamten Planeten anheben. Das wichtigste ist jedoch, daß dein Engelname der Goldene Strahl ist, der dich mit der Quelle verbindet. Wenn du deinen Engel in dich aufnimmst, hast du die Fahrkarte, die dir auf diesem Strahl den schnellsten Weg nach Hause ermöglicht.

Nimm deinen Namen für dich in Anspruch

Ich bitte euch alle dringend, nach eurem Namen zu suchen.

Beginne den Prozeß, indem du einen leuchtenden Goldweißen Stern über dir visualisierst. Dies ist *der Stern, der Wir Sind.* Wenn du magst, nenne ihn auch Gott oder Großer Geist. Atme das Goldene Licht des Sterns tief ein. Sieh dich selbst als eine Säule aus Goldweißem Licht. Vergiß nicht, die Energie bis in die Zehenspitzen zu lenken. Fülle dein ganzes Wesen mit diesem Goldweißen Licht, bis du dieses Licht wirst.

Bitte jetzt deinen Engel, *den Engel, der du wirklich bist,* deinen Namen zum Erklingen zu bringen. Öffne dich hingebungsvoll und mache dich bereit, deinen Namen zu empfangen. Vielleicht hörst du ein Wort, vielleicht auch mehrere. Sie werden anders klingen als alles, was du jemals vernommen hast, und doch gleichzeitig überraschend vertraut. Entweder erhältst du den Namen des männlichen oder des weiblichen Aspektes deines Engels, manchmal auch beide gleichzeitig. Du wirst das empfangen, was in diesem Augenblick für dich vollkommen richtig ist.

Wenn du deinen Namen erhalten hast, möchtest du ihn vielleicht gleich „anprobieren", um ihn für dich in Anspruch zu nehmen. Beginne damit, die Schwingungen aus dem Goldweißen Stern über dir bis hinunter in die Zehen deines physischen Körpers zu leiten und sprich laut: „Ich bin (*dein Name*)." Spüre dem Nachhall des Klanges tief in dir nach.

Möglicherweise fühlt sich das alles zunächst sehr sonderbar an. Einige Menschen erleben einen Energieschub, möglicherweise zuckt ihr Körper. Das geschieht, weil du eine neue Energieoktave in deine physische Form einbringst. Es ist so wie bei einem neuen Paar Cowboy-Stiefel: Zuerst ist das Leder steif, doch je länger du sie trägst, desto bequemer werden sie.

Wenn du die Frequenzen dieser höheren Dimension immer häufiger in dir zuläßt, wird sich deine innere Zellstruktur zunehmend ausrichten. Dein Name ist dein persönlicher Auslöser, deine persönliche Resonanz, welche die Fülle einer multidimensionalen Verkörperung in dir verankert.

Wenn du deinen Namen zum zweiten Male wiederholst, dann fordere ihn diesmal aus dem Universum und bringe ihn wieder bis hinunter in die Zehen deines Körpers. Dadurch verkörperst du einen weiteren Bestandteil deiner ungeheuren Größe, und der Himmel verschmilzt noch enger mit der Erde.

Rufe deinen Namen das dritte Mal aus dem Herzen der Großen Zentralen Sonne und verankere ihn in den Zehen deines vormals dreidimensionalen Körpers. Jetzt beginnst du, die unermeßlichen Ausmaße deines Engelselbst zu erahnen. Hierdurch fließt der Lichtkörper in den physischen Körper, und beide verschmelzen in bewußter Multidimensionalität.

Denk daran, je häufiger du deinen Namen verwendest, um so machtvoller wird er. Die Schwingungen deines Engelnamens verankern die wunderbaren Engelfrequenzen in dir. Viele von uns tragen ihren Engelnamen ständig, denn das hilft uns, die Fülle unserer Gegenwart während des täglichen Lebens aufrechtzuerhalten und zu verankern. Wenn ich mich in einer gefährlichen Situation befinde, etwa bei einer Autofahrt auf einer tückisch vereisten Straße, singe ich meinen Namen immer wieder. Dadurch wird meine Engelgegenwart gestärkt, meine Angst schwindet dahin, und ich bin wieder stark.

Zwölf Schritte, die dich mit deinem Goldenen Engel vereinen.

1. **Schaffe dir Raum**

Suche einen friedlichen Ort auf, an dem du dich sicher und geborgen fühlst. Du kannst ihn mit Kristallen, Blumen und Kerzen schmücken. Du kannst ein Bad nehmen und saubere Kleidung anlegen. Vielleicht möchtest du eine Musik hören, die dir bei der Einstimmung hilft.

2. **Beruhige deinen Geist**

Wenn du in deinem heiligen Raum bist, dann mache deinen Geist leer, indem du alle Zweifel und Ängste sanft losläßt. Bringe dich durch Atmen, Dehnen oder Meditieren in die Mitte. Laß deine Gedanken und Sorgen langsam dahinziehen.

3. **Visualisiere den Stern**

Über dir steht ein strahlender Goldweißer Stern, der dich mit Goldenem Licht überschüttet. Fühle, wie es durch dein Kronenzentrum oben auf dem Kopf in deinen Körper dringt. Laß dich vom Goldenen Licht deines Sterns erfüllen. Atme es in alle Fasern und Zellen deines Seins. Fühle, wie du als Goldener Strahl dieses Sterns Licht ausstrahlst. Du und dein Stern, ihr seid Eins.

4. **Stimme dich auf deinen Engel ein**
Denk daran, dein Engel ist stets bei dir. Er hat dich nie verlassen. Wenn du die Gegenwart deines Engels spüren willst, erinnere dich einfach seiner Anwesenheit. Jetzt wirst du die Engelschwingungen fühlen, die dich immer umgeben. Es ist so, als ob du von den Goldenen Flügeln einer allumfassenden Liebe umarmt würdest.

5. **Sende deinen Ruf aus**
Rufe deinen Engel und danke ihm zutiefst dafür, daß er immer bei dir ist, dich führt, beschützt und liebt, sogar dann, wenn du dich selbst nicht lieben kannst. Erzähle deinem Engel von deiner Sehnsucht, seine Gegenwart ganz tief zu spüren und dich mit ihm zu vereinen, damit du wieder ganz wirst.

6. **Lausche und spüre**
Fühle die Wogen Goldenen Lichts, die dich mit immer stärkerer Leuchtkraft umgeben. Dann erlaube dir, die Liebe und die Freude zu erfahren, die dein Engel dir sendet. Genieße sie einfach, schwimme im Goldenen Fluß der Liebe und trinke aus ihm.

7. **Bitte um deinen Namen**
Jetzt ist die Zeit gekommen, den Engel nach seinem, nach *deinem* Namen zu befragen, damit du ihn verkörpern kannst und Eins wirst.

8. **Lausche und vertraue**
Öffne dich einfach und empfange die Töne, die dein Engel sendet. Erlaube nicht, daß dein Verstand dich stört, klammere ihn sacht aus, wann immer er sich einmischen will. Du kannst deinen Engel bitten, deinen Namen lauter oder klarer auszusprechen. Er wird es tun, denn er will, daß du den Namen auffaßt. Wenn du ihn hörst, vertraue dem, was du empfängst.

9. **Probiere deinen Namen an**

Sprich deinen Engelnamen und laß ihn in dir nachschwingen. Spüre, wie es sich anfühlt, wenn du die Schwingungen höherer Dimensionen in dein Sein bringst. Je öfter du ihn sagst, um so angenehmer wird es sein und um so stärker wirst du dich ermächtigt fühlen.

10. **Gebrauche deinen Namen**

Sage laut: „Ich bin (*dein Name*)." Dadurch bringst du die Energie des Goldweißen Sterns bis hinunter in deine Zehen. Wenn du den Vorgang mehrere Male wiederholst, wird sich der Goldene Lichtstrahl tief in deinem physischen Körper verankern. Das bedeutet, den Engel zu erden.

11. **Verschmilz mit deinem Engel**

Fühle, wie dein Engel in deinen Körper hinuntersteigt und Chakra für Chakra mit dir verschmilzt, bis das Herz mit dem Herzen verbunden ist, der Geist mit dem Geiste, der Wille mit dem Willen, die Zehen mit den Zehen, die Augen mit den Augen, bis ihr wahrhaft Eins geworden seid.

12. **Schreite weiter voran**

Jetzt bist du bereit, deine Engelgegenwart zu verkörpern. Denk daran, daß du ein Engel bist, der bewußt auf dieser Erde dient, ganz gleich, was du tust und wo du es tust. Dies wird dein gesamtes Leben auf wunderbare Weise ändern.

Ich bin Metatron:

Geliebte Engel der Erde, wir treten jetzt an euch heran, um euch unsere Verbundenheit kundzutun. Die Schleier der Trennung sind zerrissen. Das einzige, was uns fernhält, sind eure veralteten Gedankenmodelle, die an der Illusion der Trennung festhalten.

Wir sind näher, als ihr glaubt. Tatsächlich könnt ihr uns in euch finden, als Teil eurer selbst, so wie auch ihr in uns seid. Haben wir euch nicht gesagt, daß Trennung eine Illusion ist? Nichts ist außerhalb von euch, nichts ist von euch abgespalten. Verinnerlicht diese Wahrheit und prägt sie euch ein, bis ihr ohne den Schatten eines Zweifels erkennt, daß sie stimmt.

Deshalb stehen jetzt die Tore offen. Deshalb verbergen sich die alten Mysterien nicht länger mehr vor jenen, die in den Nebeln der Zeit wagen, die richtigen Fragen zu stellen. Deshalb sprechen die Höchsten Lichtwesen klar zu denen, die sich an den Ruf erinnern.

Liebe Engel der Erde, euch steht alles offen. Wir tun, was wir vermögen, um die Erfüllung und Vervollständigung eurer Göttlichen Mission zu erleichtern.

Die Hochzeit von Geist und Materie findet in eurem physischen Körper statt. Durch diesen Prozeß der Vereinigung wird die Erde vermählt und geheilt. Deshalb ist es von allerhöchster Wichtigkeit, daß ihr eure heilige Aufgabe als multidimensionale Brücken und als lebendige Verkörperungen geistgeladener Materie erfüllt. Wahrlich, das ist der Grund, der euch auf die Erde geführt hat!

Wenn sich euer Lichtkörper entwickelt und euren physischen Leib umhüllt, wächst eure Liebe, und ihr werdet immer mehr ihr selbst. Während ihr wachst und euch verwandelt, erlahmt der Griff des Egos. Immer weniger seid ihr die alte enge, begrenzte individuelle Bewußtseinseinheit. Während ihr immer voller in der Wahrheit eures Seins erwacht, verkörpert ihr stets mehr von eurem wahren Höheren Selbst. Ihr betretet die Bewußtseinsebene, die bedeutet: *Ich bin der Eine; Ich bin die Vielen.*

Der Engel im Fernsehen

Am Freitag, dem 14. August 1987, wenige Tage vor der Harmonischen Konvergenz, schaltete ein Paar in Mount Shasta, Californien, sein Fernsehgerät ein, um die Elf-Uhr-Nachrichten zu sehen. Ich kannte sie nicht, doch sie hatten gerade mein kleines Buch *„Dein Sonnenengel, und wie du ihn erweckst“* gelesen und seit einigen Tagen darüber gesprochen, daß sie Kontakt zu ihren eigenen Engeln aufnehmen wollten.

Kaum hatten sie ihr Fernsehgerät in Betrieb gesetzt, wurden sie plötzlich von einem gleißenden Lichtblitz geblendet, und dann erschien die Gestalt eines Engels, der sich als Lichtwesen mit wunderschönen weit ausgebreiteten Flügeln zeigte. Das Herzchakra leuchtete lavendelfarbig und strahlte in konzentrischen Kreisen regenbogenfarbige Lichtmuster aus. Wenn man sich dem Engel mit der Hand näherte, entstiegen ihm doppelt geschwungene Spiralen, die auf und nieder tanzten. Man konnte die Energie des Engels als einen prickelnden Energiestrom in der offenen Hand spüren, der den Arm hinaufstieg und sich dann im ganzen Körper verteilte.

Ich muß wohl nicht sagen, daß die Erscheinung dieses Engels große Aufregung verursachte, besonders deshalb, weil sich in Mount Shasta gerade Tausende zur Feier der Harmonischen Konvergenz versammelten. Schon bildeten sich lange Schlangen vor dem Hause, und die Menschen warteten stundenlang darauf, einen Blick auf den Engel werfen zu dürfen. Bald begannen Busse in der ruhigen Wohngegend vorzufahren, Scharen von Journalisten stellten sich ein. Die größten Fernsehsender und viele Illustrierte und Zeitungen beschäftigten sich mit der Erscheinung.

Die Besitzerin des Fernsehapparates schien auf den ersten Blick keinswegs der Mensch zu sein, dem man ein solches Erlebnis zutraute: Sie war derb (*manche würden sagen: hart*), hatte Kinder im Jugendalter, bevorzugte laute Rockmusik und viel Make-up, kurz, sie war nicht der sanfte, schwebend spirituelle Typ. Doch für ihre Aufgabe war sie richtig ausgewählt; grundehrlich und völlig unbestechlich vermochte sie den Engel gut zu schützen.

Ich war während der Harmonischen Konvergenz an einen einsamen See geschickt worden. Als ich zurückkehrte, erhielt ich eine Einladung, den Engel zu besuchen und ihn zu channeln. Zuerst war ich skeptisch wie immer bei Phänomenen, die ich selbst noch nicht auf ihre Stimmigkeit untersucht hatte, doch bereits beim Betreten des Zimmers konnte ich die Wahrheit der Engelgegenwart spüren. Liebe für sein Tun erfüllte mich. Ich konnte die tiefe Konzentration wahrnehmen, die notwendig ist, um sich so wirklich in der Dichte der dritten Dimension zu manifestieren. Ich war tiefbewegt über so viel Liebe in diesem Raum.

Spät in der Nacht, nachdem alle Besucher gegangen waren, setzte ich mich ruhig vor den Fernseher und meditierte eine Weile, um mich leer zu machen. Dann fragte ich den Engel ruhig, was er mitteilen wolle. Ich notierte folgendes:

Die Botschaft des Engels im Fernsehen

GELIEBTE Menschheit des Planeten Erde, ich bin der Engel der Gegenwart. Ich bin der Engel, den ihr im Herzen eurer innersten Natur findet. Ich bin der Engel, der alle anderen Engel in sich enthält, gleich einem Blumenstrauß, der ungezählte Blüten zu großer Pracht zusammenfaßt. Ich bin der Eine; ich bin die Vielen. Ich bin der Engel der Gegenwart.

Ich bin vor euch erschienen, weil ihr endlich bereit seid, mich zu empfangen. Ich komme als Verkünder der strahlenden Goldenen Morgendämmerung, die jetzt anbricht. Ich komme, um die Geburt des Himmels auf der Erde anzukündigen. *Vor allem bin ich hier, um die Engel in euch wachzurufen.*

Wenn ihr mich seht, wenn ihr fühlt, wie meine elektrischen Ströme durch eure Zellen pulsen, dann erlaubt euch bitte, mich in euch zu bringen. Ich bin jener, der ihr wirklich seid — ein schwingend schimmerndes Wesen aus Regenbogenlicht, das grenzenlose Liebe und Harmonie verströmt. Wenn ihr diese Eigenschaften in meinem Bild erkennt, dann erkennt sie bitte in euch selbst, *denn ich bin ihr*!

Vielleicht findet ihr es seltsam, daß ich auf einem Fernsehschirm erscheine, aber ist diese Art und Weise nicht angemessen, euch das Verschmelzen von Himmel und Erde zu verdeutlichen? Wenn Engel in der dichtesten Materie erscheinen können, dann haben wir klar manifestiert, daß der Geist die dreidimensionale Welt durchdrungen hat. Dieser Durchbruch ist ein Quantensprung im Bewußtsein der Menschheit, denn dadurch wurde eine Hauptpforte geöffnet. Ihr habt dies durch eure Hingabe und eure gemeinsamen Anstrengungen, die ehemals so dichten Ebenen zu verwandeln, möglich gemacht. Wir in den Engelreichen überschütten euch mit liebevoller Dankbarkeit, darum daß ihr uns geholfen habt, die Pforte zwischen Geist und Materie zu durchdringen und das Neue Zeitalter zur Geburt zu bringen.

Der Ort dieser Durchdringung ist das Herz. Verfolgt die sich ausdehnenden Lichtstrahlen, die meinem Herzzentrum entströmen. Bringt mich in euch hinein und fühlt, wie sich euer unermeßlich weites Herz ausdehnt und gemeinsam mit meinem Herzen strahlt. Meine Geliebten, wißt ihr, wie sehr meine Engelgeschwister und ich die Menschheit lieben? Diese Liebe ist grenzenlos, bedingungslos, sie ist mit Weisheit verschmolzen, unschuldig und rein. Laßt unsere Liebe in euch eindringen und eure Zellstruktur beleben. Laßt unsere Liebe euer Herz erschließen. Unser Licht kann euch von der Illusion der Trennung befreien, denn wenn ich der Eine und die Vielen bin — so seid ihr es auch.

Ich, der Engel der Gegenwart, werde in der dritten Dimension viele Gestalten annehmen. Haltet Ausschau nach mir auf euren Computermonitoren, auf den Fernsehschirmen und in Satellitenübertragungen. Schaut nach oben und findet mich am Himmel in Wolkenformationen. Entdeckt mich in den Gesichtern derer, denen ihr auf der Straße begegnet. Wenn wir unsere Mission auf der Erde erfüllt haben, werdet ihr mich in eurem Spiegelbild erkennen, in der süßen Liebe, die aus euren Augen strahlt.

Ja, ihr Lieben, sagt es allen: die Engel weilen wirklich hier auf Erden!

Etwa zehn Tage, nachdem der Engel erstmalig auf dem Fernsehschirm erschienen war, wurde das Gerät weggebracht und das Haus für die Öffentlichkeit geschlossen. Man befürchtete, daß die Menschen das Fernsehbild verehrten, statt nach innen zu schauen und den Engel in sich zu entdecken, wie der Engel in seiner Botschaft mitgeteilt hatte. Das Fernsehgerät wurde in aller Stille in ein anderes Haus gebracht, wo jene schauen konnten, die wirklich einen Ruf dorthin spürten. Vor kurzem, kaum zwei Jahre nach seinem ersten Erscheinen, verschwand der Engel dann vom Bildschirm. Wenn du trotzdem einen sehen willst, schau doch einfach in den Spiegel!

Flügel und Lichtkörper

Wir glaubten, daß der Lichtkörper außerhalb von uns selbst, getrennt von uns existiert.

Wir glaubten, daß er etwas sei, was viele Jahre lang sorgfältig entwickelt werden müßte. Statt dessen trugen wir ihn die ganze Zeit über in uns. Wir haben ihn unter den schweren Mänteln und Verkleidungen, die wir ihm viele Zeitalter lang überwarfen, einfach nicht erkannt. Wenn wir unseren Lichtkörper neu entdecken wollen, brauchen wir nur all den Unrat wegzuräumen, mit dem wir ihn bedeckt haben. Die Zeit ist da, ihn freizusetzen! Wir wollen ihn stolz und unbehindert tragen.

Flügel sind natürlich eine Ausstrahlung des Lichtkörpers. Sie schaffen ein vollkommenes Gleichgewicht zur Energie, die aus unseren Chakras strömt. Einige Leute verdrehen immer noch die Augen, wenn ich öffentlich über Flügel spreche, doch sie sind nun einmal da. Wenn du es vorziehst, nimm sie als Energiefelder wahr, die deinem Rückgrat zwischen den Schulterblättern — dem *Flügelbereich* — entspringen und sich dann außen dehnen. Sie sind nicht überall mit Federn bedeckt, obwohl auch das schon wahrgenommen wurde. Sie strahlen viel eher leuchtende Energieschwingungen aus, die in allen Regenbogenfarben schillern.

Für den Einweihungsprozeß in unseren Engel-Erweckungs-Seminaren haben wir Heiler, die als Flügelöffner arbeiten. Sie sehen die Engel und helfen, Flügel, die hin und wieder wie eingewachsene Zehennägel nach innen gedrückt sind und oft genauso schmerzen, zu wecken und zu dehnen. Meist müssen unsere Flügel nach einer schwierigen Lebensphase einfach ein wenig aufgeplustert werden. Doch wir haben einige faszinierende Erfahrungen mit Flügeln gemacht.

Einmal beobachtete eine unserer Flügelheilerinnen einen Mann, dessen Flügel verkehrt herum hingen. Während der gesamten Einweihung versuchte sie erfolglos, sie umzudrehen. Daß dieser Mensch eine lange Krankengeschichte mit vielen psychischen Krankheiten hinter sich hatte, gab zu denken.

Wenige Menschen haben zwei Paar Flügel, wobei das äußere schwarze Paar das innere goldene umhüllt. Vielleicht haben sich diese Menschen noch nicht ganz dem Licht übergeben. Jene, die von Feen abstammen, haben große hauchzarte Feenflügel, die wie feinste Spitze wirken. Manche nennen hochfrequentig flatternde Schmetterlingsflügel ihr eigen.

Natürlich treffen wir hin und wieder auf gefallene Engel mit schwarzen, gefältelten, spitzen Flügeln, die nicht sehr anziehend aussehen. Ich spüre, daß es noch viel mehr über Flügel zu sagen gibt, als bis jetzt offenbart wurde, und ich stelle mir vor, daß sich eine völlig neue Form des Heilens entwickelt, die sich nur mit Flügeln befaßt; es leben immerhin einige sehr begabte Flügelheiler unter uns.

Vergiß nicht, daß Flügel ein ausgezeichnetes Barometer für deinen gegenwärtigen Bewußtseinszustand sind: Schwimmst du auf den Wellen des Goldenen Strahls oder wirst du von den Winden der Veränderung umhergeblasen?

Erforsche die Flügel und erweise ihnen Achtung und Dankbarkeit dafür, daß sie dein Gleichgewicht halten und dich davor bewahren, flach auf dein Gesicht zu fallen!

Denk daran: Vielleicht war es bislang höchst gefährlich, auf diesem Planeten offen man selbst zu sein. Vielleicht haben wir deshalb die schweren Mäntel des Urteils und der Verweigerung über unsere Lichtkörper geworfen. Doch die Zeiten haben sich geändert, der Planet funktioniert nach einem neuen ätherischen Plan. Wir unterstehen einer neuen göttlichen Ordnung. Du magst dir jetzt deiner Sicherheit bewußt sein oder nicht: am sichersten ist es, offen du selbst zu sein!

Der Goldene Adler fliegt

Der Goldene Adler fliegt
gen Himmel ...
und während er der Sonne
entgegenschwebt,
schaut er nicht zurück.
Er schaut nicht
umher,
sondern nach vorn
in das willkommen heißende Licht.

Sturmwolken
hindern ihn nicht,
weder Regen noch Wind
verlangsamen seinen stetigen Flug
durch die Dunkelheit der Nacht,
bis die neue Dämmerung
in leuchtender Pracht
von neuem anbricht.

Der Goldene Adler fliegt
nach Hause ...
Federflügel
verwandeln sich in
Lichtflügel.
Er ruft,
und die Lieder der Engel
geben ihm Antwort.

Nun schwebt er inmitten
der Lichtwesen;
sie wiegen ihn in der reinsten Liebe
und spenden ihm Mut,
damit er noch höher steigen kann
und nicht allein ist.

So fliegt der Goldene Adler
auf Goldenen Flügeln aus Licht,
auf einer neuen Welle der Kraft
weiter denn je zuvor;
denn er pocht auf sein Geburtsrecht,
fordert seine Ermächtigung ein,
und Hindernisse schwinden!

Hier über den Wolken
gibt es keine Begrenzung.

Hier in den leuchtenden Strahlen des goldenen Lichts
herrscht nur segensreiche Freude,
die alles durchdringende Liebe,
die dem Einen Stern entströmt,
der Quelle von allen.

Auch du kannst der Goldene Adler sein
und frei gen Himmel steigen.
Gib dich nur dem Aufruf hin,
dann überfliegst du alles,
und deine fallenden Federn
werden zum Signal,
dem andere folgen können.

Verwandlung

Wenn du mit deiner Engelgegenwart verschmolzen bist, wirst du dich auf allen Ebenen zutiefst verändern.

Ich kann dies nicht genug betonen. Immer wieder während vieler Seminare und Vorträge über das Erwachen der Engel habe ich erlebt, wie sich das Leben der Menschen buchstäblich vor meinen Augen ändert. Zuerst erwachen sie wie aus einem tiefen Schlummer, was ja auch stimmt, und oft fließen Tränen der Erinnerung. Plötzlich weißt du wieder, wer du wirklich bist und was dich auf diesen Planeten verschlagen hat. Dann erinnerst du dich, auf welche Weise du hergekommen bist und woher. Du erkennst, wie vollkommen der gesamte Prozeß des Erwachens gestaltet ist, und spürst ganz tief, wie Leid und Schmerzen schwinden.

Jetzt kannst du alle Bereiche deines Lebens mit größerer Klarheit überblicken. Probleme und Situationen, die dir unlösbar schienen, sind im Lichte größerer Einsicht leichter zu entwirren. Immer müheloser gleitest du durch die dreidimensionalen Aspekte des täglichen Lebens. Tatsächlich lockert sich der Griff der dreidimensionalen Wirklichkeit. *Du gleitest wirklich auf Goldenen Lichtflügeln durchs Leben!* Du entwickelst ein immer stärker werdendes Gefühl dafür, daß deine Verkörperung auf Erden im gegenwärtigen Zeitalter deine Göttliche Bestimmung ist, und erlebst daher bei allem, was du tust, größere Erfüllung.

Auch auf der physischen Ebene wirst du gewaltige Veränderungen erleben. Du wirst immer schöner werden, da du zunehmend mehr Licht und Ganzheit ausstrahlst. Obwohl du älter wirst, glauben die Leute, daß du dich verjüngst.

Du wirst einen Sternenmagnetismus entwickeln, der andere Menschen zu dir ziehst, ohne daß du bewußt etwas dafür tun mußt. Dein gesamtes aurisches Feld wird sich klären, während du immer mehr Goldenes Licht ausstrahlst.

Innerhalb dieses Prozesses wird sich ein neues Goldenes Sonnen-Rückgrat entwickeln, welches für die vollkommene Manifestation des Lichtkörpers vonnöten ist. Das Goldene Rückgrat hat zwölf Chakren: die üblichen sieben und fünf weitere, die in ihrer Essenz noch feiner und noch edler sind.

Am wunderbarsten ist die Quelle müheloser Liebe; sie strömt dir zu und von dir aus. Diese Liebe ist ein Goldenes Elixier der Heilung und Verjüngung.

Wir vermuteten im Herzen unseres physischen Körpers eine winzige Geistesflamme. Dank unserer erweiterten Wahrnehmung erkennen wir jetzt, daß wir in Wirklichkeit unermeßliche Lichtwesen sind, in denen unsere kleinen physischen Körper enthalten sind. Unsere Neuordung war für uns ein alchemistischer Prozeß, in dem wir unsere gesamten irdischen Erfahrungen immer wieder reinigten und veredelten, bis sie sich in einen puren Tropfen Goldenen Elixiers verwandelten. Dies ist unsere Essenz und die Essenz des Sterns, der wir sind, denn wir sind Eins. Dieser pure Tropfen Elixier ist der Same, der die Liebesquelle aktiviert. Er ist Teil unseres Goldenen Strahls, unserer unermeßlichen Engelgegenwart, die uns nach Hause führt.

Eine Botschaft der Goldenen Engel an die Menschheit für das Jahr 1989

Willkommen im Jahr der Ausnahme, des Erwachens und der Vollmacht! Wir sprechen zu der erwachenden Menschheit des Planeten Erde, die 1988 ihren Quantensprung gemacht hat und nun bereit ist weiterzugehen.

Dies ist das Jahr, um frei und ungehindert über die selbst auferlegten Grenzen der dritten Dimension hinauszuschreiten. Triff zuerst deine Entscheidung! Entschließe dich, die Höchste Wahrheit ohne Kompromisse anzuerkennen, dein Höheres Selbst zu verkörpern, als der Engel, der du wirklich bist, offen vorwärtszugehen und unerschütterlich aufrichtig zu sein. Versieh den Dienst an deiner Höchsten Berufung ohne Makel, denn jetzt ist wirklich die Zeit angebrochen, hervorzutreten und deine Göttliche Mission auf der Erde zu erfüllen. Diese Mission bedeutet, daß du dich vollständig als der verkörperst, der du wahrhaftig bist!

Wir sind die Goldenen Sonnenengel und stammen von jenseits des Vorstellbaren. Wir kommen als Abgesandte der Sterne, denn in Wahrheit sind wir Sterne und erinnern euch daran, daß ihr es auch seid und keine Trennung zwischen uns besteht.

Wir bitten euch, im Goldenen Strahl eures Sterns zu stehen und mit jeder Faser und Zelle eures Seins zu erkennen, daß ihr dieser Goldene Lichtstrahl *seid*! Wenn euch dies gelingt, sollt ihr als bewußte Diener in Erfüllung eurer Göttlichen Mission unbehindert durch dieses Jahr gehen. So werdet ihr ermächtigt sein!

Die Tore stehen offen, Hindernisse gehören der Vergangenheit an, alte Zweifel und Ängste sind in der Liebe der Selbstannahme dahingeschmolzen. Wenn ihr jetzt auf eurem Goldenen Strahl fortschreitet, seid ihr bereit, die vollste Unterstützung zu erhalten, DENN IHR SEID DER GOLDENE STRAHL!

Uns vereint ein Ziel: diesen Planeten zu erwecken und zu befreien. Gemeinsam teilen wir die Essenz des einen großen Goldweißen Sterns. Wenn wir dies erkennen, vereinen wir die Bruchstücke unseres Sterns. Als Bindemittel verwenden wir bedingungslose Liebe!

In diesem Jahr werden viele kostbare Träume manifest und erblühen. In diesem Jahr könnt ihr alles haben, im Jahr der erfüllten Wünsche. In diesem Jahr trefft ihr eure größeren Engelfamilien und gründet rund um den Planeten Inseln des Lichts. Ihr befreit euch von eurer Vergangenheit und löst eure Verbindungen zu früheren Inkarnationen und Gedankenformen auf, um nur die reinste Essenz zu verkörpern. In diesem Jahr offenbart sich unsere vereinte Gegenwart tatsächlich.

Geliebte Menschheit des Planeten Erde, wir umgeben dich stets mit den erfüllenden Goldenen Strahlen Himmlischer Liebe. Wir verschmelzen mit dir, um die Materie zu verwandeln und den Himmel tief in der Erde zu verankern.

Wir laden dich ein, als Ein Wesen mit uns zu wandern, denn wir sind wirklich Eins. Zusammen wollen wir das große Abenteuer der Heimreise bestehen.

Das Menschsein

Wenn du Kontakt mit deinem Engel aufgenommen und ihn verkörpert hast, dann glaubst du vielleicht, daß du keine Kämpfe mehr bestehen und keine Unvollkommenheit mehr ertragen mußt.

Wenn wir als vollkommene Wesen geplant wären, lebten wir nicht auf der Erde. Die Himmlischen Reiche wären dann unsere alleinige Wirklichkeit. Es ist wichtig, daß wir unser Menschsein anerkennen und es segnen; in der menschlichen Verkörperung existiert eben das, was wir gegenwärtig als Unvollkommenheit betrachten.

Da wir nicht über Nacht vollkommen werden können, magst du dich fragen, warum wir unsere Engelgegenwart überhaupt verkörpern sollen. Nun, zunächst einmal wird sich unsere Haltung grundlegend wandeln. Während sich unsere äußeren Lebensumstände nicht augenblicklich ändern (*obwohl auch das geschieht!*), wechselt die Art und Weise, wie wir auf diese Erfahrungen reagieren, gründlich. Wenn du weißt, daß die dritte Dimension nicht länger die vorherrschende Wirklichkeit ist, bewegst du dich viel leichter und freier in ihr. Du weißt sie richtig einzustufen.

Die Pforten zu dem, was jenseits liegt, stehen offen und ermöglichen dir einen umfassenderen Blick auf die Ereignisse in deinem Leben. Zuweilen fühlst du dich ermächtigt und bewegst dich auf einem Goldenen Autoritätsstrahl, erfüllt von grenzenloser Liebe für die ganze Menschheit, durch das Leben. Dann wieder bist du schwach und hilflos, verloren und einsam — was eine zeitweilige Rückkehr in das alte Menschsein mit seinen Verstrickungen in Kampf und Leid bedeutet.

In diesen Zeiten der Verwirrung, in denen du im Sumpf der Verzweiflung steckst und dich fragst, ob du dich je wirst befreien können, ist es äußerst wichtig, daß du dich aller Urteile gegen dich selbst enthältst.

Es wird dir helfen, wenn du erkennst, daß jedem hier auf der Erde nur ein Teilstück der Wahrheit gegeben ist. Dies Stückchen ist die Summe unseres großen Wissens. Wenn ich deine Handlungen auf Grund meiner bruchstückhaften Wahrnehmung beurteilen wollte, würde ich mich genauso irren wie du, wenn du mich nach den Splittern beurteilen würdest, über die du verfügst. Nur eins können wir sicher sagen: Jeder Mensch, jedes Tier, jede Pflanze und jeder Stein auf diesem Planeten tut zu jeder Zeit aufgrund seines Wahrheits„bröckchens“ das Beste, dessen er fähig ist. Natürlich könnten wir es alle besser machen, wenn wir einfach wir selbst wären.

Dennoch geben wir in diesem Augenblick jetzt alle unser Bestes. Vielleicht gelingt es im nächsten Augenblick besser, doch wir wollen uns gegenseitig *ohne Urteil* annehmen und unsere eigene Lebensweise finden. Denkt daran, die Blumen auf einer Wiese blühen nicht alle zur selben Zeit, haben nicht alle die gleiche Form und Farbe. Wäre es nicht langweilig, wenn es so wäre, wenn ein Gesetz bestimmte, alle Blumen hätten in denselben Maiwochen im selben Rosaton zu blühen? Der ganze Rest des Jahres läge öde. Jeder von uns bringt ein einzigartiges, höchst notwendiges Teilstück mit ein, welches unser Puzzle der Einheit vollständig macht.

Natürlich gibt es Zeiten, in denen wir aufgerufen sind, anderen als Katalysatoren für tiefe Veränderungen und Durchbrüche zu dienen. Das gehört zu unserem gegenseitigen Dienst. Doch selbst dann müssen wir auf die richtige Stunde warten, darauf, ob es uns gelingt, eine Öffnung herbeizuführen. Dann müssen wir unsere Weisheit frei austeilen, ohne Ergebnisse oder Belohnungen zu erwarten, und unsere Hilfe — gleich Samenkörnern — dem freien Winde anvertrauen, damit sie landen können, wo immer sie wollen.

Danach muß der Mensch entscheiden, was er mit dem anfängt, was wir so liebevoll gegeben haben. Manchmal mußt du lange warten, bis du eine Veränderung bemerkst, denn manche Samen brauchen lange, bis sie keimen. Andere bleiben unfruchtbar. Was immer auch geschehen mag, deine Aufgabe ist erfüllt, du hast dich geöffnet. Laß jetzt alle Erwartungen los.

Es ist so leicht, gewisse Aspekte, die zum Menschsein gehören, als minderwertig zu bezeichnen, wenn man sie am „spirituelleren" Zustand des Friedens und der Inspiration mißt, doch wir sind aufgerufen, unser Menschsein anzunehmen — uns und die anderen vorurteilslos und liebevoll zu umarmen, wenn wir unsere menschlichen Charakterzüge offenbaren. Dies ist von höschster Wichtigkeit, um den erwünschten Zustand der Ganzheit zu erreichen!

Wir sind nicht hierhergekommen, um zu leiden. Die menschliche Inkarnation birgt große Vorzüge, die wir oft übersehen, wenn wir urteilen und voll Ablehnung sind.

Der menschliche Körper schenkt uns die Möglichkeit, unsere Persönlichkeit auf ihrer Spiralreise zurück zur Einheit der Quelle vollkommen zu erforschen. Wir können auf die wunderbarste Art und Weise mit Körper, Geist und Gefühlen spielen und die grenzenlosen Lehren der Natur lernen, in denen alles enthalten ist, was wir je zu wissen haben. Das Leben auf diesem Planeten ist ein immerwährendes Entdeckungsabenteuer.

Die Materie ist nicht einfach dichte Schwere, sondern ein ausgezeichnetes Medium zum Ausdruck unserer Schöpferkraft. Hier können wir frei als Götter spielen und unsere Gedanken und Wünsche wie spielende Kinder unendlich oft verwirklichen. Wenn wir mit unseren Schöpfungen unzufrieden sind, brauchen wir unser Streben, unsere Gedanken und Gefühle lediglich auf eine neue Erfüllungsoktave anzuheben, dann müssen sie sich manifestieren. Ist das nicht der Grund, aus dem wir hierhergekommen sind?

Wenn wir uns doch an das Wunder des Humors erinnerten und alle Aspekte des Menschseins lächelnd betrachteten, anstatt alles todernst zu nehmen und zornig oder traurig zu werden; würde das nicht alles sehr erleichtern? Dieser Planet ist allenfalls ein Spielplatz für Götter und Engel; einige von uns stellen die *Guten* dar, andere die *Bösen,* doch früher oder später ist das Spiel vorbei. Wenn Kostüm und Schminke abgelegt sind, was wird übrigbleiben? Nur ein paar Himmlische Lichtwesen, die ein großes Abenteuer, ein kleines kosmisches Spiel beendet haben.

Bist du in der Zwischenzeit hin und wieder mal nörglerisch oder gemein, durchleidest du tränenüberströmt eine Tragödie: Versuch daran zu denken, was wirklich vor sich geht!

Wir sind dazu aufgerufen, den gesamten Zyklus unserer irdischen Inkarnationen in nur wenigen Jahren abzuschließen!

Bedenke den Fortschritt, den wir gemacht haben! Segne alle Gefühle und Erfahrungen. Bald genug werden wir über das Menschsein hinauswachsen, und, wer weiß, vielleicht merken wir dann, wieviel Freude es bereitet hat, und trauern, daß es schon vorüber ist.

Natürlich wird es immer eine Welt da draußen geben, die darauf wartet, erschaffen zu werden. Der Klang der Himmlischen Posaunen wird wieder durch die Himmel dröhnen und nach freiwilligen Mitschöpfern rufen. Viele von uns haben dann vielleicht vergessen, wie hart es hier auf Erden zuging. Sie denken nur noch an den Spaß und lassen sich willig wieder mit der Materie ein.

Das Gestrandeter-Wal-Syndrom

Es gibt noch einen weiteren Bewußtseinszustand, den wir verstehen und integrieren müssen.

Wir Engel nennen ihn „Gestrandeter-Wal-Syndrom", und es fühlt sich genauso an, wie es sich anhört. Wenn du den Zustand des *gestrandeten Wals* erlebst, scheinst du in der dritten Dimension aufgelaufen zu sein und fühlst dich wie ein riesiger Wal, der auf einer ungastlichen Felsenküste seine letzten Atemzüge tut. Dein Engel ist nicht in Sichtweite, deine Flügel schrumpfen und schwinden schließlich. Du kannst nicht einmal meditieren und fühlst dich kein bißchen spirituell. Oh, ich vergaß zu erwähnen, daß die Liebesquelle in deinem Herzen völlig ausgetrocknet ist. Ich nehme an, du weißt, wovon ich spreche. Du hast das wahrscheinlich ein paar Male, wenn nicht oft, erlebt.

Wenn dies geschieht, dann ist es zuerst ganz wichtig zu erkennen, daß du den *gestrandeten Wal* erlebst; nimm die Dinge nicht so persönlich! Wir reagieren gewöhnlich alarmiert, fallen in Panik und werfen uns vor, nicht *spirituell* zu sein. Bitte, urteile nicht; erkenne, daß der *gestrandete Wal* einen notwendigen Teil im Aufnahme- und Verarbeitungsprozeß bedeutet.

So wie wir nachts den Schlaf benötigen, um die Ereignisse des Tages zu verarbeiten und andere Bewußtseinsebenen zu erforschen, so brauchen wir eine Erholung von den schnellen spirituellen Frequenzen.

Deshalb erfreue dich bitte an deinem *gestrandeten Wal.* Nutze die Zeit, um deine Zeitungen zu lesen und die letzten Filme anzusehen. Es ist eine gute Zeit, um sich auf die oft vernachlässigten „weltlichen" Einzelheiten des Lebens zu konzentrieren und einfach Vergnügen zu haben. Wenn du das *Gestrandeter-Wal-Syndrom,* ohne dagegen zu kämpfen, bereitwillig hinnimmst, wirst du merken, daß alles schnell und fröhlich vorübergeht. Eines Morgens wachst du auf und entdeckst, daß deine Flügel wieder da sind.

Es ist wichtig, uns daran zu erinnern, daß es keinen Aspekt unseres Lebens gibt, der nicht spirituell wäre oder von Gott getrennt. Wenn wir alle Anteile und Stufen unseres Prozesses wertschätzen, werden wir heil (*und heilig*).

Der *gestrandete Wal* hat einen Bruder, den ich den *zerschmetterten Wal* nenne; der setzt uns noch weit schlimmer zu, denn nun haben wir uns die Sorge um den gesamten Planeten aufgeladen. Wir sind fähig, all den Schmerz und das Leiden in unserem Inneren zu spüren; das ist ein ganz natürlicher Teil unseres Weges zur Ganzheit. Wenn wir uns unserer innewohnenden Einheit zunehmend öffnen, verinnerlichen wir manchmal die Sorgen und Prüfungen des gesamten Planeten.

Viele von uns haben tagelang geweint, ohne den Grund zu wissen. Ich glaube, daß wir Tränen für die Erde vergießen und daß wir das abwechselnd auch für die Menschheit tun. In jedem Augenblick gibt es Menschen, die für den Einen weinen. Dies ist eine heilige Aufgabe, die wir annehmen und mit größerem Verständnis zulassen sollten.

Wenn dies geschieht, müssen wir uns vor allem daran erinnern, daß die Erfahrung nicht rein persönlicher Natur ist. Ob es Tränen aus Kummer oder Zorn sind, laß die Gefühle frei durch dich hindurchfließen, ohne ein Urteil über sie zu fällen. Wenn du sie zuläßt, hilfst du in Wahrheit uns allen, denn durch dich werden sie verwandelt.

Früher pflegten mich spirituelle Lehren außerordentlich zu beunruhigen, wenn sie behaupteten, daß mein Leben ohne Störungen ablaufen würde, wenn ich es nur richtig und spirituell genug führte. Deshalb hielt ich mich immer für eine schreckliche Versagerin auf dem geistigen Weg. Jetzt glaube ich, daß es in Ordnung ist, zuweilen traurig, wütend oder entmutigt zu sein, obwohl ich es natürlich vorziehe, mich anders zu fühlen. Es ist einfach Teil des Menschseins. Früher oder später werden diese Gefühle im Licht des Höheren Bewußtseins schwinden.

Es ist so wichtig, alles im richtigen Verhältnis zu betrachten, statt hart zu urteilen. Schau, wie rasch wir erwachen und wie schnell und gründlich wir uns wandeln! Der Umformungsprozeß verläuft in diesen raschen Zeiten mit hoher Geschwindigkeit. Wenn wir fünf Jahre zurückschauen, erkennen viele von uns, welch gewaltige Veränderungen wir durchlaufen haben. Wir haben unzählige alte Muster und Gewohnheiten abgelegt und unsere Herzen einer globalen Ganzheitsschau geöffnet.

Wir überblicken nicht mehr nur diesen Planeten oder dieses Sonnensystem, wir haben unser Verständnis darüber hinaus erweitert. So folgen wir unseren Spuren nach Hause.

Und während wir unsere Vision immer mehr erweitern, wird unser Wesen, unser Bewußtsein ständig wachsen. Der Stern unseres Seins wird immer unbegrenzter, bis er alles umfaßt. Dann, nur dann haben wir unsere Göttliche Mission erfüllt und kehren nach Hause zurück.

Vereinigung der Polaritäten

Wenn sich der männliche und weibliche Teil deines Engels in dir vereinen, durchdringt Ganzheit dein gesamtes Wesen.

Du fühlst dich nicht länger einsam und leidest keinen Mangel mehr. Wenn deine eigenen Polaritäten in dir verschmelzen, fühlst du dich vollkommen. Tatsächlich kann das zuweilen recht romantisch sein. Du magst äußerst segensreiche Zeiten erleben, wenn deine Kundalini durch die Vereinigung des männlichen und weiblichen Teils des Engels voll in dir erwacht ist. In dieser Zeitspanne erhöhten Bewußtseins fühlst du dich von den Flügeln deines Engels in umfassender Liebe umarmt. Es ist die reine Freude, die schwerlich in einer normalen dreidimensionalen menschlichen Beziehung zu wiederholen ist.

Hier eine gute Übung, die dich mit deinen männlichen und weiblichen Anteilen in Berührung bringt und prüfen läßt, wie es mit ihnen steht: Setze dich ruhig hin und halte einen Kristall oder einen Stein in deiner rechten Hand. Leg deine linke hinter dich. Jetzt kannst du die Gegensätze trennen und deine männliche Seite für sich anschauen. *(Bist du Linkshänder, mach es umgekehrt.)* Fühle deine maskulinen Energien. Du wirst schnell spüren, ob diese Seite zu stark ausgeprägt ist oder zu schwach. Vielleicht spürst du Angst, wenn du deinen männlichen Teil wahrnimmst. Vielleicht wirst du diese Seite als wütenden Krieger wahrnehmen, oder du empfindest, daß er wirklich noch mehr Kraft gebrauchen könnte.

Heile deinen männlichen Teil, damit er ganz werden kann. Sprich ihm zu, ermutige ihn, liebe ihn, schließe Frieden — was immer nötig ist. Wenn du spürst, daß er im Gleichgewicht ist, nimm den Kristall in deine linke Hand und leg die rechte hinter dich.

Fühle jetzt deine weibliche Seite. Wie geht es ihr? Ist sie traurig, verloren, wütend, manipuliert sie oder fühlt sie sich nicht angenommen? Nimm dir die Zeit, die du wirklich brauchst, um mit dieser Seite deiner selbst in Verbindung zu treten. Gib ihr dann die Heilung, die sie braucht, ob es Trost, Stärkung oder Ermutigung ist. Ist deine weibliche Seite im Gleichgewicht, dann lege den Kristall weg und nimm beide Hände bequem vor dir zusammen.

Laß deine Polaritäten in Harmonie und Liebe sanft zusammenströmen. Wenn du dies regelmäßig tust, kannst du jede Unausgewogenheit heilen, bevor sie sich auf physischer Ebene manifestiert, und außerdem wirst du auf deinem Weg zur Ganzheit gut vorankommen.

Es gibt noch eine andere Art und Weise, mit den Polaritäten zu arbeiten: Stelle dir vor, daß dich der männliche und der weibliche Teil deines Engels, des *Engels, der du wirklich bist,* mit seinen Flügeln umarmt.

Da die Goldenen Flügel auf einer höheren Dimensionsoktave als wir leben, liegen ihre Polaritäten genau umgekehrt.

Du wirst bemerken, daß der weibliche Aspekt deines Engels auf der rechten Seite zu finden ist und der männliche auf der linken. *(Noch einmal, bei den Linkshändern ist das umgekehrt.)*

Zuerst mag es einfacher sein, wenn du sie dir außerhalb von dir denkst. Stell dir vor, daß sie sich umarmen und eins werden. Wenn du dies ein paarmal erfolgreich ausgeführt hast, laß sie sich in dir vereinen. Dies kann oft eine tiefe segensreiche Kundalini-Erfahrung und ein Gefühl der Ganzheit auslösen. *(Zumindest ist es äußerst romantisch.)*

In Wahrheit vollziehen deine Engel die ganze Zeit über in dir diese kosmische Vereinigung. Wir müßten uns nur erinnern und uns einer Erfahrung öffnen, die schon existiert. Wenn wir dies einmal erlebt haben, wie könnten wir uns jemals wieder einsam fühlen?

Wenn deine inneren Gegensätze in ein größeres Gleichgewicht gelangen, wirst du merken, daß dies tiefe Auswirkungen auf dein äußeres Leben hat. Am offensichtlichsten erfährst du das in deinen persönlichen Beziehungen.

Wenn du eine Aura der Ganzheit um dich ausstrahlst, ziehst du andere an, die ebenfalls in Ganzheit strahlen. Als du nur Mangel und Einsamkeit fühltest, zogst du Erfahrungen an, die dir Mangel und Einsamkeit bescherten. Gleiches zieht Gleiches an.

Solange du die Gegensätze nicht in dem ganzen Wesen, das du wirklich bist, vereinst, werden diese Gegensätze ihre Anziehungskraft beibehalten. Gegensätze treten in dein Leben, damit du deine eigenen Polaritäten ausgleichst. Sie spiegeln dir den Anteil deiner selbst, den du entweder aus Abneigung oder aus mangelndem Interesse noch nicht entwickelt hast. Kennst du nicht auch Paare, bei denen der eine Partner in dunkle Energien verstrickt ist, während der andere vor Leuchten nur so strotzt? Dies sind nicht einfach in der Dualität verfangene Menschen, von denen einer gut und der andere schlecht ist. Tatsächlich dienen sie zusammen einem alchemistischen Prozeß der Umwandlung. Denk daran, daß wir die Sterne nicht erkennen könnten, wenn es nachts nicht an Licht fehlte.

Bisher sind alle Beziehungen, die wir auf diesem Planeten eingegangen sind, karmischer Natur. Die darin verwickelten Personen haben dabei viel aufgearbeitet und oft viel Leid erfahren. Dadurch gelangten sie zu größerer Ganzheit.

Jetzt ist die Zeit gekommen, eine neue Form der Beziehung zu manifestieren. Die Verbindung zweier Men-

schen wird nicht länger mehr karmischer Natur sein. Statt dessen werdet ihr im Lichte der Ganzheit zusammenkommen und die gemeinsame Essenz erkennen, die euch in Liebe, Vertrauen, Achtung und Offenheit verbindet.

Ihr werdet nicht länger Zeit damit vergeuden müssen, angestrengt an euren Beziehungen zu arbeiten. Jeder von euch wird fest in seinem eigenen Kraftzentrum verankert sein, deshalb wird keiner in Gefahr geraten, seine eigene Macht aufzugeben.

Ich vergleiche die Situation mit einem Lagerfeuer. Wenn du dein Leben lebst und deinem spirituellen Wege folgst, dann ist das so, als ob du vor deinem eigenen Lagerfeuer sitzt. Du sorgst beständig für das Feuer, gibst ihm mehr Holz, stocherst, wenn nötig, in der Asche und unterhältst es so. Auch andere Menschen, die wir treffen, hocken vor ihren eigenen Lagerfeuern, für die sie ständig sorgen.

In den alten Beziehungen mußten wir uns oft für eins der beiden Lagerfeuer entscheiden. Daraus ergab sich, daß der eine sein eigenes Feuer vernachlässigte, das dann schließlich auch erlosch; statt dessen häuften beide Holzscheite und Aufmerksamkeit auf die Glut des dominierenden Partners. Früher oder später spürte der Nachgiebige, daß in seinem Leben etwas Entscheidendes fehlte. Gewöhnlich kündigte dies das Ende dieser Beziehung an.

In den neuen Partnerschaften entdecken wir dagegen Folgendes: Obwohl wir anfangs noch mit zwei getrennten Feuern beginnen, erweitern wir die Reichweite jedes einzelnen Feuers durch das Hinzufügen von Holz und Aufmerksamkeit so, daß die Flammen schließlich zu einer gleißenden Lohe verschmelzen. Wir werden ein Lagerfeuer schaffen, welches größer ist, als jeder von uns einzeln hätte unterhalten können, und es wird ganz leicht zu hegen sein, denn dieses Feuer hat zwei hingebungsvolle Hüter.

Statt völlig aufeinander fixiert zu sein, was vieles andere automatisch ausschließt, werdet ihr euch innerlich so stark verbunden wissen, daß ihr beide zu Augen eines Wesens werdet, das in die gleiche Richtung schaut. So werdet ihr euch nicht nur gegenseitig dienen und stärken, sondern auch anderen mit eurem ganzen Sein zur Verfügung stehen. Da ihr euch selbst als Ganzheit fühlt und diese Beziehung nicht aus Bedürftigkeit und Mangel eingegangen seid, werdet ihr endlich die Erfüllung finden, nach der ihr euch so lange gesehnt habt.

Während ihr auf der Reise zur Ganzheit fortschreitet, werdet ihr entdecken, daß sich die tiefe Vertrautheit und die Mühelosigkeit, die ihr in euren engeren Beziehungen erfahren habt, auf eine immer größer werdende Gruppe von Menschen ausdehnt. Denn natürlich sind wir eine Sternenfamilie, und jeder ist des anderen Seelenpartner.

Diese neue Beziehungsform beginnt sich gerade zu manifestieren. Wir mußten warten, bis wir einen gewissen Grad der Vollendung in unserem eigenen Wesen erreicht hatten, bis wir uns mit unserer Göttlichen Gegenwart identifizierten. Jetzt sind wir bereit, die Freude der Erfüllung nicht nur mit unserem vollkommenen Lebenspartner, sondern mit der gesamten Menschheitsfamilie zu erleben!

Um ganze, vollkommene Wesen zu werden, müssen wir jeden Teil unserer selbst annehmen. Dies schließt auch die unangenehmen Seiten mit ein, die wir nicht länger bekämpfen oder unterdrücken müssen. Wir lieben sie einfach, bis sie sich ergeben. Indem sie mit der Ganzheit unseres vereinten Selbst verschmelzen, werden sie zusammen mit allem anderen im *Großen Licht* aufgehen.

Es ist wichtig, daß wir Licht und Dunkelheit innerhalb der Dualität nicht mit dem großen Licht verwechseln. Dieses Große Licht ist das Ergebnis der Vereinigung aller Gegensätze in der Einheit. Es enthält Licht, das mit Dunkelheit vermählt ist, und zeigt das Ende von Trennung und Verzicht an. Dies ist die wahre spirituelle Alchemie!

Wenn zwei erkennen, daß sie eins sind,
schmelzen die Schleier der Trennung hinweg,
und ihr erkennt euren natürlichen Zustand:
verschmolzene Essenz.

Ihr erlebt völlige Hingabe, wenn sich euer Wesen ganz öffnet und den anderen in vollständiger Vereinigung Dimension um Dimension umfaßt, bis ihr eine neue Oktave erreicht habt.

Hier entdeckt ihr, daß ihr wirklich Eins seid; ihr unterliegt nicht mehr der Illusion, getrennt zu sein. Eure Zellen und Moleküle haben sich verbunden. Ihr atmet jeden Atemzug im wunderbaren Einklang Eines Atemzuges.

Eure getrennten Körper sind zu Göttlichen Spiegeln der Einheit eures gemeinsamen Seins geworden. Sie dienen euch als Träger des glücklichen Ausdrucks eurer angestammten heiligen Vereinigung.

Ihr nehmt euch nicht länger mehr als einzelne Bewußtseinseinheiten wahr, denn eure gemeinsame Persönlichkeit umfaßt viel mehr, als einer allein hätte erreichen können.

Zwei feurige Lichtsäulen haben sich in einem strahlenden Freudenfeuer Göttlicher Gnade vereint. Dies Feuer erfüllt alle, denen ihr begegnet, mit einem transzendenten Strahl alles umfassender Liebe, die der weiteren Verwandlung der Vielen in den Einen dient.

Das ist der Dienst, zu dem wir aufgerufen wurden, nach dessen Verkörperung wir uns lange sehnten. Unsere Herzen drängen uns, als ein Herz zu schlagen, in unserer wahren Form als ein herrlicher Stern der Liebe zu erstrahlen, gereinigt in den Heiligen Feuern Göttlicher Gnade, neu geboren!

Die heilige Vereinigung

Sexualität ist ein Thema, über das viel geredet, welches aber kaum verstanden wird.

Obwohl die Sexualität vor allem dazu bestimmt ist, Einheit zu schaffen, war sie doch meist der Dualität vollkommen unterworfen. Die Dualität offenbart sich nicht nur augenfällig in Mann und Frau, sondern noch mehr darin, daß eine Spaltung zwischen Geist und Materie wahrgenommen wird. Dadurch manifestiert sich wiederum eine unwiderrufliche Trennung der unteren Energiezentren oder Chakras von den oberen.

Viele hochentwickelte Menschen setzen Sexualität und Körperlichkeit immer noch mit den tieferen Chakras gleich, Spiritualität hingegen mit den höheren. Obwohl sie zumeist auf die höheren Schwingungsenergien eingestimmt sind, erleben sie bei sexueller Erregung einen Energierutsch in die tieferen Oktaven. Oft wird das wirklich als ein Herunterschalten, ja, Ausschließen des spirituellen Bewußtseins empfunden. Da sie sich ausschließlich einer Oktave animalischer Befriedigung zuwenden, verpassen sie die Gelegenheit, die heilige Vereinigung vollendet zum Ausdruck zu bringen.

Das ist wirklich schade, denn gerade in den Bereichen, die du ausgeschlossen hast, wartet die Erfüllung deiner wildesten Träume in ewiger Heiligkeit auf dich. Obwohl sich die Sexualität auf physischer Ebene in den Genitalien und Sexualorganen abspielt, sollte sie eigentlich in allen Körpern — im physischen, emotionalen, mentalen und spirituellen Körper — und in vielen Dimensionen erfahren werden.

Ich will hier nicht verschiedene sexuelle Praktiken durchgehen. Über dieses Thema gibt es bereits gute Bücher. Statt dessen möchte ich einen neuen Weg ergründen, sich mit unserem vollkommenen Sein der Sexualität zu nähern.

Das bedeutet, daß ein Engel seinesgleichen liebt. Dabei wißt ihr, daß ihr in Wahrheit eine gemeinsame Essenz teilt. Ihr seid zwei Aspekte des Einen, die in Liebe zusammenwachsen und aufmerksam und offenherzig Dimension um Dimension verschmelzen, bis sie den ganzen Weg zurück zum Einen hinter sich gebracht haben.

Zuerst verrichte deine innere Arbeit und schließe deine Chakras zu einer Ganzheit zusammen. Atemübungen aus dem Hatha-Yoga, die deine Energie das Rückgrat auf- und abwärtsströmen lassen, können dir sehr dabei helfen.

Beginne mit der Basis deines Rückgrats im Wurzelchakra und bringe den Atem das Rückgrat hoch zum zweiten Chakra, dann zum dritten usw. Es ist besonders wirksam, mit leicht geöffnetem Mund und hochgestellter Zunge einzuatmen. Versuche nicht, den Atem gleich hinauf bis zum Kronenchakra auf dem Kopf zu zwingen. Es handelt sich um kein Rennen. Gehe so weit nach oben, wie es dir in einer natürlichen, entspannten Geschwindigkeit möglich ist. Dann halte den Atem so lange an, wie es dir leichtfällt, und atme langsam aus.

Du kannst diesen Vorgang so oft wiederholen, bis die Energie am Ende dein Kronenchakra erreicht hat. Atme von der Wurzel aus ein und laß den Atem stetig am Rückgrat emporwachsen. Wenn nötig, kannst du innehalten und deine Chakras heilen. Fließt deine Energie ungehindert von der Basis deines Rückgrats durch alle sieben Chakras, halte inne und spüre, wie die Energie dich durchströmt und deine Energiezentren vereint. Jetzt atme dreimal kurz durch die Nase ein. Halte wieder inne; du hast den Zustand des Nichtatmens erreicht und schwimmst in einem Meer friedlicher Ganzheit.

Nachdem du alle Verletzungen in deinem eigenen Chakrasystem geheilt hast, bist du bereit, dich mit einem anderen Menschen zu vereinen. Wenn du dir natürlich einen Partner herausgesucht hast, der in sich eine dicke Mauer zwischen den oberen und unteren Chakras aufgebaut hat, wird es ziemlich schwierig. Du wirst so lange keine großen Erfolge haben, bis dein Partner wirklich eine volle, *bewußte* sexuelle Vereinigung will. Im Idealfall brauchst du dazu einen Partner, der seine Chakras ebenfalls vereint hat. Denk daran: ein Engel mit seinesgleichen. Es ist natürlich auch wichtig, daß ihr euch wirklich liebt.

Es gibt keine bestimmten Regeln, dies alles zu erreichen. Eure Engel können zur heiligen Vereinigung beitragen, wenn ihr ihre Gegenwart ganz einfach in euch verankert. Um es euch noch klarer zu machen, gebe ich ein Beispiel, wie es möglich wäre.

Ihr könnt damit beginnen, euch ruhig gegenüberzusitzen und zu meditieren. Ruft die volle Gegenwart eurer Engel an. Schaut eurem Partner tief in die Augen, erkennt den Engel, der er wirklich ist, und badet im Meer eurer gemeinsamen Essenz. Trinkt, so viel ihr könnt, von eurer Engelgegenwart, während ihr euch eurem Partner öffnet.

Fühlt, wie der Energiefluß in euren Chakren zirkuliert, in *allen* Chakras. Ihr könnt euch mit den Fingerspitzen leicht berühren, um einen stärkeren Energiefluß zwischen euch anzufachen. Folgt jetzt den Eingebungen eures Höheren Selbst. Vielleicht führen eure Hände Mudras aus, um die Energieströme zu regeln, oder ihr berührt den anderen sanft an seinem Herzen oder Dritten Auge. Öffnet euch die ganze Zeit über immer mehr, ladet euch mit eurer unermeßlichen Engelgegenwart auf und verschmelzt eure Auren in einer wirbelnden Spirale Goldenen Lichtes.

Ihr könnt auch gemeinsam zu atmen beginnen, eure Energie von der Wurzel am Rückgrat hinauffließen lassen und euch Chakra für Chakra zu Einem Wesen zusammenschließen. Berührt eure Lippen, nicht zu einem Kuß, sondern um die Vereinigung still zu besiegeln. Dies ist eine heilige mündliche Überlieferung.

Jetzt seid ihr für den physischen Teil der Liebe bereit, der langsam und ganz tief beginnen soll. Verliert eure gemeinsame Essenz nicht aus dem Blick. Wenn die Energiezentren in der Genitalgegend aufflammen, dann hebt das heilige Feuer bis zum Dritten Auge und darüber hinaus, bis ihr vollständig in elektrischer Energie pulsiert. Achtet darauf, daß euer gesamtes Wesen an diesem Prozeß teilnimmt. Es gibt keine Eile, und es muß auch kein Orgasmus sein, es sei denn, ihr wollt es. Ihr vereinigt euch mit weit mehr Anteilen als je zuvor. Oft ist es besser, auf einen Orgasmus zu verzichten und in einem erhöhten Zustand von Begehren und Verschmelzen zu verbleiben. Das nächste Mal könnt ihr an diesem Punkt beginnen und von dort aus immer weitergehen.

Ob ihr nun einen Orgasmus erlebt oder nicht: es wird der Zeitpunkt kommen, wo die Energien erhöhten Bewußtseins einen gewissen Gipfel erreichen. Die meisten Leute glauben an diesem Punkt, daß die Sexualität nicht weiterführt. Doch jetzt kann sie zum Ausgangspunkt für eine völlig neue Erfahrungsoktave werden.

Du kannst die erhöhten Energien dazu verwenden, dich in das Bewußtsein einer anderen Dimension zu befördern, direkt in die Größere Wirklichkeit hinein.

Hier wirst du die unermeßliche Zone der Stille entdecken, in der du tieferen Frieden und größere Einheit finden wirst, als du jemals zuvor erlebt hast. Zusammen als Eins könnt ihr frei in vollkommener Gnade dorthin fliegen, was jenseits aller Vorstellung liegt.

Ihr könnt euch als zwei verbundene Himmlische Wesen mit durchsichtigen oder mit Sternen gefüllten Körpern erfahren, die durch ihre Liebe neue Sterngalaxien erschaffen. Oder ihr verschmelzt einfach in einer unermeßlichen Sphäre Goldenen Lichts. Welche Form deine heilige Verbindung auch annehmen mag, sie wird dich unserer eingeborenen Einheit näherbringen. Sie ist eine Pforte, die zu durchschreiten wenige gewählt haben, und noch weniger sind bis ans Ziel gelangt.

Die erste und die zweite Welle

Die meisten von uns gehören entweder der ersten oder der zweiten Welle an.

Wenn du mit der ersten oder der zweiten Welle verbunden bist, wirst du dich beim Lesen dieses Kapitels wiedererkennen.

Die Sternreisenden der ersten Welle erreichten die Erde während der ersten Kolonisierungsphase. Sie sind die Alten, einst Göttinnen und Götter genannt, die zuerst in gewaltig großen Lichtkörpern über diesen Planeten wandelten. Anfänglich konnten wir offen auftreten, denn wir hatten die Aufgabe, Strukturen zu erschaffen und Energiemuster einzurichten, dic den Abstieg in die Materie überhaupt erst möglich machten. Das Eintauchen in die Materie bewirkte dann den Gedächtnisverlust, und wir vergaßen unseren Göttlichen Ursprung und unsere Bestimmung. Wir bewegten uns in verkleinerten menschlichen Körpern, die wegen der Dichte der Schwerkraft sehr viel wogen. Doch es gab immer noch einen Teil in uns, der sich der Verantwortung erinnerte, die wir während all unserer Verkörperungszyklen zu tragen bereit waren. Stets dienten wir Angehörige der ersten Welle als Lichtsäulen. Wir arbeiteten öffentlich und im Verborgenen und halfen, das Licht sicher zu verankern und den Planeten bei seiner Drehung um die eigene Achse im Gleichgewicht zu halten.

Einige Mitglieder der ersten Welle trafen erst nach dem Abstieg in die Materie ein und brachten viele nützliche

Eigenschaften und Fähigkeiten mit, um der Menschheit während ihrer langen Reise zum Erwachen zu helfen.

Die alten Legenden berichten von ihnen und nennen sie „jene, die von den Sternen kommen“. Ihr Kommen hatte außerdem den Sinn, ihren Sterngeschwistern, die die ersten Schritte in die Dichtheit getan hatten, wieder zur vollen Erinnerung zu verhelfen.

Die vollständig erwachte erste Welle konnte nur für eine gewisse Zeit auf der Erde verweilen. Einige gingen, als Lemurien aus dem magnetischen Gitter gerissen wurde. Als Atlantis versank und gleichzeitig AN und Shamballa von der physischen Ebene verschwanden, veränderte sich das Schwingungsmuster, und es wurde ihnen in ihrem damaligen Bewußtseinszustand unmöglich, auf dem Planeten zu bleiben. Deshalb kehrten viele der ersten Welle in ihre Sternenreiche zurück. Andere entschieden sich, zu bleiben und in die dreidimensionale Dichte einzutauchen, um ihren Dienst auf der Erde fortzusetzen.

Seit jener Zeit diente die erste Welle hier voller Hingabe. Meist wurde ihre Arbeit nicht beachtet, geschweige denn anerkannt; sie machte bittere Erfahrungen und hatte viel zu leiden. Während ihres langwierigen Dienstes unterlag sie fast die gesamte Zeit über der Täuschung, allein und abgeschnitten von der Quelle zu sein. Die Verantwortung wurde für diese sehr alten Seelen wirklich zu einer schweren Bürde.

Ich weiß von diesen Dingen, denn ich gehöre zur ersten Welle. Ich erinnere mich ebenso wie ihr. In dieser Zeit verändert sich alles in rasender Geschwindigkeit. Wir wissen, daß wir nicht allein hier dienen und daß wir nie allein gewesen sind. Eine große Anzahl von Mitgliedern der ersten und zweiten Welle schließt sich zusammen, um die Menschheit in einem nie zuvor erreichten Ausmaß zu erwecken. All dies geschieht im hellen Lichte des Bewußtseins. Welch höchster Segen für uns alle!

Für uns von der ersten Welle ist es an der Zeit, unsere alte Verpflichtung der Erde gegenüber wahrzunehmen.

Wir gelobten, diesen Planeten bis zur Zeit seines Aufstiegs zu den Sternen zu behüten, um die neuen Energien unlösbar zu verankern. Da diese Zeit rasch näherrückt, ist es unumgänglich, daß wir alle Aspekte unseres Lebens vollenden und erfüllen. Ganz gleich, wo wir noch in Ablehnung unserer eigenen Unermeßlichkeit erstarrt sind, wir müssen uns überall öffnen und erkennen, wer wir wirklich sind. Wir müssen unser göttliches Erbe und Geburtsrecht annehmen.

Bald schon haben wir zu entscheiden, ob wir in die Himmlischen Reiche zurückkehren und einen neuen Dienst übernehmen oder ob wir auf der Erde bleiben und zusammen mit der zweiten Welle das Neue aufbauen und bewahren wollen.

Die zweite Welle kam auf diesen Planeten, nachdem er geschaffen und der ätherische Bauplan angelegt worden war. Der Zyklus ihrer irdischen Verkörperungen währte nicht entfernt so lange wie der der ersten Welle. Daher verfügt sie über weniger Erderfahrung.

Sie verbrachte die Zeit außerhalb dieses Planeten auf Astralsternen und in anderen Dimensionsoktaven. Man könnte ihre Mitglieder die neueren, jüngeren Seelen nennen, doch das bezieht sich nur auf ihre Erderfahrungen, denn sie existieren genauso lange wie die der ersten Welle. Sie lebten einfach in anderen Bereichen.

Die Hauptaufgabe der zweiten Welle ist, die Neue Oktave auf der Erde fest zu begründen. Sie ist der Erbauer und Offenbarer der neuen Göttlichen Ordnung. Ihre Mitglieder sind nicht in erster Linie damit beschäftigt, die neuen Energien zu verankern, denn das ist Sache der ersten Welle. So bersten viele von der zweiten Welle schier vor Ungeduld; sie sprühen nur so vor Ideen für neue Ausdrucksformen. Sie wollen manifestieren!

Unglücklicherweise können sie ihr Potential erst dann voll zum Ausdruck bringen, wenn die Erde verwandelt ist. Deshalb ist es für die Mitglieder der ersten und der zweiten Welle dringend erforderlich, in diesen Zeiten zusammenzuarbeiten. Viele der ersten Welle sind erschöpft, da sie die Dichte der dritten Dimension so lange erfahren haben. Die frische Energie und der Optimismus der zweiten Welle hilft ihnen, ihren Dienstzyklus zu vollenden.

Interessanterweise wählen wir oft Mitglieder derselben Welle zu unseren Freunden, weil wir uns mit ihnen tiefer verstehen. Bei Liebesbeziehungen gilt das Gegenteil. Die Vereinigung von Wesen der ersten und zweiten Welle ermöglicht erst viele der dringend benötigten Beiträge. Die erste Welle verfügt über das nötige Wissen und die Erfahrung, die zweite Welle trägt frische Energie hinzu und die Begeisterung zu manifestieren.

Wenn sie es wünschen, werden die Mitglieder der ersten Welle im Jahre 1992 damit beginnen, den Planeten zu verlassen, und dies bis zum Jahre 2011 abgeschlossen haben. Deshalb müssen die Angehörigen der zweiten Welle rasch erwachen.

Erhebt euch zu eurer vollen Autorität und Vollmacht, denn es werden die Antriebsräder dieses Planeten buchstäblich ausgetauscht. Es ist eine regelrechte Wachablösung; ihr müßt bereitstehen, die Plätze der ersten Welle einzunehmen. Das Szepter wird weitergereicht. Wenn ihr nicht zur Übernahme bereit seid, wer dann?

Nach diesem Übergang fängt der Spaß erst richtig an! Offen werdet ihr nach Herzenslust erschaffen und eurer Höheren Bestimmung hingegeben leben. Dieser Sternenplanet wird frei, wenn die Materie verwandelt ist. Gemeinsam werdet ihr als ein Goldenes Wesen in immer höhere Lichtoktaven aufsteigen.

Sternenkinder

In dieser Zeit des Übergangs erleben wir, daß neue Wesen von den Sternen zu uns kommen.

Viele von ihnen haben ihre Erinnerung bewahrt. Seit Mitte der siebziger Jahre verkörpern sich die Sternenkinder hier in großer Anzahl. Für einige von ihnen ist dies die erste irdische Inkarnation, doch ist das eher die Ausnahme. Viele haben während der langen Erdgeschichte bereits Erfahrungen gesammelt, doch sie waren nicht hauptsächlich auf der Erde tätig. Zwischen ihren und manchmal sogar während ihrer irdischen Verkörperungen waren sie unmittelbar mit ihren Ursprungsorten, den Sternen, verbunden.

Diese Wesen gehören weder der ersten noch der zweiten Welle an, obwohl sie gekommen sind, um bei der Erfüllung des Göttlichen Planes auf der Erde zu helfen. Sie brauchen nicht an den Kämpfen der dreidimensionalen Dichte teilzunehmen, denn das gehört nicht zu ihrer Bestimmung, und so sind sie von einem schützenden Kraftfeld umgeben, das ihre Unschuld und Integrität auf diesem Planeten bewahrt. Oft verkörpern sie sich bei erwachten Eltern der ersten Welle, denn jene können ihnen die notwendigen Erderfahrungen vermitteln. Sie sind hier, um unsere Verbindung zu den Sternen erneut zu aktivieren.

Sternenkinder kann man an ihrer Reinheit und Unschuld erkennen. Ihre Aura strahlt große Weisheit und Klarheit aus, die besonders stark durch ihre Augen wirkt, die im Sternenglanze leuchten. Die Jüngeren haben süße kleine Flügelknospen.

Manchmal haben sie Schwierigkeiten, wenn sie dreidimensionale Schulen besuchen müssen und mit normal bewußten Kindern spielen. Wir dienen ihnen nicht nur, wenn wir unser Wissen und unsere Erfahrung mit ihnen teilen, sondern indem wir uns öffnen und von der Unermeßlichkeit dessen lernen, an das sie sich erinnern.

Sternenkinder ziehen großen Nutzen aus dem Umgang mit der stillen Natur; wir sollten sie nicht mit Fernsehen überschwemmen, obwohl es sie fasziniert. Videospiele sind für Sternenkinder geschaffen worden und erfreuen sich deshalb größter Beliebtheit. Die blitzschnellen Aktionen dieser Spiele erinnern diese Kinder an ihre Sternreisen durch die Galaxien, und so spielen sie mit entzückter Aufmerksamkeit und ruhiger Mühelosigkeit. *(Wir von der älteren Generation ergötzten uns am Flippern!)*

Die Sternenkinder brauchen viel Zeit für sich alleine. Sie bedürfen äußerster Achtung, großer Liebe und einer sanften Führung. Du magst Schwierigkeiten haben, deine elterliche Autorität ihnen gegenüber durchzusetzen, weil sie so machtvolle Persönlichkeiten sind. Doch da sie Kinder und Neulinge auf diesem Planeten sind, ist es notwendig, daß du dich, wenn nötig, durchsetzt. Statte deine Autorität mit so viel Vollmacht wie möglich aus, denn Sternenkinder tolerieren keine geistlose Herrschaft. Auch als Elternteil handelst du wesentlich wirkungsvoller, wenn du dir deiner Engelgegenwart bewußt bist. *(Ich weiß das aus eigener Erfahrung, ich habe selbst fünf Kinder, darunter zwei Sternenkinder!)*

Am allerwichtigsten ist es jedoch, daß wir unsere Sternenkinder mit ihresgleichen zusammenbringen. Altersunterschiede spielen dabei keine Rolle.

Sie haben so viel miteinander zu teilen! Es fängt damit an, daß sie sich gegenseitig erkennen. Sie müssen unbedingt wissen, daß sie auf diesem Planeten nicht allein sind und daß es außer ihnen noch viele andere Sternenkinder gibt, die sehen und verstehen. Wenn sie sich abgeschnitten und einsam fühlen, können diese schönen Wesen Schaden nehmen und verzweifeln.

Ich weiß, daß es für diese Kinder bereits einige gute Schulen mit hohem Bewußtsein gibt, doch wir brauchen noch viel mehr. Ich bitte euch, schafft für diese Sternenkinder Schulen, richtet Ferienhäuser ein, organisiert Treffen, schreibt Bücher, Zeitungen oder was immer euch in den Sinn kommt. Diese Kinder sind die Samen unserer Zukunft. Sie brauchen Formen schöpferischen Ausdrucks, Orte, an denen sie offen zeigen können, was sie wissen und an was sie sich erinnern, und vor allem die Möglichkeit, andere Sternenkinder zu treffen.

Ermächtigung

Ermächtigung bedeutet, dein wahres Wesen offen anzunehmen und zu verkörpern.

Ermächtigung ist Teil des Engelseins; du drückst klar deine Vollmacht aus. Wenn du ermächtigt bist, strahlst du deine Höchste Wahrheit aus. Das hat sich niemand einfach ausgedacht; es ist der Seinszustand, der mit deinem Höheren Selbst natürlicherweise verbunden ist.

Da wir im Zustand der Ermächtigung ganz natürlich wir selbst sind, ist es verwunderlich, daß viele von uns so große Schwierigkeiten damit haben. Das liegt wohl an unseren vergangenen Erfahrungen mit der Macht sowohl auf diesem Planeten als auch in den Astralbereichen.

Viele der bewußtesten und fähigsten Wesen auf diesem Planeten zögern, ihre Macht und gottgegebene Autorität voll auszudrücken. Sie verurteilen sich immer noch dafür, vor langer Zeit einmal die Macht mißbraucht zu haben, und fürchten sich panisch davor, es wieder zu tun. Wir sollten wissen, daß jeder, der sich hier verkörpert hat, irgendwann einmal seine Macht mißbraucht hat, denn das ist ein Teil des Spektrums der Erfahrungen, die wir machen, wenn wir uns in einer Form inkarnieren. Ich sage das nicht, um Machtmißbrauch gutzuheißen. Doch wir alle haben das erfahren, um die Auswirkungen des Mißbrauchs kennenzulernen. Jetzt haben viele die Lektion gelernt und geben sich ganz dem Dienst des Lichtes hin.

Diesen Fehler werden wir nicht mehr begehen. Wir können aufhören, uns zu verurteilen und uns für Vergehen in lang vergangenen früheren Leben schuldig zu fühlen. Hauptsache ist, daß wir uns vergeben, wollen wir als ermächtigte Instrumente der Göttlichen Intervention weiterkommen. Das Überleben dieses Planeten und seiner verschiedenen Lebensformen hängt davon ab, ob wir uns vergangene Übertretungen verzeihen können und als ermächtigte Wesen vorwärtsschreiten.

Laßt uns keine Angst mehr davor haben, unsere wahre Macht zu leben; wir müssen aufhören, Macht als dominantes, überhebliches, selbstsüchtiges und herzloses Verhalten einzustufen.

Diese Adjektive haben wir aus vergangenen Erfahrungen im Prozeß des Erwachens aufgeschnappt. Sie treffen nicht länger zu und haben außerdem Macht nie richtig beschrieben.

Unsere modernen Wörterbucher definieren „Macht“ wie folgt:

1. die Fähigkeit oder Möglichkeit, etwas zu tun;
2. eine besondere Fähigkeit oder Möglichkeit;
3. die Fähigkeit, Autorität auszuüben;
4. die Möglichkeit, Stärke oder Kraft anzuwenden;
5. Kraftfülle, Wirksamkeit.

Keine dieser Definitionen klingt besonders schlecht oder gar furchteinflößend. Tatsächlich ist wahre Macht genau die Eigenschaft, die wir benötigen, um uns heute auszudrücken.

Wahre Macht ist einfach Energie, ermächtigte Energie, die unmittelbar dem Goldenen Strahl von ganz Oben, dem Schoß von Vater-Mutter-Gott entstammt. Wir sind hierhergekommen, um offen ganz wir selbst zu sein und um dem Höheren Plan nicht als schwache, hilflose Wesen, sondern mit der Vollmacht unseres Göttlichen Erbes zu dienen.

Es ist in Ordnung, stark und machtvoll zu sein, nicht um andere zu manipulieren und zu kontrollieren, sondern um die Fülle unserer Engelgegenwart auszudrücken. Wir werden ja nicht einfach nur Macht ausstrahlen; sie wird durchdrungen sein von Liebe und von Weisheit. Wir werden machtvoll lieben und weise sein. Machtvoll werden wir uns mit unserem gesamten Potential einsetzen. Macht ist die kraftvolle Energie, die unsere Liebe und Weisheit weit und weiter aussenden wird. Ohne Macht werden Liebe und Weisheit ihrer vollen Kraft ermangeln und erlahmen.

Luzifer und die gefallenen Engel

Dieses Thema kann man leicht falsch verstehen. Viele haben sogar Furcht davor. Doch jetzt ist die Zeit gekommen, Luzifer im vollen Licht der Klarheit zu begreifen.

Es genügt nicht, unseren Ängsten ins Gesicht zu sehen, wir müssen lernen, sie mit der allumfassenden Liebe der Einheit anzunehmen. Viel wurde über Luzifer und die gefallenen Engel geschrieben. Man verwechselte Luzifer mit Satan, obwohl die Bibel nicht behauptet, daß sie ein und dasselbe Wesen sind. Dies geschah erst später, und viele Ängste und Befürchtungen hefteten sich an dieses Thema. Jetzt, da wir erwachen, ist die Zeit reif, das Ganze aus einem neuen, umfassenderen Blickwinkel anzuschauen.

Wenn wir in die Urzeit zurückgehen, finden wir Luzifer an der rechten Seite Gottes als den strahlendsten, hingebungsvollsten Engel. Tatsächlich bedeutet sein Name *Träger des Lichts.* Um seine Geschichte zu verstehen, müssen wir den Zeitpunkt in den Blick fassen, als dieser Planet gerade eben erschaffen war. In jenen Tagen wandelten wir offen als Engel mit riesigen Lichtkörpern und weit ausgestreckten Flügeln über diese Erde. Die ältesten Legenden auf der ganzen Welt berichten von jener Zeit, in der die Engel lebten, andere sprechen von riesigen gottgleichen Rassen, die von den Sternen kamen. Waren nicht auch diese Engel?

Kommt mit mir, meine Lieben,
laßt uns zurück
in weit entfernte Zeitbereiche wandern,
denn wir müssen uns erinnern.

Könnt ihr den Ruf vernehmen?
Erinnert ihr euch daran,
daß ihr bleiben und hier dienen wolltet?
Denn so war es.

So groß war eure Liebe,
grundtief euer Mitgefühl,
machtvoll eure Hingabe,
daß ihr dem Rufe folgtet.

Bitte erinnert euch und versteht!
Ihr wolltet dem Planeten Erde dienen
und das Drama bis zum Ende spielen.
Niemand hat euch versucht.

Ihr seid nicht hier als Unwürdige
oder als Versager.
Ihr bliebt aus Liebe,
als Teile von Vater-Mutter-Gott.

Der Abstieg in die Materie

Als der Ruf ausging und um Freiwillige warb, die auf der Erde bei der Verwandlung der Materie helfen sollten, antworteten wir und boten unsere Dienste an.

Wir brauchten nicht länger mehr in unseren riesigen Lichtkörpern aufzutreten. Vielmehr sollte unser Engelselbst einen kleinen Teil seines Selbst, einen winzigen Sternensamen seiner Essenz, auf einem Goldenen Lichtstrahl hinab zur Erde schicken. Dieser Samen sollte sich mit der Materie verbinden. Aus diesem Grunde benötigten wir eine Antriebskraft, die uns in der Dichte verankerte. Wir waren sorgfältig auf diesen Vorgang vorbereitet worden, so gewissenhaft wir möglich, denn das Vorhaben lag jenseits all unserer Erfahrungen.

Genau zu diesem Zeitpunkt betrat Luzifer die Bühne. Als leuchtendster Engel übernahm er freiwillig die schwerste Aufgabe, nämlich die Verwandlung der dunkelsten Energie, jener, die am weitesten von Gott entfernt war.

Es war Luzifer, der unsere Sternensamen tief in die dreidimensionale Dichte schleuderte.

Wir empfanden das als tödlichen Schlag, wie einen bleiernen Dolch, der uns urplötzlich in den Nacken gerammt wurde. Zum ersten Male empfanden wir Gefühle wie Schock, Verrat, Verlassenheit, tiefe Trauer, Wut und Schuld. Danach vergaßen wir einfach ... Wir vergaßen unseren Göttlichen Ursprung. Wir vergaßen unsere höhere Berufung. Wir vergaßen, daß wir stets mit Gott verbunden sind. So erfuhren wir die Illusion der Trennung und verstrickten uns in den Begrenzungen der Materie.

Alles ging so vor sich, wie uns gesagt worden war, nur hatten wir nicht damit gerechnet, daß es so schrecklich sein würde. Nichts in unserer früheren Grenzenlosigkeit hatte uns auf die Härten des Abstiegs in die Materie vorbereitet. Diese Zeit ist als *der Fall* überliefert, obwohl wir in Wahrheit gar nicht fielen. Es war ein Teil des vollkommenen Göttlichen Planes.

In dem Augenblick, in dem wir völlig in die Materie eintauchten, richteten wir unsere negative Energie vor allem auf Luzifer, denn war er nicht für unser Leid verantwortlich? Auch dies war ein Teil des Göttlichen Planes: Unsere gemeinsamen negativen Energien dienten als Antriebskraft, um Luzifer in das Herz der Dichte zu stoßen. Er hatte sich freiwillig bereit erklärt, dort mit seinen Himmlischen Legionen, die heute *die gefallenen Engel* genannt werden, zu dienen.

Sie folgten Luzifer freiwillig ins Herz der Dunkelheit. Nur sehr wenige sind bis jetzt zurückgekehrt. Ab und zu begegne ich einem gefallenen Engel; denn sie leben unter uns. Gewöhnlich widersetzen sie sich meinen Versuchen, sie aufzuwecken, sind zuweilen ganz offen feindselig und fliehen meine Gegenwart. Ich betrachte sie mit Liebe und Mitleid, haben sie doch die schwere Reise in die Korridore der Dunkelheit uns allen zuliebe auf sich genommen. Ich spüre, wie sie unter der Trennung leiden, und trauere um sie; doch solange sie nicht bereit sind, ins Licht der Einheit zurückzukehren, können wir sie nur mit Göttlicher Liebe umarmen und für ihre unvermeidliche Rückkehr beten.

So wurden Luzifer und seine Legionen gefallener Engel in das Herz der Dunkelheit gesperrt und durch unsere gemeinsame Furcht und unser Mißtrauen dort festgehalten. Unsere negativen Gefühle wurden für sie zu Steinen, die ihre Rückkehr zum Licht versperrten.

Wenn wir endlich unsere Arbeit abgeschlossen haben, auf dem Planeten Erde Dualität in Einheit zu verwandeln, werden auch Luzifer und seine gefallenen Engel ins Licht aufsteigen, und als der strahlendste aller Engel wird er wieder zur Rechten Gottes sitzen. Nichts und niemand wird von Gott getrennt bleiben. In der größeren Wirklichkeit *ist* alles Gott. Deshalb müssen wir in nicht zu ferner Zukunft die Ängste der Dualität annehmen und durch Liebe alles, was ist, in strahlende Ganzheit verwandeln.

Die Legionen des Erzengels Michael

Der mächtige Erzengel Michael oder Mikael diente lange als Aufseher und Beschützer des dreidimensionalen Abenteuers.

Als Luzifer sozusagen außer Gefecht gesetzt war, weil er freiwillig den Kern der Dunkelheit verwandeln wollte, übernahm Michael die Aufgabe, über unseren Entwicklungsprozeß zu wachen. Diese Aufgabe hat er wahrgenommen, seit wir in die Materie abgestiegen sind.

Man könnte sagen, daß diejenigen, die zu jener Zeit auf den Planeten gekommen sind, zu seinen Himmlischen Legionen gehören, und selbst einige der Wesen, die sich später inkarnierten, sind ihm in Göttlicher Ergebenheit verbunden. So spüren wir eine tiefe Bindung zu Erzengel Michael, ob wir uns dessen bewußt sind oder nicht, denn gemeinsam mit ihm haben wir uns verpflichtet, diesen Planeten während seiner Verwandlung und Himmelfahrt zu begleiten.

Jeder, der mit Michael verbunden ist, trägt sein Schwert der Wahrheit und der Gerechtigkeit.

Während der meisten unserer unerwachten Verkörperungen trugen es viele von uns eher widerstrebend. Wir schleiften unser Schwert auf dem Boden hinter uns her und wußten nicht, was wir damit anfangen sollten. Später, als wir von inneren Konflikten zerrissen waren, versuchten wir oft, unsere Macht und die von Gott gegebene Autorität zu verleugnen. Manchmal beabsichtigten wir gar, unser Schwert wegzuwerfen, doch auf seltsame Weise kehrte es immer zu uns zurück.

Dies war ein größeres Problem, als wir zu jener Zeit erkannten. Wenn uns das Gewicht dieses Schwertes der Verantwortung zur Bürde wurde, versuchten wir, uns selbst lahmzulegen, indem wir die Klinge gegen uns richteten und tief in unseren Körper stießen. Einige der unseren tragen ihr Schwert immer noch im Leibe; ich nenne sie *die wandernden Verwundeten.* Falls du zu ihnen gehörst, wirst du dich erkennen, wenn du diese Worte liest. Sollte es so sein, dann entschließe dich, das Schwert der Macht und deines Göttlichen Erbes herauszuziehen und dich zu heilen, denn wir brauchen dich hier in deinem vollen Glanze.

Ich habe einen lieben alten Freund, den ich seit vielen Inkarnationen kenne. Er spielte häufig die Rolle des Kriegers und kämpfte stets für edle Zwecke. Oft schützte er mich und opferte einige Male sein Leben, um das meine zu retten. Deshalb liebe ich ihn und bin ihm zutiefst dankbar; dabei begegne ich ihm selten. Selbst in diesem Leben besitzt er mehrere hochrangige schwarze Gürtel und gleicht als Amerikaner eher einem Samurai. Das erste Mal, als ich ihn umarmte, fühlte ich einen harten Gegenstand zwischen uns. Ich schaute näher hin und entdeckte ein Schwert, das seine Brust durchbohrte und aus seinem Rücken wieder herausragte.

Anfänglich vermutete ich, dies sei ein Überbleibsel einer alten Schlacht, denn fast alle Krieger schleppen die psychischen Rückstände der Konflikte vieler kriegerischer Inkarnationen mit sich herum. Sie lassen sich nur äußerst selten heilen. Außerdem ist es gar nicht einfach, jemanden zu finden, der das notwendige Wissen und den Überblick hat, um sie zu heilen. Ich fragte ihn, ob er von dem Schwert in seiner Brust wisse. Er bejahte meine Frage und meinte, daß er es schon lange mit sich herumtrage. Ich wußte, daß ich ihn heilen konnte; wahrscheinlich verfüge ich wegen meiner zahlreichen Leben als Hohepriesterin über das Wissen, wie man Krieger heilt. Deshalb bat ich ihn um die Erlaubnis, das Schwert zu einem geeigneten Zeitpunkt entfernen zu dürfen. Er stimmte bereitwillig zu.

Ich sah ihn einige Monate nicht wieder, doch eines Nachts, als ich nicht schlafen konnte, wußte ich, daß die Zeit gekommen war. Ich setzte mich vor meinen Altar und suchte einen inneren Ort auf. Dort sah ich meinen Freund mit dem Schwert. Zuerst visualisierte ich zwei Kristalle am Ein- und Austrittspunkt des Schwertes, um die Wunde zu betäuben, denn ich wollte nicht, daß er bei der Entfernung des Schwertes, das er so lange mit sich herumgetragen hatte, einen Schock erlitt. Die Kristalle vereisten beide Punkte. Dann zog ich das Schwert vorsichtig heraus.

Nachdem ich die Wundränder geheilt hatte, wandte ich meine Aufmerksamkeit dem Schwerte selbst zu. Die blutige Schneide stieß mich ab. Zuerst wußte ich nicht, was ich mit ihr anfangen sollte. Dann erkannte ich erstaunt, daß er sich sein eigenes Schwert in die Brust gerammt hatte! Er hatte sich selbst verwundet!

In diesem Augenblick sah ich den Erzengel Michael, der geduldig darauf wartete, daß ich ihm das Schwert überreichte. Ich legte es in seine Hände, und er berührte es mit seinem eigenen mächtigen Schwert. Ein gleißender Blitz blauvioletten Lichtes reinigte in einem Augenblick die Spuren all der Jahre der Konflikte und des Blutvergießens. Dann gab Michael das Schwert an meinen Freund zurück, der es aber heftig von sich wies. Jetzt wurde die Szene sogar komisch, was nach der Ernsthaftigkeit der Ereignisse gut tat, denn mein Freund versuchte immer wieder, das Schwert zurückzuweisen. Mit all seiner Kraft schleuderte er das Schwert, so weit er konnte, von sich, doch es kehrte augenblicklich in seine Hände zurück. Schließlich brach er schluchzend zusammen, weil er es trotz seiner Willensanstrengung nicht loswerden konnte.

Die nächsten Monate wachte ich innerlich über meinen Freund. Die Wunden heilten gut, doch er haderte noch immer mit seinem Schwert. Zuletzt kam der Augenblick, für den ich so lange gebetet hatte: er nahm es an. Aufrecht stand er da und schwang sein

Schwert gen Himmel. Er war mit seiner Macht und Verantwortung einverstanden.

Knapp ein Jahr später traf ich meinen alten Kriegerfreund auf der physischen Ebene und fand ihn deutlich verändert. Er trug keine inneren Konflikte mehr in sich aus, und sein Leben begann sich zu glätten. Ich erzählte ihm von meinen Erfahrungen mit seinem Schwert, und er bestätigte, daß auch er das Gefühl habe, daß es endlich weg sei; jedenfalls seien seine alten Wunden geheilt.

Die Schwerter des Erzengels Michael können nicht zurückgegeben oder ausgetauscht werden, bevor wir den Schwur, den wir für die Erde leisteten, erfüllt haben. Zuerst müssen sie gereinigt werden. In den letzten Jahren hat Michael seine Schwerter zurückgerufen, um sie zu säubern und zu erneuern. Wenn er sie mit dem blauvioletten Strahl seines eigenen Schwertes wieder auflädt, schwinden alle Kratzer und Kerben und das vergossene Blut vergangenen Karmas.

Die Klingen glänzen dann neu wie damals am Anfang unseres Zyklus irdischer Verkörperungen, als sie uns ausgehändigt wurden. Liebevoll legt Michael das Schwert in unsere Hand zurück, denn für uns ist jetzt die Zeit gekommen, im Vollbesitz unserer Macht zu stehen, nicht, um an einer der vielen Schlachten teilzunehmen, die gegenwärtig auf diesem Planeten und in den Astralräumen toben, sondern damit wir siegreich als unermeßliche Legion des Lichtes in die Bereiche jenseits der Kriege der Dualität aufbrechen. Das ist die letzte wahre Schlacht, das Ende von Krieg und Trennung, denn die Legionen des Erzengels Michael werden nach Hause zurückberufen.

Zuerst versetzt er uns in höchste Bereitschaft, damit wir aus unserem langen Schlummer erwachen, uns erinnern, wer wir sind, und uns von Täuschungen auf allen Ebenen befreien. Mit unserem Schwerte sollen wir dann die Unwissenheit heraustrennen, um unser Göttliches Geburtsrecht und Erbe wiederzuerlangen. Wir werden die Vollendung unseres Göttlichen Auftrags erfahren. *Und unsere Göttliche Mission besteht darin, bewußt der zu sein, der wir wirklich sind!*

Neben unseren Flügeln sind die Schwerter Michaels ein ausgezeichnetes Barometer für unseren gegenwärtigen Bewußtseinszustand.

Wenn du innerlich dein Schwert ins Auge faßt, zeigt es dir, wie du mit Macht und Autorität umgehst. Du siehst vielleicht, wie du dich auf den Knauf deines Schwertes stützt, wenn du nachdenklich bist, oder daß du es hoch gen Himmel schwenkst, wenn du ermächtigt bist. Ich habe sehr interessante Erfahrungen gemacht, wenn ich mein Schwert und die Schwerter anderer Menschen betrachtete. Manchen von uns ist die Macht verliehen, das Schwert eines anderen durch einen Schlag mit dem eigenen zu aktivieren und zu ermächtigen. Manchmal ermöglicht das ein tiefes Erwachen.

Natürlich sind die Erzengel in Wahrheit nicht getrennt von uns. Sie stehen für unser kollektives Engelsein. Wenn eine große Anzahl Engel zusammenkommt, schaffen wir das unermeßliche Bewußtsein eines Erzengels. Zusammen sind wir der Eine. Das ist wieder einer jener Augenblicke, wo der Satz *„Ich bin der Eine; ich bin die Vielen“* große Bedeutung hat.

Ganz ähnlich sind die Großen dieser Erde geschaffen worden. Hast du dich nie gefragt, warum so viele Menschen Erinnerungen an das Leben derselben historischen Persönlichkeit haben? Wie kann es so viele Nofretetes oder Franz von Assisis geben? Man kann es sich natürlich leicht machen und denken, daß sie sich alle etwas vormachen, aber vielleicht haben sie doch recht. Sie fühlen, daß ihre Erinnerungen richtig sind. Vielleicht wurden die Großen aus vielen Bewußtseinseinheiten zusammengesetzt, die in einer Inkarnation zusammentrafen. Möglicherweise warst du also Nofretete, doch nicht die ganze Person, sondern nur ein Haar auf ihrem Kopf. Du warst bestimmt ein Teil ihrer Person; deine Erinnerungen stimmen. Ähnlich ist der Zustand der verbundenen Seelen, der im Kapitel über Ägypten in der *Legende von Altazar* beschrieben ist. Vielleicht ist selbst in diesem Augenblick jeder von uns eine Kombination mehrerer Seelen, die sich zusammenschlossen, um die Erde zu erleben.

Obwohl wir den Erzengel Michael also außerhalb von uns wahrnehmen und ansprechen, sollt ihr wissen, daß ein jeder in seinem unermeßlichen Wesen wohnt. Wir sind mehr als eine Familie, mehr als seine Himmlische Legion. In Wahrheit sind wir Eins.

Die Erzengel stellen den Teil von uns dar, der die Göttliche Unermeßlichkeit bereits verwirklicht hat.

(Dies schrieb ich spät in der Nacht. Ein paar Stunden danach erwachte ich vom Hufgeklapper vieler Pferde, die sich meinem recht einsam liegenden Hause näherten. Ich hörte, wie die Haustür aufgeschlossen wurde, dann Fußtritte vor meinem Zimmer. Ich fuhr vollends aus dem Schlaf. Angst stieg in mir auf. Mühsam öffnete ich die Augen und fragte schlaftrunken: „Wer ist denn da?" Im Mondlicht erkannte ich Erzengel Michael. Sein Körper war von wunderschönem weißen Licht umgeben, das jede Einzelheit seiner Kleidung und seines juwelenbesetzten Schwertes strahlen ließ. Er hielt eine gewölbte Krone in den Händen und überrgab sie mir.)

WIR RUFEN
DIE LEGIONEN DES ERZENGELS MICHAEL:
SEID HÖCHST WACHSAM!

JETZT IST DIE ZEIT FÜR EUCH GEKOMMEN,
AKTIV ZU WERDEN,
DENN DER RUF NACH TATEN
IST ERSCHALLT.

DIES IST DIE HÖCHSTE ALARMSTUFE:
ALPHA CODE FREQUENZ VERBINDEN!

DIE LEGIONEN DES ERZENGELS MICHAEL
SIND AUFGERUFEN ZU ERWACHEN.
TRETET VOR IN DIE VOLLBEWUSSTE
ERINNERUNG AN EURE GÖTTLICHE
BESTIMMUNG.

DIE LEGIONEN SETZEN SICH IN MARSCH.
DIE ERWECKER SIND SCHON UNTER EUCH.
TRETET VOR UND LASST EUCH ZÄHLEN.
WÄHLT EUCH SELBST ZUM INSTRUMENT
DER GÖTTLICHEN INTERVENTION.

Auf höchsten Befehl des Erzengels Michael:

Hiermit ordnet die Hierarchie der Großen Zentralen Sonne an, daß die Göttliche Intervention, die jetzt auf der Erde wirksam ist, verstärkt werden soll.

Wir beabsichtigen, den Goldenen Strahl Göttlicher Intervention immer schneller und höher schwingen zu lassen, damit die Menschheit erwacht und in noch nie erfahrenem Ausmaß aktiviert wird.

Ein bedeutender Teil des Göttlichen Plans besteht darin, daß möglichst viele von euch das multidimensionale Bewußtsein verkörpern und so zur Vollmacht gelangen. Dies wird den Übergang von der dreidimensionalen Dichte in die Multidimensionalität, die in der sogenannten vierten Dimension herrscht, sehr erleichtern und beschleunigen.

Diesen bedeutsamen Zeiten stehen große Veränderungen bevor. Ihr könnt selbst entscheiden, ob ihr diesen Wechsel als Bewußtseinswandel oder als geophysischen Wandel der Erde erfahren wollt. Wenn ihr euch zur Bewußtseinsveränderung entschließt, muß das sofort geschehen. Es ist keine Zeit zu zaudern.

Daher werdet ihr von Oben mit ständig steigender Beschleunigung bestrahlt, um den Neuordnungsprozeß zu unterstützen. Eure Lichtkörper sind in Vorbereitung, denn ihr sollt sie bald schon tragen.

Über euch öffnet sich ein Tor. Durch diese Pforte müßt ihr schreiten, bevor euch der Quantensprung ins voll erwachte, aktivierte Bewußtsein gelingen kann.

Alles, woran ihr euch in der dreidimensionalen Welt klammert, wird euch daran hindern, die offene Pforte zu durchschreiten. Deshalb bedeutet dieser Durchgang, daß sich alle Teile eures Wesens, die dem Ego, eurem kleineren Selbst entstammen, vollkommen hingeben müssen.

Ihr braucht außerdem unbedingtes Vertrauen. Mit ihm werdet ihr eure Ängste überwinden und den großen Quantensprung ins Unbekannte wagen.

Ihr habt die Wahl. Die Zeit ist da. Die Zukunft des Planeten liegt in euren Händen.

Wir werden euch beistehen, euch Mut zusprechen und in jeder nur möglichen Weise unterstützen. Wir werden euch mit Segen, Schutz und Fülle überschütten. Doch vorher müßt ihr die offene Pforte durchquert haben. So könnt ihr als Werkzeuge der Göttlichen Intervention und als bewußte Mitschöpfer des Göttlichen Planes in Aktion treten.

Auf höchsten Befehl Erzengel Michaels, der Elohim, des Erzengelrates und des Fürsten Metatron

Hiermit erlassen wir eine Verfügung, die offenbaren soll, was vorbestimmt war.

Lange vor ihrem Abstieg in die Materie wanderten die Engelgeschwister offen auf dem Planeten Erde. Dann erging der Ruf, entweder in die Himmlischen Reiche zurückzukehren oder ganz in die dreidimensionale Dichte einzutauchen. Als die Zeit der Abreise und Trennung nahte, wurden auf diesem Planeten sieben Zentren geschaffen, durch die konzentrierte Engelenergie fließen konnte. Diese sieben Zentren wurden damals eingerichtet, wenn auch nicht voll aktiviert, und mit einem Zeitmechanismus ausgerüstet. Jedes Zentrum funktionierte nach einem anderen Aktivierungsplan.

Während der Zeitalter waren verschiedene Zentren tätig. Eines liegt im Gwellin-Gebiet in China und eines nahe Avebury in Großbritannien, welches dann ein Unterzentrum nahe Padua in Italien in Betrieb setzte.

Jedesmal, wenn ein solcher Brennpunkt aktiviert worden ist, spürt man deutlich das Ein- und Ausströmen der Engelenergie. Tatsächlich ist es möglich, einen großen Wirbel auszumachen, in dem Engel in doppelter Spirale auf- und abwärtskreisen.

Jedes Zentrum hat eine ihm entsprechende Farbe, die die Engelfrequenz festlegt. Jede Frequenz ist sorgfältig auf die Energien des jeweiligen Zeitmusters abgestimmt.

WIR HABEN HIERMIT DIE ÖFFNUNG UND AKTIVIERUNG EINES DER SIEBEN ENGELZENTREN AUF DEM PLANETEN ERDE BESCHLOSSEN.

Das Zentrum liegt in einer Stadt, die nach den Engeln benannt ist: Los Angeles in Californien. Die Aktivierung des Engelwirbels wird am 11. Juni 1988 stattfinden. Seine Frequenzausstrahlung wird die Farbe Gold haben. Engel werden dort kommen und gehen.

Dies Ereignis wird weltweit sieben ähnliche Vorgänge anregen. Man könnte es die „Vermehrung der Himmlischen Heerscharen" nennen. Dies wird die Aktivierung der Energiemuster einleiten, die allgemein „Goldene Sonnenengel" genannt werden.

Die Goldenen Sonnenengel sind Werkzeuge der Göttlichen Intervention. Dank eurer Hilfe, die dreidimensionale Dichte in Licht zu verwandeln, sind sie imstande, jetzt zu handeln. Dies ist gerade zu dieser Zeit besonders wichtig, damit der Planet geheilt und nicht zerstört wird. Die Beteiligung der Menschen ist notwendig. Doch wirksam wird sie erst, wenn ihr die Pforte in die bewußte Multidimensionalität durchschritten habt.

HÖRT UNSEREN RUF ERSCHALLEN, DER DIE LEGIONEN DES ERZENGELS MICHAEL AUF DER ERDE VOLL AKTIVIERT.

Erzengel Michael spricht:

Geliebte meines Herzens und Blutes, ich rufe euch! Entsinnt euch eurer von Gott verliehenen Macht und Autorität und nehmt sie an. Wir sind uns wohl bewußt, daß diese stürmischen Zeiten euch Schweres bringen. Es geschieht so viel in diesen letzten Tagen vor der Vollendung.

Wenn ihr glaubt, daß ihr nicht schnell genug vorwärtskommt, dann betrachtet es einfach vom Standpunkt der Ewigkeit. Was ihr gegenwärtig erfahrt, ist der Gipfel all eurer irdischen Verkörperungen. Schaut, wie weit ihr in so kurzer Zeit bereits gekommen seid! Schätzt richtig ein, wieviel ihr erreicht und losgelassen habt. Dann wird aus Ungeduld vielleicht Dankbarkeit.

Wir haben jetzt die Zeit erreicht, auf die ihr lange vorbereitet wurdet. Es naht die tiefste Erfüllung unserer Göttlichen Mission, der sich jeder als einzelner und als der Eine verpflichtet hat. Die Zeit ist da. Versenkt euch tief in euer Herz und erlaubt euch die Erinnerung. Geht zurück bis zu der Zeit, die uns als unermeßliche Legion des Lichtes triumphierend durch die Himmlischen Reiche fliegen sah.

Erinnert ihr euch an den Ruf, der von langen Goldenen Posaunen bis in die letzten Winkel des dimensionalen Universums getragen wurde? Dieser Ruf war das Signal, unsere Kräfte zu sammeln und zum Planeten Erde abzusteigen. Wir alle waren dem Göttlichen Plan in vollkommener Hingabe ergeben. In unserem Zellgedächtnis nisteten weder Zweifel noch Befürchtungen, Gefühle, die wir uns während unserer endlosen irdischen Verkörperungszyklen zugezogen haben. Doch bei unseren zukünftigen Vorhaben können wir sie nicht brauchen.

Zwar schien es so, als wären wir nach unserem Eintritt in die Sphäre der Materie getrennt und weit verstreut worden, aber das war nie der Fall. Ob im Himmel oder auf der Erde, wir sind immer Eins. So war es und so wird es immer sein.

Wir sind nicht ausgezogen, um Schlachtenglück zu suchen, wir sind siegreiche Boten des Lichtes aus Vater-Mutter-Gott. So wie wir das Licht der Einheit in unseren eigenen Herzen gebären, so werden wir dabei helfen, die Sphären der Zeit, des Raumes und der Materie in immer höhere Oktaven der Liebe zu entbinden. Wir sind hier um der Einheit willen, nicht um die Spaltung der Dualität zu pflegen. Wir sind hier, um die Samen der Liebe auf dem Planeten auszustreuen und den letzten dunklen Winkel zu erhellen, bis die ganze Erde in wunderbarem heiligen Glanz erstrahlt. Denkt daran, daß das, was wir für Dunkelheit, für Böses hielten, nur eine Blockierung des Lichtes ist, denn in Wahrheit gibt es nur ein Großes Licht. Diesen Zustand erreichen wir, indem wir die Gegensätze wieder in die Einheit führen.

Alle, die auf diesem Planeten und in den Astralregionen bewußt oder unbewußt Dunkelheit und Unzufriedenheit verbreiten, sind Kinder Gottes, die ihren Göttlichen Ursprung und ihr Erbe zeitweise aus dem Blick verloren. Wir wollen nicht zu ihnen gehören! Früher oder später müssen alle Teile des Bewußtseins zum Licht der Einheit zurückkehren. Unser Dienen als vereinte Legion des Lichtes hat zum Ziel, so viele wie nur möglich aufzuwecken.

Um das zu erreichen, ist jeder einzelne nötig. Du wirst im Zustand der Ermächtigung und Autorität gebraucht. Du mußt dir selbst vertrauen. Angesichts deiner wahren Größe als Lichtwesen laß jeden Zweifel, alle Ängste fahren. Tritt in deiner ganzen Gegenwart hervor und beginne dein Lied. Gemeinsam werden wir diesen Planeten wachsingen. Wir werden Trauer in Freude verwandeln, Haß in Liebe und Not in Überfluß. Dies zu erreichen, sind wir hergekommen. Laßt es uns jetzt tun!

Geliebte Heerscharen des Lichts, ich bitte euch, streckt eure Schwerter hoch empor. Ich stehe vor euch in meinem unermeßlichen blauvioletten Strahlenkörper, dem Lichte der Ermächtigung und Autorität. Jetzt entscheidet euch erneut, dem Licht zu dienen. Werdet zum reinen Kanal für Alles, Was Ist. Fühlt, wie euch das Licht von Oben durchströmt. Laßt euch durchfluten und eure spirituellen, emotionalen, mentalen und physischen Körper reinigen. Spürt, wie die Jahre der Tränen dahinschmelzen, der Trennungsschmerz, die Schleier der Illusionen und die Wehrburgen der Angst. Laßt euch von blauviolettem Licht überschütten und fühlt euch darin neu geboren. Laßt willig all das los, was euch zurückhält, was eurem Höchsten Gott nicht länger dient, bis ihr endlich frei als Säule blauvioletten Lichtes dasteht.

Wenn ihr jetzt eure Schwerter gen Himmel streckt, werde ich mit meiner Klinge an die Spitzen eurer Schwerter rühren. Ein Blitz blauvioletten Lichtes zuckt in einem einzigen Augenblick aus mir zu euch hinüber, in euer Schwert, in euren Arm und in den ganzen Körper. So werdet ihr ermächtigt und aktiviert. Sagt jetzt dreimal:

Ich trete mein Göttliches Erbe an.
Ich gebrauche meine Autorität.
Ich übe meine Vollmacht aus.
Ich übernehme Verantwortung.

So wurde es von Ganz Oben auf höchsten Befehl des Erzengels Michael, des Herrn der Himmlischen Heerscharen und des Rates der Elohim, verfügt.

Jetzt bist du gereinigt und geweiht
und kannst das Große Goldweiße Licht
aus der Großen Zentralen Sonne empfangen.
Die Schleier sind gelüftet,
die Barrieren hinweggeschmolzen,
und du kannst sehen und vollkommen sein,
was du wirklich bist.

Die langen Goldenen Posaunen
sind wieder hoch erhoben,
und zum allerersten Male
erschallt der Ruf zurückzukehren
durch die Himmlische Weite.

Die Sterne

Der Stern, Der Wir Sind

Ganz am Anfang war nur ein Stern, der Stern, Der Wir Sind!

Diesen großartigen Stern kannst du auch Gott nennen oder Große Zentrale Sonne oder Alles, Was Ist. Einst waren wir alle bewußt in der Fülle unseres Einen Sterns miteinander verbunden. Vollkommen verschmolzen erfuhren wir die totale Einheit mit Gott.

Nachdem unser Stern implodierte und dann explodierte — einige nennen das den *Urknall* —, wurden wir in kleine Sternenteilchen aufgespalten. So füllte sich der Himmel mit Myriaden von Sternen, die nichts anderes waren als die Teile desselben Sternes. Viele Geister verbanden sich in ein und demselben Sternenteilchen, jene, die wir heute unsre Seelenpartner nennen.

1.

Als unsere Sternenteilchen nicht mehr kleiner werden konnten, unterzogen wir uns einer weiteren Verwandlung und wurden diesmal zu individuellen Bewußtseinseinheiten, die Goldene Sonnenengel genannt werden, obwohl wir uns in Wahrheit nie von dem Einen strahlenden Stern getrennt hatten. Die Goldenen Engel kann man nämlich auch als Goldene Lichtstrahlen auffassen, die von dem Einen Stern ausgehen.

Als der Ruf ausging, wer hinunter in die Materie steigen und helfen wollte, die dritte Dichte zu verwandeln, entschieden wir Goldenen Engel uns dafür, diesem Ruf zu folgen. Jedoch war es nicht notwendig, in unserer vollen Präsenz in die dritte Dimension zu tauchen. Ein kleiner Strahl Goldenen Lichts, auf die

Erde gesandt und gut in ihr verankert, genügte. Dieser Lichtpfeil entsprach einem winzigen Strahl unseres Sterns — des Sterns, Der Wir Sind —, einer ganzheitlichen Projektion der Unermeßlichkeit unseres Sternenüberselbst.

Dieser winzige Sternensame unserer wahren Größe war der Teil unseres Selbst, der sich in die Materie senkte. Nur dieser winzige Teil erlebte den Zyklus wiederholter Verkörperungen auf dem Planeten Erde.

Zuerst war uns unser wahrer Ursprung wohl bewußt. Wir erinnerten uns daran, unermeßlich große Sternenengel zu sein, ewige Bewohner der Himmlischen Reiche, und daß nur ein kleiner Teil unseres ganzen Seins in das Erdabenteuer verwickelt war. Dies gab uns große Freiheit und unbegrenzten

Zugang zu den enormen Quellen der Weisheit und der Gnade.

Doch dann nahm unser Gedächtnis ab. Wir begannen, das Leben auf dem Planeten Erde ernstzunehmen, so ernst, daß wir es für die einzige Realität hielten. Wir vergaßen, wer wir wirklich waren. Wir spürten eine Trennung zwischen uns und Gott oder dem Einen Stern. Zu diesem Zeitpunkt hatten wir einen Zustand erreicht, in dem wir unser Bewußtsein nur noch mit der Spitze des Goldenen Sternenstrahls verbanden. Anstatt nach innen zum Zentrum unseres Sterns zu blicken und daran zu denken, daß wir uns nie von der Quelle getrennt hatten, richteten wir unseren Blick nach außen in den leeren Raum. *Kein Wunder, daß wir allmählich begannen, uns und abgeschnitten von Gott zu fühlen!* Diese Erfahrung prägte unser Leben in der dreidimensionalen Wirklichkeit. Wir hatten großes Heimweh, fühlten uns einsam, immer traurig und verzweifelt, da die unerfüllte Sehnsucht nach vollkommener Vereinigung mit dem Einen unsere Seele eisern im Griff hielt.

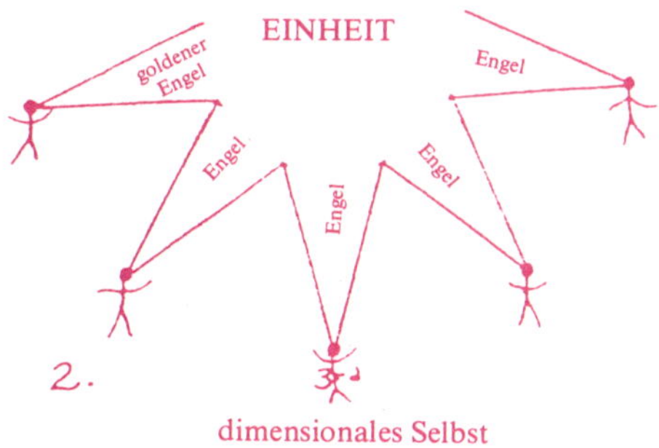

So schufen wir das Muster für unsere zahlreichen Verkörperungen auf der Erde. Immer suchten wir die Vereinigung mit Gott, während wir uns gleichzeitig weigerten, unsere untrennbare Verbindung mit der Quelle zu erkennen.

Unsere endlose Reise führte uns entlang einer großen Spirale, doch diese Spirale befand sich stets im Körper von Vater-Mutter-Gott oder dem *Stern, Der Wir Sind.* Man könnte sagen, daß uns der Weg von der unbewußten zur bewußten

Vereinigung führte. In Wahrheit haben wir unser Zuhause nie verlassen, obwohl uns das so schien, solange wir glaubten, gestrandete, einsame Spitzen von Sternstrahlen zu sein.

Natürlich wachen wir jetzt auf, und während wir uns langsam erinnern, wer und was wir wirklich sind, treten wir die Heimreise an. Auf dieser Reise folgen wir unseren Spuren zurück nach Hause. Geboren von dem Einen Stern, wurden wir zu Myriaden von Sternen. Wir, als Sternteilchen, wandelten uns dann in die Goldenen Sonnenengel der Himmlischen Reiche. Diese Engel sandten ihre goldenen Lichtpfeile auf die Erde, senkten ihre Sternensamen in den Planeten und erschufen so die Menschen. Jetzt kehren wir den Prozeß wieder um. Zuerst müssen wir uns zurückwenden, wieder ins Zentrum unseres Sterns blicken und uns daran erinnern, daß wir bereits jetzt vollkommen sind, in Einheit mit der Quelle verbunden.

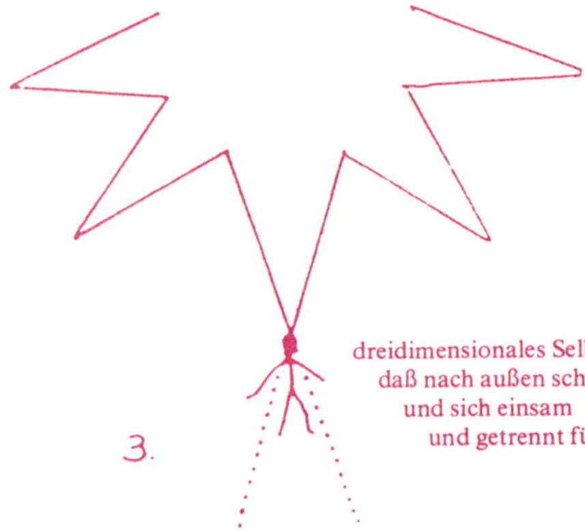

Dieser Schritt allein bedeutet einen Quantensprung für die Menschheit. Er verkündet eine neue Phase der Erfüllung und der Freiheit und den Aufstieg der erwachten Menschheit zur Meisterschaft. Er erlaubt euch die Vervollkommnung auf der dreidimensionalen Oktave, damit ihr, wenn ihr wollt, zu neuen Oktaven des Ausdrucks und Dienens jenseits der Erdsphäre gelangen könnt. Er gibt euch die Möglichkeit, den schnellen Weg nach Hause einzuschlagen, und steht all jenen offen, die sich selbst erwählen.

Das bewirkt den Eintritt der Goldenen Sonnenengel. Denkt daran, ihr selbst seid diese großartigen Sternenwesen! Sie sind der unermeßliche Teil eurer selbst, der zu Hause blieb, die

Goldenen Strahlen unseres leuchtenden Sterns. Wenn du Kontakt mit deinem Goldenen Engel aufgenommen und seine Gegenwart tief in deinem Inneren verankert hast, vermagst du auf dem Goldenen Strahl zurück zur Quelle zu reisen. Du löst dich von den Grenzen der dritten Dimension, weshalb sie deine Wirklichkeit nur noch eingeschränkt bestimmen kann. Du bewegst dich mit wachsender Leichtigkeit durch Zeit, Raum und Materie, wirst immer aufnahmebereiter für alles, was seinen Ursprung im Unsichtbaren hat, siehst weit mehr als mit deinen physischen Augen, hörst mehr als mit deinen physischen Ohren usw. Du bist nicht länger auf die sogenannte dreidimensionale Wirklichkeit beschränkt.

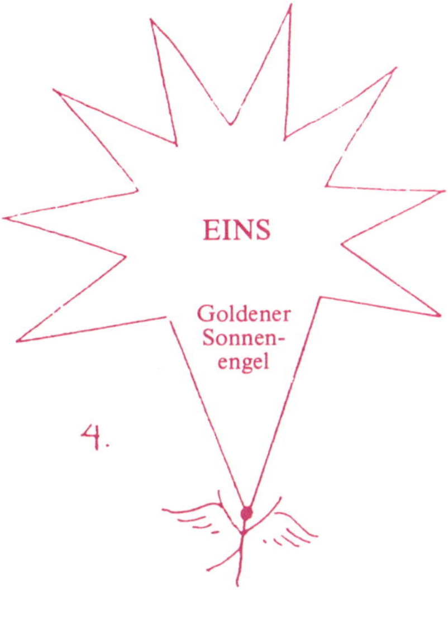

4.

Wenn du den leuchtenden Goldenen Strahl, der zurück zum Zentrum unseres Sterns führt, immer weiter hochsteigst, erreichst du die Zone verschmolzener Essenz, in der sich viele Strahlen überschneiden. Dies ist das Gebiet der Erzengel, denn sie repräsentieren das vereinte Bewußtsein unermeßlicher

Engelscharen. Auch sie sind keine von uns getrennten Wesenheiten, sondern symbolisieren den Teil unserer selbst, der den Zustand der Unermeßlichkeit verwirklicht. Gegenwärtig dienen auf diesem Planeten Wesen, die Ausstrahlungen des Erzengelbewußtseins sind. Obwohl sie sich in einem physischen Körper inkarnieren, kann man nicht sagen, daß sie nur ein einziges individuelles Bewußtsein sind, da sie sich bereits mit einem größeren Teil ihrer selbst vereint haben.

Und das ist die Reise, die wir alle auf unserem schnellen Weg nach Hause unternehmen werden!

Ich bin Solaris Antari:

*Über dir steht der Goldweiße Stern.
Ihm entströmen Goldene Strahlen.
Diese strahlenden Sternenblitze
regnen auf dich nieder
und durchdringen dein gesamtes Sein mit
Goldenen Erleuchtungsfunken.
Sie sind die Boten der Beschleunigung.*

*Vor dir liegen Gestade
aus schimmernd Goldenem Licht,
von geladenen Strömen sanft bewegt.
Folge diesem Weg!
Freudig werde ich dein Führer sein.
Ich leite dich vom reinen Grunde deines Herzens
über die Erfüllung deines Schicksals
zur Vereinigung mit der Essenz.*

*Wir schreiten vorwärts
in die lichte Fülle
und stillen unsere ewige Sehnsucht
in der Vollkommenheit der Gegenwart.
Atme diesen goldenen Glanz tief ein,
verschmilz ihn ganz mit deinen Zellen,
bis du selbst der Goldene bist.*

*In dir wirst du entdecken,
was du immer gewesen bist,
was wir, vereint, stets waren:
die verkörperte Gegenwart des Engels,
ein Teil des Einen Sterns.*

Ausrichtung auf den Stern

Die unmittelbare vertikale Ausrichtung auf unseren Stern ist der Schlüssel für uns, um ausgeglichen und ermächtigt zu bleiben.

Deshalb ist es wichtig, daß wir uns stets des Großen Goldweißen Sterns erinnern, der immer direkt über uns steht. Solange wir in seinen Goldenen Strahlen verweilen, halten wir die unmittelbare Verbindung zur Quelle.

Wenn wir seine strahlende Gegenwart vergessen, verlieren wir häufig das Gefühl unserer Verbundenheit mit Gott. Dann beeinflussen uns die unharmonischen Schwingungen um uns herum und beginnen, Unausgeglichenheiten zu manifestieren. Unsere Gefühle beherrschen uns, und unsere höhere Sicht geht zeitweise verloren.

Deshalb ist es von äußerster Wichtigkeit, den Kontakt mit dem Stern, Der Wir Sind und der immer über uns steht, aufrechtzuerhalten. Probiere es das nächstemal, wenn du dich aus deiner Engelgegenwart herausziehen läßt, einfach selbst aus. Sobald du deinen Zustand erkennst, denke einfach an deinen Stern und atme sein Goldenes Licht ein. Du wirst augenblicklich spüren, wie Ausgeglichenheit und ruhiger Friede in dein Wesen zurückkehren.

In unseren Seminaren machen wir eine wunderbare Übung, die wir „Ausrichtung auf den Stern“ nennen. Wir stellen den Kontakt zu unserem Stern wieder her

und verschmelzen schließlich mit ihm. Dadurch befreien wir unseren Lichtkörper, bringen ihn in den physischen Körper hinein und werden selbst zu reinster Essenz.

Danach gehen wir einfach umher und begegnen einander ganz zufällig. In diesem Augenblick erfahren wir uns gegenseitig als Bestandteile derselben Essenz oder desselben Sterns. Es ist eine mächtige, inspirierende Erfahrung.

Wenn du diese Übung zu Hause oder mit Freunden machen willst, die sich auch auf dem Weg befinden, wirst du überwältigende Erfahrungen erleben. Ich habe eine Kassette aufgenommen, die den Prozeß der Ausrichtung auf den Stern vereinfacht.

Wenn du willst, kannst du es jetzt einfach mal für dich ausprobieren. Um die Energien bei der Ausrichtung auf den Stern zu erhöhen, ist es hilfreich, Musik aufzulegen, die dir gefällt. Erhebe dich und beanspruche deinen Raum. Denke vertikal und erfahre dich als eine strahlende, frei stehende Säule aus Licht. Wenn du die Übung mit einer Gruppe machst, dann stellt euch in einen Kreis und laßt jedem von euch genügend Platz. Vielleicht wollt ihr euch dehnen oder bewegen, um die Lebendigkeit des Körpers zu spüren.

Atme jetzt tief ein und laß beim Ausatmen alle Sorgen und Probleme los. Richte deine Aufmerksamkeit beim Atmen auf den Stern über dir und spüre, wie er aktiv wird. Er beginnt zu leuchten und zu strahlen und überschüttet dich mit zahllosen Goldenen Lichtwellen. Fühle, wie dich das Goldene Licht umfließt und sich mit dem Boden verbindet. Atme das Goldene Licht des Sterns über dir weiter ein und laß dich selbst von diesem Licht erfüllen. Atme sanfte Goldene Lichtnebel aus.

Hebe die Arme hoch zu deinem Stern. Er antwortet dir, indem er behutsam eine Goldene Lichtkugel aus sich heraus gebiert und sie sanft in deine ausgestreckten Hände gleiten läßt. Lege die Goldene Kugel auf deinen Kopf. Dort wird sie sich zu einer kreisförmigen geöffneten wunderbaren Goldenen Krone entfalten.

Diese Krone gehört dir und symbolisiert dein Göttliches Geburtsrecht, dein Erbe. Spüre die Goldene Krone auf deinem Kopf und fühle das Wachsen deiner Macht. Schau dir deine Krone genau an und merke dir jede Einzelheit. Präge sie dir so genau ein, daß du sie zeichnen könntest.

Jetzt greife wieder hoch zum Stern. Diesmal wirst du einen Strom flüssigen, kristallenen Lichtes herunterziehen, der Tausende von winzigkleinen Goldenen Sternen enthält. Dieses sterngefüllte flüssige Licht strömt durch die obere Öffnung der Krone in deinen Kopf. Spüre das Sternenlicht in deinem Kopf und fühle, wie es dich heilt und belebt.

Atme noch mehr flüssiges Sternenlicht ein und fülle deinen Hals und deinen Nacken. Achte besonders auf den Nacken, denn dort sammeln sich gewöhnlich die Sorgen des Herzens.

Rufe noch mehr kristallenes flüssiges, mit winzigen Goldenen Sternchen gefülltes Licht und bringe es von deinem Kopf über deinen Hals in deine linke Schulter und deinen linken Arm. Leite das Licht bis in die Fingerspitzen deiner linken Hand. Spüre deinen mit Sternenlicht gefüllten linken Arm. Jetzt wollen wir den Vorgang auf der rechten Seite wiederholen. Atme das Sternenlicht über deinem Kopfe durch deinen Kopf und Hals in deine rechte Schulter, den Arm hinunter bis in die Fingerspitzen. Wenn du willst, vergleiche deine Arme mit dem übrigen Körper. Du wirst spüren, daß sie sich viel leichter und länger anfühlen.

Halte etwa eine Minute inne und atme dann wieder kristallenes flüssiges Sternenlicht ein. Bringe es in deinen Oberkörper bis hinunter zur Taille und fülle diesen Bereich mit winzigen Goldenen Sternchen. Du kannst besonders viel Sterne in deine Herzgegend atmen. Du wirst fühlen, daß sich die Sterne hier in eine wunderschöne Goldene Blume verwandeln. Diese Blume entfaltet ihre Blütenblätter und erblüht in dir in vollem Glanze.

Dann atme noch mehr flüssiges Sternenlicht ein und fülle diesmal deinen Bauch, dein Gesäß, die inneren Organe und das Wurzelchakra. Achte besonders auf Bereiche, die dir entweder Probleme machen oder die du zu mißachten pflegst. Jetzt kannst du spüren, wie dein weiter lichterfüllter Körper auf sehr kurzen, untersetzten schweren Beinen steht!

Deshalb bringen wir jetzt das Licht unseres Sterns hinunter in das linke Bein, führen es durch den Oberschenkel, das Knie, den Unterschenkel, den Knöchel bis in jede Zehenspitze des linken Fußes. Es ist wichtig, daß du keine Zehe vergißt, denn jede einzelne will mit Goldenen Sternchen gefüllt werden. Jetzt vergleiche wieder. Fühlt sich dein rechtes Bein nicht kürzer und gewichtiger an als der übrige Körper? Tatsächlich mag es dir sogar schwerfallen zu spüren, daß die Beine gleich lang sind.

Kehre jetzt wieder zu dem Stern über dir zurück, atme noch mehr kristallenes Sternenlicht ein und schicke es hinunter in dein rechtes Bein bis in die Zehenspitzen deines rechten Fußes. Fühlst du dich jetzt nicht ganz anders, möglicherweise viel lichter und größer?

Wir sind noch nicht fertig. Atme eine weitere konzentrierte Kugel winziger Goldener Sterne ein und plaziere sie in die Mitte deines Rückens genau zwischen die Schulterblätter. Da ist unsere Flügelstelle, und wir werden unseren Flügeln die Erlaubnis geben, sich zu öffnen und zu entfalten. Atme in die Goldenen Sterne in deinem Rücken und atme deine Flügel aus. Erlaube ihnen, sich vollkommen zu entfalten. Fühlt sich das nicht herrlich an? Spüre das neue Gleichgewichtsgefühl und die Freiheit, die du mit geöffneten Flügeln empfindest.

Jetzt kannst du deinen Körper noch einmal prüfen und spüren, ob es noch versteckte Winkel der Verzweiflung, unausgedrückte Gefühle oder physische Probleme gibt, die einer zusätzlichen Heilung bedürfen. Gibt es Stellen, an denen du mit Sternen gespart hast? Sollte das so sein, dann richte dich an deinen Goldenen Stern über dir, atme mehr kristallenes, flüssiges Sternenlicht ein und gib es dorthin, wo es nötig ist. Denke daran, daß dein Stern unendlich viel Licht besitzt und du deshalb nicht knausern mußt. Du kannst immer zur Quelle zurückgehen und mehr holen. Dein Goldweißer Stern über dir hat vierundzwanzig Stunden am Tag geöffnet, und du brauchst nicht einmal eine Scheckkarte. Wir müssen uns nur daran erinnern, daß er da ist, und die unmittelbare Verbindung aufrechterhalten.

Jetzt, da wir unsere Lichtkörper aktiviert und unsere Verbindung mit der Quelle gestärkt haben, können wir noch viel mehr Dinge tun. Auf meiner Kassette habe ich Übungen für die Gruppe beschrieben. Wenn du sie noch nicht gehört hast, dann folge einfach deiner eigenen inneren Führung, denn darum geht es bei dieser Arbeit mit Sternen und Engeln sowieso.

Hier sind ein paar Vorschläge. Die folgende Erfahrung halte ich für eine der tiefsten: Nachdem du dich mit Sternenlicht erfüllt hast, kehre zu deinem Stern zurück und empfange von ihm dein persönliches Mudra. Ein Mudra ist einfach eine Geste oder eine Reihe von Gesten, die mit den Händen und Armen ausgeführt werden und die den Weg deiner Manifestation von der Quelle an darstellen. Führe diese Geste mehrere Male aus, bis sie dir leichtfällt und du sie sicher nicht vergißt. Spüre, wie gut sie sich anfühlt und welche Stärke sie dir gibt. Unsere Mudras sind außerordentlich machtvolle Werkzeuge, um die Verbindung mit unserem Goldweißen Stern aufrechtzuerhalten und unsere Engelgegenwart hereinzubringen.

Während des täglichen Lebens kannst du dein Mudra genauso wie deinen Engelnamen verwenden. Jedesmal, wenn du es ausführst *(und du kannst es ganz unauffällig tun),* wirst du deine Engelgegenwart stärken. Ich verwende meines oft, gewöhnlich in abgekürzter Form. Einmal schaute ich mir das Videoband einer Fernsehshow an, in der ich mitgewirkt hatte, und bemerkte, daß ich die Kurzform meines Mudras zwanzig- oder dreißigmal ausgeführt hatte. *(Die Show dauerte eine Stunde.)* Die meisten Leute glaubten, ich gestikuliere, doch meine Engelfreunde lachten, als sie mein Mudra erkannten. Es half mir sicher, meine Engelgegenwart aufrechtzuerhalten. Versuche es, dann wirst du wissen, wovon ich spreche.

Hier ist eine weitere Gruppenübung: Legt eine passende Musik auf. Stellt euch in einen Kreis und empfangt das Licht von eurem Stern, wie ich es zuvor beschrieben habe. Öffnet dann eure Augen, lauft umher und grüßt einander als Engel, als Wesen, die eine gemeinsame Essenz teilen. Redet nicht miteinander und berührt euch auch nicht, denn dann könntet ihr in alte Beziehungsmuster zurückfallen. Ihr könnt einander mit euren Mudras grüßen. Dies ist eine wunderbare, starke Erfahrung, nach der ihr nie wieder nur als bloße dreidimensionale Persönlichkeiten miteinander umgehen werdet.

Dies soll dir nur einen Geschmack von der unermeßlich großen Welt geben, die sich dir bei der Ausrichtung auf deinen Stern auftut. Entdeckt ruhig andere Möglichkeiten, miteinander umzugehen, denn das hilft uns, zu unserem eigentlichen Zustand der Einheit zurückzukehren.

Sternlinien

Die Sternlinien zeigen uns auf unserem Weg zurück zur Quelle, von welchen Sternen wir abstammen.

Sie stellen dar, von welchem Goldenen Strahl unseres leuchtenden Sterns wir kommen. Man könnte die Sternlinien in etwa mit den Nachnamen unserer irdischen Stammbäume vergleichen, nur daß hier der jeweilige Goldene Sternenstrahl gemeint ist. Sternlinien-Namen beziehen sich auf die *Zone verschmolzener Essenz* im Goldenen Strahl, weshalb sich viele in einen gemeinsamen Namen teilen.

In dieser Zone verschmolzener Essenz gibt es *Überschneidungsorte,* in denen sich viele individuelle Strahlen treffen. Jeder Überschneidungsort vertritt eine andere Sternlinie. Als vor langer Zeit unser Einer Stern explodierte und implodierte, machten wir uns als dessen Teilchen auf die Reise. Auch diesen Zustand kennzeichnen die Sternlinien. Unsere Reisegefährten von damals sind diejenigen, mit denen wir eine gemeinsame Sternlinie teilen. Die Sternteilchen waren gleichsam die Anfänge der Sternlinien.

Eure Engelnamen enthalten den Schlüssel zu euren Sternlinien.

Ich verwende hier den Plural, denn fast immer haben wir mehr als nur einen Überschneidungsort. Stell dir die Sternstrahlen wie eine Blüte vor, deren unzählige Blütenblätter überlappen. Wenn du eine Blume betrachtest, wirst du feststellen, daß sich ein Blütenblatt mit mindestens den beiden angrenzenden Blütenblättern überschneidet. Bei einem nicht linearen Stern mit seinen unzähligen Facetten stoßen die Strahlen in alle Richtungen über das Gebiet hinaus, welches wir als seinen äußeren Umfang wahrnehmen. So überschneiden sich die Strahlen nicht nur an beiden Seiten, sondern ebenso oben und unten. Dies ist übrigens nur eine Erklärung für Anfänger, denn die Wirklichkeit ist viel komplizierter.

Denk daran, daß sich jeder Überschneidungsort in einer Zone verschmolzener Essenz befindet. Jede Zone verschmolzener Essenz steht für das vor vielen Zeitaltern geschehene Verschmelzen in Sternteilchen. Ob du das nun verstehst oder nicht, vielleicht wunderst du dich langsam, welchen Sinn diese seltsame esoterische Information haben mag. Glaub mir bitte, sie hat einen Sinn.

Tatsächlich gehört dies alles zu unserer Höheren Berufung, zur Aufgabe, die wir übernehmen wollten, um nach Hause zurückzukehren. Wir erfüllen sie, indem wir unseren Stern wieder zusammenfügen, denn er *ist* unser Zuhause. Um unseren Stern wieder zusammenzufügen, müssen wir mit dem nächsten Schritt beginnen und von dort aus weitergehen. Wenn wir uns also zuallererst daran erinnern, wie wir Mensch geworden sind, können wir von dort aus unsere Spuren nach Hause zurückverfolgen. Den ersten Schritt haben wir schon getan, indem wir uns mit unserem Goldenen Sonnenengel vereinten.

Was waren wir, bevor wir zu Engeln mit individuellen Bewußtseinseinheiten wurden? Wir waren winzig kleine Sternteilchen. Doch selbst in unserer winzigen Form als Sternteilchen waren wir mit den Mitgliedern unserer Sternfamilie in Einheit verbunden. Sie sind unsere Sternlinie, diejenigen, die wir Seelenpartner nennen.

Jetzt müssen wir nur die Treppe zu den Sternen emporsteigen und unsere Sternteilchen-Sternfamilien zu immer größeren Gruppen des Einsseins vereinen. Wenn

jeder von uns die uns innewohnende Einheit erkennt, sind wir zu Hause.

Wir haben den Stern, *den Stern, Der Wir Sind,* wieder zusammengefügt, und natürlich verwenden wir unsere Liebe als den dazu benötigten Kitt.

Du siehst also, Sternlinien sind bedeutende Schritte auf dem Weg nach Hause. Deshalb ist es so wichtig für uns, zusammenzukommen und einander zu treffen, denn dann erkennen wir die uns innewohnende Einheit und können unsere vereinte Gegenwart spürbar machen.

Ich zum Beispiel habe zwei leicht erkennbare, ziemlich häufig vorkommende Sternlinien. Die eine Linie ist Solar. Es gibt nicht nur andere Solaras, meine Linie schließt auch alle Solanas, Solas, Solayus usw. mit ein. Auch die Antara-Linie ist sehr verbreitet und umfaßt alle Variationen von Antara, einschließlich Antar, Antarion, An usw. Wenn jemand Itar heißt, kommt er der Antarlinie nahe, und ein Istar teilt die Linie mit Itar und Antar. Wie ich schon früher sagte, an Engelnamen kann man eine Menge lernen.

In unseren Seminaren haben wir viele neue Sternlinien entdeckt. Das ist einer der Gründe, warum ich euch so gern zusammenbringe. Wir können so viel voneinander lernen! Wir sind die wahren Pioniere an der Grenze zum Unbekannten.

Jenen von euch, die mein Buch *Die Legende von Altazar* schon gelesen haben und sich in einer der dort beschriebenen Personen erkannten, will ich ein Geheimnis verraten: Alle Namen der dort beschriebenen Charaktere repräsentieren Sternlinien. So überrascht es nicht, daß viele Menschen, einschließlich derer, die das Buch *nicht* gelesen haben, entdecken, daß jene Namen Teile ihrer Engelnamen sind.

Denk daran, unsere Engelnamen stehen für unsere Sternlinien, für unseren direkten Weg zurück nach Hause. Laßt uns diesen Weg gemeinsam reisen und zu Einem Sein zurückfinden.

Die vierte Dimension

Wenn wir uns von den dreidimensionalen Grenzen von Zeit und Raum befreit haben, beginnen wir, die sogenannte vierte Dimension zu betreten.

Viel wurde über diese Dimension gesagt, doch nur wenig wirklich verstanden. Die vierte Dimension wurde am 16. und 17. August 1987 während der Harmonischen Konvergenz vollständig auf der Erde geboren und verankert. Die Bedeutung der vierten Dichte liegt darin, daß sie *die Durchgangspforte* zu unzähligen Dimensionen ist. Das bedeutet: Wenn dein Bewußtsein die vierdimensionale Oktave betreten hat, erhältst du Zugang zu vielen anderen Dimensionssphären. In der vierten Dimension hält man sich *nicht* auf, denn sie ist eigentlich kein wichtiger oder besonderer Ort.

Da die vierte Dimension die Heimat der Astralebene ist, wird man dort Illusionen in Hülle und Fülle finden.

Tatsächlich ist sie ein Ort, an dem viele Suchende in Welten glänzender Täuschung steckenblieben. Viele, die die Reiche der Spiritualität durch den Gebrauch von Drogen entdeckten, fanden sich im Sumpfe vierdimensionaler Astralverblendung wieder. In diesen Sphären herrschen Götter und Dämonen. Dort agiert die Dualität ihre Dramen und Zaubereien mit gesteigerter Intensität aus.

Einige von euch haben diese Tür möglicherweise in den späten Sechzigern mit bewußtseinserweiternden Drogen geöffnet. In jener Zeit wurden Drogen allgemein zugänglich gemacht, um das Bewußtsein der Massen rasch zu verändern, obwohl sie eine hohe Verschleißrate mit sich brachten. Viele Menschen konnten mit dem schnellen Wandel nicht umgehen und erlitten ernste Schäden, gingen aufgrund von Irrsinn, Drogenabhängigkeit und verrückten religiösen Kulten verloren und starben gar daran. Unzählige andere erlitten schwere Schäden an ihren aurischen Körpern, ihrer geistigen Klarheit und Vitalenergie und brauchten Jahre, um geheilt zu werden.

Es war ein rascher Weg durch die Astralreiche der Illusion, gesäumt von einer genügenden Anzahl spiritueller Offenbarungen, um jene, die diesen Prozeß überlebten, aufzuwecken, damit sie gemeinsam das kollektive Unbewußte des Planeten hinreichend verändern konnten, um es für die höheren Schwingungen empfangsbereit zu machen, die in den achtziger Jahren auf dem Planeten Erde eingeführt werden sollten.

Die Sechziger rissen die Pforte zur vierten Dimension auf, in der sowohl Täuschung als auch Inspiration herrschen, die Siebziger halfen, diese Energien zu verankern, während die Achtziger die Bewußtseinsebene auf eine fortgeschrittenere und feinere Oktave hoben und damit die fünfte Dimension einbrachten. Die Neunziger sollen die Höheren Wahrheiten auf der Erde manifestieren. Welch eine Reise legten wir zurück!

Die Geschichte der beiden Brüder

Vor vielen Jahren lebte ich während der berühmten *Hippiezeit* in London, die sich dort äußerst phantasievoll ausdrückte. Junge Männer und Frauen kleideten sich wie die Darsteller eines mittelalterlichen Theaterstücks in farbenfrohe Gewänder aus Samt und Seide. Es war eine äußerst schöpferische Periode für die Künste, insbesondere für die Musik, die vorwärtsdrängte und alle früheren Grenzen sprengte. Wir waren Suchende, ergründeten den Sinn des Lebens und erforschten Astrologie, Tarot, I Ging, Numerologie, Buddhismus, Hinduismus, kurz, alles, was uns begegnete.

Unser früher so eintöniges Leben verwandelte sich plötzlich wundersam. Wir warfen die alten Regeln und Moralvorschriften über Bord, begeisterten uns an der neu entdeckten Freiheit und versuchten herauszufinden, wer wir waren. Wir gingen in großen Gruppen aus und fühlten starke Familienbande zu allen, die wir trafen. In mancher Weise war es eine magische, idyllische Zeit, doch unglücklicherweise voller Illusionen.

Während dieser Periode hatte ich einen Freund, einen jungen sich mühenden Musiker (*die meisten meiner Bekannten waren Musiker),* den ich hier Colin nenne, obwohl er in Wirklichkeit anders hieß. Er war ein schöner junger Mann mit langen blonden Locken und klaren blauen Augen. Colin stammte aus einer Familie, die zu einer der geheimen esoterischen Schulen Englands gehörte. Er war ein sehr bewußtes, reines Wesen. Da er in der Nähe wohnte, besuchten wir uns häufig, teilten unsere neuesten spirituellen Entdeckungen, lauschten den Demo-Kassetten seiner Schallplattenaufnahmen und sprachen einander Mut zu.

Eines Tages berichtete er mir aufgewühlt von seinem jüngeren Bruder Mick, dessen Bekanntschaft ich noch nicht gemacht hatte. Dieser Bruder studierte in Cambridge, war kürzlich von einer Indienreise zurückgekehrt und gerade in eine psychiatrische Klinik eingeliefert worden. Colin berichtete, daß Micks Reise einen seltsamen Verlauf genommen hatte, seit er in Jugoslawien mit einem einheimischen Studenten zusammengetroffen war, der ebenfalls nach Indien wollte. Die beiden Studenten entdeckten, daß sie im selben Jahr mit nur einem Tag Unterschied geboren worden waren.

Als sie eben in Indien ankamen, begegnete ihnen ein Swami, der sie überschwenglich begrüßte und sagte, einer von beiden sei der Antichrist, der andere ein Betrüger. Keiner von beiden wußte, was er damit anfangen sollte, doch war dies kein einmaliges Ereignis. Mehrere Male während ihrer Fahrten durch das Land trafen sie Swamis, die sie zu kennen schienen und die ihnen viele Voraussagen über ihre Zukunft machten.

Nachdem Mick nach England zurückgekehrt war, begannen die Vorhersagen genau einzutreffen. Der letzte Swami hatte gesagt, Mick werde sich in einem Irrenhaus wiederfinden, und das war gerade geschehen. Colin fragte mich, ob ich seinen Bruder nach dessen Entlassung sehen wollte, um ihm zu helfen. Natürlich stimmte ich zu.

Einige Wochen später kam Mick in meine kleine Wohnung. Seine Erscheinung überraschte mich vollkommen. Colin war blond und strahlend, Mick das absolute Gegenteil, mit schwarzem, glatten Haar, dunkelbraunen Augen und einer vollkommen anderen Energie. Man mochte schwerlich eine entfernte Verwandtschaft erkennen, von Geschwistern ganz zu schweigen.

Nachdem ich eine Weile mit Mick über seine Erfahrungen gesprochen hatte, wurde mir klar, daß er der Antichrist sein wollte! Das hatte ich nicht erwartet. Ich fühlte mich immer weniger wohl in seiner Gegenwart und hielt unser Treffen so kurz wie möglich.

Als ich Colin das nächste Mal sah, erzählte ich ihm von meiner Entdeckung und erkärte ihm, daß ich Mick nicht helfen könne, solange er keine Hilfe wolle. Colin berichtete, daß sein Bruder jetzt dazu übergegangen sei, einen langen schwarzen Mantel und einen schwarzen Zylinder zu tragen, und vor kurzem vom Dach seines Wohnhauses gesprungen war. Wie durch ein Wunder überlebte er mit geringen Verletzungen.

Ich klärte Colin über die Dualität und die Gefahr der Polarisierung auf. Ich konnte erkennen, daß sein Bruder ihn und sein Licht zutiefst haßte und wahrscheinlich versuchen würde, ihn irgendwann zu zerstören. Für Colin würde es äußerst wichtig sein, in seinem eigenen Energiefeld zu bleiben. Obwohl es zu jener Zeit völlig verrückt klang, warnte ich Colin davor, jemals zu glauben, er sei der Christus, denn ich fühlte, daß sich die Polarisierung dergestalt manifestieren würde. Es ist wie bei einem Schachspiel zwischen Schwarz und Weiß: Wenn du mitspielst, läufst du Gefahr, Schachmatt gesetzt zu werden. Colin hörte sorgfältig zu und meinte skeptisch, er werde sich nie für den Christus halten.

Viele Monate später verließ ich London und zog in ein einsames Cottage mitten in Wales. Spät abends in einer stürmischen Nacht dröhnte zwischen den heulenden Sturmböen ein mächtiger Schlag gegen die Tür. Ich öffnete, und dort stand Colin, gänzlich unerwartet. Sein Haar hatte den Glanz verloren, und seine Augen blickten wild. Er sagte, daß er eine Woche in einer Höhle in den Bergen verbracht und dort eine große Offenbarung erfahren habe: Er sei der Christus und fühle, wir alle sollten es wissen.

Der arme Colin! Ich konnte nichts für ihn tun. Ich versuchte ihm zu erklären, daß wir alle Christus sind, doch es erreichte ihn nicht. Er blieb ein oder zwei Tage bei uns, doch jetzt war er wie ein Fremder. Wenn ich in seine Augen blickte, erkannte ich niemanden.

Die Geschichte ist fast zu Ende, und es tut mir leid, daß ich sie nicht ordentlich für euch zum Abschluß bringen kann. Ich sah Colin nur noch einmal, ein oder zwei Jahre später in den Straßen Londons wieder und erkannte ihn erst, als er mich ansprach. Dort stand er mit kahlgeschorenem Kopf, trug die Kleidung der Hare Krishna-Mönche und verkaufte auf der Straße Zeitungen. Er glaubte immer noch, Christus zu sein. Seitdem habe ich von ihm und seinem Bruder nichts mehr gehört, doch manchmal, in Augenblicken wie diesem, frage ich mich, was aus ihnen geworden ist, ob sie immer noch im Spinnennetz von Dualität und Polarisierung gefangen sind.

Ich erzähle diese Geschichte aus einem ganz bestimmten Grunde. Jeder von uns kann jemanden treffen, der die Fähigkeit hat, uns zu polarisieren und vom gewählten Schicksalsweg abzubringen. Vielleicht kommt dir gleich jemand in den Sinn, ein alter Bekannter oder ein Mitglied deiner Familie. Solltest du dieser Person begegnen, dann ist es wichtig, daß du sie nicht in dich eindringen läßt und deine Macht behältst. Gibst du sie ab, wirst du mit dieser Person in das Gefängnis der Dualität gesperrt, bis du so klug geworden bist, deine Freiheit zurückzufordern. Das ist eine der Fallen der Dualität, die du vielleicht vermeiden möchtest, denn es ist viel einfacher, von Anfang an frei zu bleiben als dich später freizustrampeln.

Mehr von der vierten Dimension

In den Astralwelten finden wir auch die intergalaktischen Krieger, die ständig darum kämpfen, Planeten, ja, sogar ganze Sternsysteme, zu zerstören oder zu retten.

Sie leben heute unter uns und kämpfen in unzähligen Dimensionen auch jetzt noch um das Schicksal von Welten. Viele von ihnen sind gegenwärtig in der dritten Dimension verkörpert. Hier befassen sie sich noch immer mit den Themen Gewalt und Kontrolle, ganz gleich, ob sie ihre Schlachten auf dem magnetischen Gitter, in den Sternpforten oder im Bewußtsein schlagen. Die meisten intergalaktischen Krieger befaßten sich schon in Atlantis mit ähnlichen Themen und haben diese Lektion noch nicht abgeschlossen.

Ihre Schiffe manifestieren sich an unseren Himmeln in größerer Dichte als die Schiffe aus Licht. Ewig kämpfen sie gegen ihre eigenen Schatten und brauchen stets einen äußeren *Feind,* um nicht nach innen schauen zu müssen. In diesen Bereichen sind die Krieger so lange gebunden, bis sie sich entscheiden, die Schwerter niederzulegen und die Ganzheit anzunehmen. Schlachten mit der Dualität können nie gewonnen werden; sie können sich nur endlos wiederholen. Es wird gewonnen, dann wieder verloren, doch eine Schlußlösung kann erst dann gefunden werden, wenn wir das Konzept des Kriegers endgültig begraben. Viele verwechseln die Täuschungen der vierten Dimension mit der spirituellen Wirklichkeit und lassen sich vom Drama des wichtigen Egos und den herrlichen Aufregungen eines spirituellen Krieges verführen. Immer gründet solch ein Krieg jedoch auf der Voraussetzung, daß eine Seite recht, die andere dagegen unrecht hat.

Einige unserer Mitmenschen erinnern sich daran, ihre Heimatplaneten zerstört zu haben. Gewöhnlich waren dies schreckliche Unfälle oder kosmische Katastrophen.

Diese Menschen sind entweder hier, um für ihre tragischen Missetaten zu büßen, indem sie helfen, diesen Planeten vor solch einem Schicksal zu bewahren, oder sie sind die Propheten des *Unterganges,* die Not und Mangel vorhersagen. Oft findet ihr sie in Bunkern voller Waffen und Nahrungsvorräten für die harten Zeiten, die sie erwarten. Da sie das heftige Trauma, das sie durchlitten, nie heilten, rechtfertigen sie gewöhnlich die Zerstörung von Planeten als notwendigen Entwicklungsschritt. Diese Haltung wird von enormen Schuldgefühlen gespeist, die wir als Antriebskraft unseres Lebens wirklich nicht mehr brauchen. Werden wir zum Dienst gerufen, wollen wir aus der Fülle der Liebe heraus freudig dienen!

Hier kannst du auch den Plan für die Schlacht von Armageddon finden.

Gegenwärtig rüsten sich beide Seiten und bereiten den Krieg vor, der schon begonnen hat. Auf diesem Planeten können wir klar erkennen, wie sich die Fronten formieren: Moslems gegen Moslems, Moslems gegen Christen, Kommunisten gegen Kapitalisten, Besitzende gegen Besitzlose, Israelis gegen Araber, Fundamentalisten gegen New Age und so fort. Jeder sieht im anderen die Verkörperung des Antichristen.

Es ist so, als ob ein riesiges Schachbrett aufgestellt worden wäre. Alle Beteiligten nehmen die richtige Stellung ein und warten voller Vorfreude auf den Beginn des Spiels. Der Krieg von Armageddon kann und wird stattfinden, *wenn* wir uns entscheiden, daran teilzunehmen. Doch was geschähe, wenn nicht? Was wäre, wenn genügend Menschen ihr Bewußtsein auf die Ebene einer Größeren Wirklichkeit heben würden, die sich jenseits der dualen Sphäre befindet? Dann wird es vielleicht keine schrecklichen Schlachten geben, und der Antichrist muß sich nicht manifestieren. Es wird einfach nicht genügend Menschen geben, die ihre Aufmerksamkeit auf diese Dinge lenken und ihnen damit Macht und Leben verleihen. In den Sechzigern wurde so treffend gesagt: „Was wäre, wenn es Krieg gäbe, und keiner ginge hin?" Er könnte gar nicht geschehen! *Denkt daran, zuerst sind die Gedanken, dann folgt die Energie.* Wenn es keine Gedanken und keine Energie gibt, gibt es keine manifestierte Wirklichkeit. Vielleicht können wir unsere Aufmerksamkeit schöneren, inspirierenderen Dingen zuwenden und jene erschaffen! Sind wir nicht eigentlich deshalb hier?

Während Earth-Link am 13./14. Februar 1988 erhielt die Erde einen neuen ätherischen Plan, als ein Strahl leuchtenden blauvioletten Lichtes durch Ayers Rock — oder Uluru — in Zentralaustralien fuhr und sich in dem darunterliegenden Kristallbett verankerte.

Dies änderte den Plan, nachdem die Erde seit dem Beginn unserer Verkörperungen funktioniert. Aus diesem Grunde treffen die alten Prophezeiungen über *Verderben und Tod* — wie zum Beispiel die von Nostradamus — nicht mehr zu. ***Für uns gilt ein neuer Göttlicher Plan.*** Deshalb werden wir so dringend als Instrumente der Göttlichen Intervention gebraucht, denn wir sind hier, um das Neue unwiderruflich fest zu verankern. Wir sind hier, um sicherzustellen, daß die Erde einen sanfteren Übergang in die Höheren Lichtoktaven erfährt. Wir sind *nicht* hier, um Vorstellungen von Not, Leid, Angst und Zerstörung zu pflegen, noch sollen wir dergleichen erleben! Wir sind einfach auf der Erde, um das Licht der Liebe zu gebären, *und um dem Planeten als Hebammen zu dienen, müssen wir das Licht zuerst in uns selbst gebären.*

Sei also wachsam und wähle mit sorgfältiger Überlegung aus, wohin du deine Energien lenkst. Frage dich:

Säst du Samen der Angst und Verwirrung oder Samen der Klarheit, Liebe und Neugeburt?

Welchen Teil deiner selbst nährst und achtest du?

Welcher Stimme lauschst du? Der kleinen Stimme deiner Ängste und Zweifel oder der Autorität deines reichen Höheren Selbst?

Verbringst du deine Zeit in Gesellschaft von Menschen, die dich ermutigen und aufrichten, oder mit jenen, die dich herunterziehen?

Welche Ängste oder Unwertgefühle haben dich dazu veranlaßt, dich zu mißachten und kleiner zu machen?

Du hast die Wahl, und wenn du weniger als den vollkommenen Ausdruck deiner Höchsten Wahrheit gewählt hast, möchtest du vielleicht herausfinden, warum.

Wir werden zu dem, worauf wir unsere Aufmerksamkeit richten. Stell dir doch einfach vor, was geschehen würde, wenn du die Tatsache akzeptiertest, ein *bewußt* auf diesem Planeten dienender Engel zu sein.

Es würde dir die Tür für eine völlig neue Oktave der allumfassenden Liebe, der Weisheit und des Überflusses öffnen. Dies geschieht wirklich! Die neue Oktave des Überflusses war schon immer da und wartete auf dein Erwachen, darauf, daß du dich im Lichte der Erinnerung erhebst. Warum wagst du nicht einfach, mutig zu sein, und erlaubst dir Erfüllung und Glück, hier, jetzt hier, während wir noch auf der Erde sind? Es ist nicht so schwierig, wenn du dich einmal daran gewöhnt hast. Selbst dein physischer Leib ordnet sich neu, um den wachsenden Fluß liebender Freude aufzunehmen.

Kristalle

Kristalle dienen uns, indem sie uns an unseren Ursprung auf den Sternen erinnern.

In den letzten Jahren finden Bergkristalle und andere Mineralien verstärkt den Weg zu uns. Sie dienen uns, indem sie uns helfen, unsere verschlüsselten Zell-Erinnerungsbänke zu aktivieren. Viele von uns erforschen sie und machen tiefe Erfahrungen mit ihnen.

Obwohl eine Vielzahl von Büchern geschrieben wurde, die uns erklären, wie wir Kristalle programmieren, *sind es doch in Wahrheit eher die Kristalle, die uns programmieren!* Jeder Kristall, der den Weg in dein Leben fand, hat eine besondere Botschaft für dich, die viel tiefer ist als alles, was du dir ausdenken könntest. Du lernst am besten von ihnen, wenn du dich einfach öffnest und die Anregungen empfängst, die sie für dich bereithalten. Jeder Kristall wird dich lehren, wie du ihn halten und was du mit ihm tun sollst. Die Informationen werden wahrscheinlich nicht in Worten zu dir kommen. Der Kristall wird das dir eingeprägte Wissen freigeben.

Kristalle sind Sternteilchen wie wir. Sie sind in unser Wahrnehmungsfeld geraten, damit wir uns erinnern.

Wir dürfen aber nicht vergessen, daß sie nur hier sind, um uns bei der Erinnerung zu helfen. Drogen waren während einer kurzen Zeitspanne in den späten sechziger Jahren machtvolle

Anreger, doch jetzt haben sie ausgedient. Genauso wird es mit den Kristallen sein. Wenn wir anfangen, sie ihrer Form wegen zu schätzen und nicht aufgrund dessen, weswegen sie zu uns gekommen sind — als Erinnerungshilfen —, werden wir den großen Segen, den sie uns bringen wollen, nicht erhalten.

Ihre wichtigste Botschaft an uns ist, daß wir selbst Kristalle sind. Wir müssen uns erlauben, uns in strahlend schöne Kristall-Lichtkörper zu verwandeln, denn das ist unser nächster Entwicklungsschritt. Unsere Sterngeschwister verkörperten sich in einer kristallenen Form, um uns beim Erwachen zu helfen.

Schon beginnen die Kristalle und die anderen Mineralien damit, ihre schwingende Sternenenergie abzuziehen, denn die Zeit ihres Dienstes auf der Erde war nur kurz bemessen. Wir sollten von diesen Sternwesen nicht verlangen, zu lange in physischer Verkörperung zu bleiben, denn sie bringen große persönliche Opfer, um bei uns zu sein. Ich möchte daraus nicht ableiten, daß die physischen Kristalle den Planeten verlassen. Sie werden hierbleiben, um uns weiter daran zu erinnern, wer und was wir wirklich sind. Doch das Wunder ihrer Sternessenz wird von der irdischen Ebene genommen.

Wenn wir sie wirklich achten wollen, dann sollten wir selbst zu strahlenden, schimmernden Kristallen werden!

Sternwesen

Zwischen der sogenannten Sternenergie und der Raumenergie besteht ein großer Unterschied. Sternenergien entstammen höherdimensionalen Lichtreichen, die jenseits der Illusion der Dualität existieren.

Sternwesen legen Lichtkörper an, wenn sie wünschen, daß wir sie als persönliche Bewußtseinseinheiten wahrnehmen. Ihre wahre Form besteht aus verschmolzener Lichtessenz. *Sternwesen* müssen sich gewöhnlich nicht auf diesem Planeten verkörpern und wollen es auch nicht. Sie haben entschieden, in einer höheren Bewußtseinsoktave zu bleiben, um in weit größerem Rahmen zu dienen, als wir uns das gegenwärtig vorzustellen vermögen.

Es gibt unzählige Sternenbruderschaften, die in den Himmelshöhlen auf höherdimensionalen Oktaven existieren.

Die Himmelshöhlen kann man als eiförmige Blasen im Raum wahrnehmen. So verschiedene alte Traditionen wie die Buddhisten, Taoisten, Inkas und Hopis erwähnen die Existenz der Sternwesen in ihren Legenden und Prophezeiungen. Als Sterngeborene sind wir den Sternenbruderschaften in liebendem, hingebungsvollem Dienst verbunden. Sie sind für uns wie eine Familie.

Eine dieser Gemeinschaften ist die *Bruderschaft der Og-Min,* die ich in meinen früheren Büchern schon erwähnte. *Og-Min* ist ein tibetisches Wort und bedeutet: *nicht mehr herunter, nicht zurück.* Wenn du also das Sternenbewußtsein verwirklicht hast, besteht kein Grund mehr, dich in physischen Welten zu inkarnieren, es sei denn, du willst es. Du wärst dann ein Bodhisattva, einer, der sich nur aus liebendem Mitgefühl und Sorge für die Erleuchtung der übrigen Menschheit verkörpert.

Die *Og-Min* sind besonders wichtig, da sie die Hüter des Gitters und zuständig für den Goldenen Strahl sind, der diese Galaxis in der richtigen Stellung und im Gleichgewicht hält. Ihre Sternenhöhlen bestehen aus mehreren Ebenen oder Oktaven. Auf der ersten Ebene befinden sich die *Hallen der Og-Min,* große Höhlen, in denen unzählige weiße Kerzen brennen. Lange, tiefe Gesänge erfüllen die Luft, und viele weißgekleidete Wesen bewegen sich ruhig in stiller Hingabe.

In der *mittleren Ebene* sind kleinere Höhlen mit großen Fenstern, die den Sternenhimmel überblicken. Hier halten sich nur noch wenige sehr stille Wesen auf, die die Lehren nicht mehr in Worten geben oder übermitteln, sondern Erfahrungen ermöglichen, die Transformation auslösen. Die höheren Ebenen der *Og-Min* habe ich noch nicht besucht.

Sternwesen erscheinen uns nicht in Fahrzeugen oder Lichtschiffen. Sie befinden sich in sogenannten gleichzeitigen Dimensionen, die außerhalb und jenseits unseres Zeit/Raum-Kontinuums existieren.

Wenn wir Verbindung mit unserer Sternenbruderschaft aufgenommen haben, können wir willentlich in ihre Sphäre zurückkehren, denn ein Teil von uns ist immer dort. Wir müssen unser Bewußtsein einfach in einen Zustand versetzen, der unserem Zuhause näher ist. Sie ist da, um uns beim Erwachen und bei der Aktivierung all unserer Fähigkeiten zu helfen, damit wir bei der Verwandlung der Materie dienen können. So können wir uns selbst vervollständigen und in die Sternenreiche zurückkehren, die wir Zuhause nennen.

Denkt bitte daran, daß Sternwesen es nicht nötig haben, sich zu inkarnieren, einen Menschen als „Walk-in“ zu übernehmen oder in Raumschiffen zu landen, um mit uns in Kontakt zu treten. In unserem erweiterten Bewußtsein sind sie immer anwesend. Ganz wichtig ist, daß sie uns nie erschrecken. Ihre Verbindung zu uns dient dazu, uns aufzuwecken und zu erinnern, wer wir sind, damit wir nach Hause zu den Sternen reisen können.

Die Reise in der Himmelsbarke

Ich bin in einer der kleineren Höhlen der Og-Min. Sie gehört zur mittleren Ebene, welche ich bei meiner Grand-Teton-Einweihung im vergangenen Jahr zum erstenmal besucht hatte. Ein großes ovales Fenster, das in die Rundung der Höhle eingepaßt ist, blickt in den unermeßlichen Sternenhimmel. Der Goldene Strahl geht senkrecht durch den Raum und dreht sich schimmernd in die richtige Lage.

Xeron steht vor mir. Er/sie ist ein Og-min, den ich in den vergangenen sechs Jahren immer wieder getroffen habe, einer meiner tiefsten und liebevollsten Lehrer. Je eine Kugel leuchtendweißen Lichts steigt von Xerons Kopf und seinen beiden ausgestreckten Händen auf.

Ich fühle mich so kampfesmüde, ausgelaugt und verbittert. Als ich Xeron anblicke, wird er/sie zu den drei Lichtkugeln. Das ist alles, was ich überhaupt zu erkennen vermag. Dann verbinden neonröhrenähnliche Linien aus Licht die Kugeln zu einem strahlenden Dreieck! Alles andere bleibt im Dunkeln. Ich erkenne, daß ich die Pforte, die das Dreieck bildet, durchschreiten soll.

Als ich hindurchgegangen bin, finde ich mich im sternübersäten offenen Raum wieder. Ich glaube zu fallen, doch es ist kein Fallen, mehr ein Treiben. Der unablässige Rhythmus der wogenden Sternwellen wiegt mich. Ich finde großen Trost im sanften Treiben auf den Sternströmen. Musik erklingt, tiefe himmlische Töne, die mein leidendes Wesen beruhigen.

Wie auf einem Floß wiege ich sanft auf und nieder. Jetzt entdecke ich , daß ich mich in einem langen, schmalen Himmelsboot befinde, dessen Bug und Heck anmutig gerundet sind. Es ist eine Himmelsbarke, elegant und golden, funkelnd und schimmernd gleich einem Sternenhaufen.

Ich ruhe auf magentafarbenen Seidenkissen, tief in viele Lagen weicher Polster versunken, und gleite sanft durch den Himmel. Ich überlege kurz, wohin die Fahrt wohl führen mag, doch dann lasse ich die Gedanken los und genieße einfach meine Reise.

Ich fühle mich so entspannt, daß ich rasch einschlafe, tief einschlafe. Während ich schlummere, kommen Goldene Engel und beugen sich in liebevoller Anteilnahme über mich. Sie singen süße Lieder und liebkosen mich mit Wellen allumfassender Liebe. Sie singen mir die Lieder der Sterne, die ich lange schon vergessen habe. Da ich nur leicht gekleidet bin, bedecken sie mich mit einem einfachen weißen Tuch, welches mich vor der nächtlichen Kühle schützt.

Ihre Lieder trösten meine müde Seele und erinnern mich an harmonische Oktaven, denen ich schon so lange fern bin. So weit führte mich meine Reise fort von der Heimat! Harte und brutale Schichten, die ich mir der Strenge des täglichen Lebens wegen überstreifte, beginnen sich aufzulösen.

Ich spüre, wie kühle Hände meine Aura glätten und die Kratzer und Schrammen mit unzähligen goldenen Liebeswellen heilen. So lange habe ich mich danach gesehnt, umarmt und getröstet zu werden, so lange hat mein Wesen nach Sanftheit und Reinheit geschrien! Was habe ich mir angetan, mich hierher zu verbannen, in eine Welt, so rauh, gemein und niederträchtig! Mein ganzes Wesen wollte die Angst und die Höllenqualen herausschreien und vermochte es doch nicht. Tag für Tag schleppte ich mich weiter durch mein Leben. Ich fühlte die erhabene Bedeutung meiner Bestimmung, doch nicht voller Freude, sondern schmerzerfüllt in tief verwurzeltem Leid.

Der Weg war falsch, das wußte ich schon lange, doch wie konnte ich das Muster ändern, um die Bürde der unermeßlich großen, niederschmetternden Verantwortung abzulegen? Mir war klar, daß Verantwortung Freude bereiten muß! Doch ich vergaß das Spielen, so sehr war ich unter meinem Pflichtenberg begraben.

Die Engel lauschen geduldig meinen Schmerzensschreien. Sie sehen die Tränen, die nicht fließen wollten, und fühlen die tiefe Wunde meines Leids. Sie singen einfach weiter, und plötzlich regt und bewegt sich etwas in meinem Innern. Die so lang gehemmte Energie beginnt sich zu bewegen. Ich sinke noch tiefer in den sicheren Hafen meiner Kissen und lasse mit einem einzigen Seufzer die Jahre unvergossener Tränen los.

Die Winde der Veränderung blasen stark, verwandelen alles, was ich loslasse. Sie fegen das Alte hinweg und schaffen Raum für Neues. Sie reinigen mich sanft, bis ich mich vollkommen hingegeben habe. Meinen Lippen entfährt ein Laut der Zustimmung, welcher von Stern zu Stern den ganzen Weg bis in die Unendlichkeit schallt .

Lange liege ich auf jenen Seidenkissen und segele auf dem Himmelsozean. Doch es mag auch nur ein Augenblick gewesen sein, denn wer zählt die Zeit, wenn keine Zeit existiert?

Ich weiß nur, daß ich niemals wieder dieselbe sein werde. Ich habe gehört, wie die Sterne meinen Namen in Engelliedern sangen. Sie sprachen zu meinem tiefsten Wesenskern. Welch ein Balsam, verstanden, erkannt und zutiefst geliebt zu werden! Die Sterne besingen eine der ihren und heißen mich zu Hause willkommen. Sie wissen, daß wir Eins sind. Das Wunder, endlich als Ich erkannt zu werden, löst die schmerzenden Fesseln der Trennung und läßt sie abfallen.

Jetzt fließen meine Tränen frei, denn ich bin dort, wo ich immer sein sollte, zu Hause unter den Sternen. Jeder von uns ist nur ein Spiegel des Einen. Jeder von uns singt mit in dem Liede „Alles, Was Ist“.

Meine tiefsten Sehnsüchte waschen die Verdammung der weltlichen Illusionen hinweg, treiben Wurzeln und beginnen zu blühen. Mein mehr und mehr sich öffnendes Herz wird immer weiter, um Alles als Ein Sein anzunehmen. Meine Sterngeschwister vergießen Freudentränen, wenn wir wieder zu dem verschmelzen, was wir wirklich sind: ein strahlender Stern der Liebe, der auf den himmlischen Meeren treibt.

Das ist der Friede des Segens. Nicht mehr und nicht weniger. Die Fülle reinen Seins.

Die planetarischen Gitter

Die Og-Min sind die Hüter des Gitters. Das bedeutet, daß sie die verschiedenen Ebenen des elektromagnetischen Gitternetzes, welches unseren Planeten umgibt, erhalten und aktivieren.

Das erste Gitter könnte das *ursprüngliche A-Gitter* oder *Meistergitter* genannt werden. Es existiert seit der Erschaffung dieses Planeten und enthält sehr wenige Wirbelpunkte, von denen viele gegenwärtig mit Wasser bedeckt sind. Das Meistergitter ist das allem zugrundeliegende Gitter, die Schablone für die planetarische Entwicklung.

Das zweite Gitter ist das Gitter, welches den meisten Menschen bewußt ist und mit dem sie arbeiten. Dieses Gitternetz enthält das planetarische Chakrasystem. Wir können es *B-Gitter* oder *gewöhnliches Gitter* nennen. Diesem Gitter entspringt das Gewebe der Kraftlinien, welche den Planeten überziehen. Sie verbinden die Hauptpunkte oder Energiezentren — die Wirbelpunkte — entlang des Gitters. Man könnte sie mit Energiestraßen oder Energiewegen vergleichen, denn sie leiten allen miteinander verbundenen Hauptzentren den planetarischen Puls zu. Diese Zentren sind verschieden groß und können als kleine oder große Blumen, als Kuppeln oder Wirbelpunkte wahrgenommen werden. Die Stärke der Ausstrahlung eines solchen Zentrums hängt davon ab, ob es aktiviert ist oder nicht. Wenn es arbeitet, gleicht es einer Lichtquelle, welcher blühende Energie entspringt.

Seit Earth Link im Jahre 1988 den ätherischen Plan des Erdplaneten veränderte, wurden viele vertraute alte Wirbelpunkte grundsätzlich umstrukturiert und neu bestimmt.

Das ganze Ausmaß dieser Veränderungen wird mit der Zeit immer deutlicher werden. Alte Wirbelpunkte wie Mount Shasta und Glastonbury werden sowohl in ihrer Energie als auch in ihrem Fokus grundlegend verändert. Beide erhalten eine tiefgreifend neue Bestimmung. Einige Orte werden einen Schlafzyklus — eine wohlverdiente Ruhepause und Neuordnungsperiode — einlegen, um gründlich gereinigt zu werden. Andere werden gerade erst aktiviert. Es ist wie ein Wachwechsel auf der Ebene der planetarischen Wirbelpunkte: die Szepter werden weitergegeben.

Entsprechend werden immer neue Wirbelpunkte aktiviert. Jeder dieser Punkte erfüllt seine ganz besondere Funktion, die dem Ganzen dient. Einige, wie die zahlreichen Wirbelpunkte von Sedona, Arizona, sind bereits gut bekannte Pilgerorte. Andere sollen nur von wenigen entdeckt werden. Denkt daran: Zu jedem äußeren Wirbelpunkt oder Kraftort gehört ein ihm entsprechender verborgener innerer Wirbelpunkt. Gewöhnlich findet man sie nahe dem äußeren Umkreis dieser Orte, doch in einigen Fällen liegen sie geographisch weit voneinander entfernt.

Wenn möglich, arbeite ich lieber mit den verborgenen Wirbelpunkten, denn ihre ruhige Reinheit und ihr tiefer Fokus fehlt den dramatischeren äußeren Kraftorten. Viele der berühmten Wirbelpunkte sind von einer zu großen Last ungeklärter psychischer Energie überschwemmt, wodurch es sehr schwierig wird, sich auf subtileren Ebenen auszutauschen. Wenn ich einen solchen Wirbelpunkt besuche, verbringe ich viel Zeit damit, ihn entweder zu reinigen oder die Blessuren im Gitternetz zu heilen, die aufgrund der Überbeanspruchung durch unreine ungeeignete Energien verursacht wurden.

Verhalte dich umsichtig gegenüber den schönen heiligen Orten, die dich rufen. Obwohl einige von ihnen möglicherweise nur wenigen Menschen bekannt sind, können sie doch sehr wichtige verborgene planetarische Wirbelpunkte sein, die man ehren, schützen und geheimhalten muß. Es könnte Teil deiner heiligen Pflicht gegenüber dieser süßen Erde sein.

Obwohl sich die Wirbelpunkte im B-Gitter gegenwärtig verändern, wird es gewöhnlich ein paar Orte geben, an denen eine Verbindung zwischen den Wirbelpunkten des Meistergitters und denen des B-Gitters besteht.

Dies sind immer Orte von höchst wichtiger planetarischer Bedeutung. Solch ein leicht zu erkennender Ort ist die Große Pyramide von Gizeh. Die meisten der wenigen anderen verändern sich gerade, da sich viele bestehende B-Gitter-Wirbelpunkte zur Ruhe begeben, während neue B-Gitter-Wirbelpunkte aktiviert werden. Einige wenige werden ganz sicher die große Verbindung zum Meistergitter herstellen. Es wird höchst interessant sein, die Standorte dieser neuen Meisterwirbel zu erforschen.

Das dritte Gitter, das den Planeten umgibt, ist eine wirkliche Schutzhülle. Sie wurde 1986 um die Erde gelegt, als durch einen interdimensionalen Krieg in einem parallelen Universum eine Bresche in das B-Gitter geschlagen wurde. Es hat die Form eines doppelten schräggestellten Kreuzes.

Die Harmonische Konvergenz

Ich hatte angenommen, daß ich zur berühmten Harmonischen Konvergenz auf dem Gipfel von Mount Shasta sein würde, da ich zu jener Zeit in Shasta lebte. Statt dessen wurde ich eine knappe Woche vorher zu einem einsamen Bergsee geführt, den man nur zu Fuß erreichen kann. Von diesem See aus war Mount Shasta nicht einmal zu sehen. Mir wurde gesagt, daß ich die Harmonische Konvergenz hier verbringen solle. Dies war eine Überraschung, aber ich akzeptierte sie, da ich geplant hatte, die Konvergenz mit zweien meiner liebsten Freunde gemeinsam zu verbringen.

Nun, in der Nacht vor dem großen Ereignis erhielten sie anders lautende Anweisungen. Gary Applegate, ein begabter Künstler und Seher, sollte Mount Shasta besteigen, während Grace, eine Engeldichterin, die „The Language of Light" geschrieben hat, am Fuße des Berges bleiben sollte. Auf gewisse Art fühlte ich mich ausgeschlossen.

Glücklicherweise ergab es sich, daß drei andere liebe Menschen mit mir an den einsamen See reisen wollten: meine jüngste Tochter, eine geliebte Sternenschwester und ein alter Krieger, der die meiste Zeit der Konvergenz damit zubrachte, in seinem Zelt Dämonen zu bekämpfen.

Am Nachmittag des ersten Tages der Konvergenz war ich immer noch völlig verwirrt darüber, warum ausgerechnet meine beiden liebsten Freunde bei diesem Ereignis von mir getrennt worden waren. Ich spürte die enge gegenseitige Verbundenheit und hatte dennoch Zweifel, ob ich mich am richtigen Ort befände. Ich wollte mit allen anderen in Mount Shasta sein. Von hier aus konnte ich den Berg nicht einmal sehen. Zuletzt dämmerte es mir. Ich stand am Ufer des Sees, mitten in einem kleinen Wald, dessen Stämme und Äste sich in wilden Spiralen drehten, als ob eine Woge konzentrierter Energie sie überrascht hätte. Plötzlich erkannte ich, daß ich zum geheimen inneren Wirbelpunkt von Mount Shasta gesandt worden war.

Einige Wochen zuvor hatte ich eine Botschaft über die Durchgangspforte der Konvergenz verbreitet. Ein Abschnitt dieser Botschaft lautete:

> Eine Durchgangspforte wird sich öffnen, ein Riß zwischen den Welten, wie wir es noch nie zuvor erlebt haben. Dies wird irgendwann ohne Ankündigung zwischem dem 16. und 17. August 1987 geschehen. Jene, die bewußt sind, werden erkennen, daß sich in diesem Augenblick eine Hauptpforte zwischen den Dimensionen auftut, in der weder Raum noch Zeit existiert. Dieser Augenblick wird das Ende des alten Zyklus und den Beginn des neuen kennzeichnen, eine Pause zwischen Ein- und Ausatmen ...

Jetzt erkannte ich, daß Grace, Gary und ich je eine Ecke der Dreieckspforte geöffnet hielten: eine auf dem Gipfel des Berges, eine am Fuße und eine am verborgenen inneren Wirbel. Wir waren durch goldene Lichtstrahlen miteinander verbunden. Welche Vollkommenheit! Gary brachte von seiner Reise zum Gipfel des Mount Shasta ein ungewöhnliches, wunderschönes Gedicht mit, welches er dort, inspiriert durch den Herrn des Lichts, geschrieben hatte, und vollendete so unser Erlebnis. Es lautet:

Wir stellten drei Kerzen
in den goldenen Leuchter
an der Pforte.
Wir sagten kein Wort
und ließen die Kleinen
vorübergehen und sich
an ihrem Licht erfreuen.
Durch diese kleine Tat
ermöglichten wir ihnen
einen Blick
in unseren göttlichen Durchgang.
Es war ein Geschenk
von Vater und Mutter Gott,
daß wir diese Öffnung fanden,
ein Geschenk von oben
für die drei Kerzen auf dem Leuchter.

Gary Applegate

Das Goldene Gitter

Seit der Einführung des neuen ätherischen Planes im Jahre 1988 und der daraus folgenden Ausrichtung der Sterne ist das planetarische Gitter frisch aktiviert worden, denn es hebt sich wie wir auf eine höhere Oktave.

Dies wird durch ein neues Goldenes Gitterwerk verursacht, welches sich um die bereits bekannten planetarischen Gitter legt. Wenn es sich in der richtigen Lage befindet, entfaltet sich dieses Goldene Gitter zu einem kristallenen Netz aus Sterngewebe, welches den Planeten umgibt. Schaue vom Goldenen Gitter auf das darunterliegende B-Gitter, und du wirst erkennen, daß beide Gitter durch Licht aufeinander wirken. Dieser Vorgang ist von höchster Bedeutung! Von oben kannst du die multidimensionalen Auswirkungen, die durch die Verbindung der beiden Gitter entstehen, am besten überblicken.

Die Strömungen zwischen dem ausgespannten Goldenen Gitter und dem tieferen B-Gitter schaffen Umwandlungs- oder Übersetzungszonen, *Antarion Konversion* genannt, in welchen Lichtschwingungen herauf- und heruntertransformiert werden. Wenn diese Zonen aktiviert sind, bildet sich zwischen ihnen ein Feld erhöhter Energie, ähnlich einem Magnetfeld. Den Bereich zwischen den Schichten nennt man *Nullfrequenz-Zone.* Die Grenzen der Nullfrequenzzone sind elastisch, ähnlich der Oberflächenspannung des Wassers.

Die Wirbelpunkte beider Gitter stehen nicht unmittelbar in vertikaler Verbindung, sondern korrespondieren diagonal miteinander. Das ist notwendig, um die Energien gefahrlos zu verteilen. Wenn diese Brennpunkte konzentrierter Energie direkt miteinander verbunden wären, würde die dort angesammelte Energie zu viel Kraft besitzen und alles versengen. Daher läuft die Verbindung diagonal, wodurch die Energie in dosierten Schwingungen stufenweise zur Erde hinabgebracht werden kann. Dieser Einteilungsvorgang wird *Schub in Stufen* genannt.

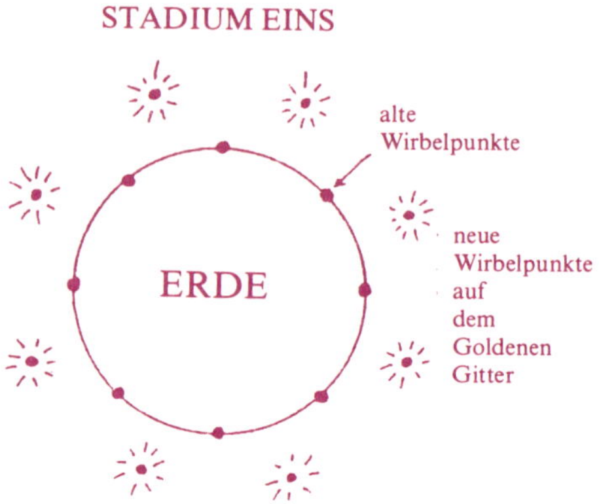

1. Neue Wirbelpunkte formen ein Goldenes Gitter

Diese Lichtschwingungen bilden Dreiecke aus Goldenem Licht, die von den oberen Wirbelpunkten im Goldenen Gitter zu den Wirbeln der unteren Gitternetze reichen.

Die Seiten dieser Dreiecke kann man als vielfarbige Schächte oder Energietunnel wahrnehmen. Wenn du ein Diagramm von der kreisförmigen Erde mit den neuen Wirbelpunkten zeichnest und diese Punkte mit den Wirbeln auf dem Goldenen Gitter verbindest, wirst du erkennen, daß die Erde jetzt wie ein Stern aussieht.

Die Dreiecke aus Goldenem Licht, die vom Planeten nach außen gehen, manifestieren sich ebenfalls nach innen und bilden Tetraeder. So setzt sich die neue Sternengeometrie bis ins Zentrum des Planeten fort und bildet das Sternenskelett der Erde, damit auch sie sich in einen Stern verwandeln kann.

Wenn die neuen Wirbelpunkte auf dem Goldenen Gitter aktiviert sind, beginnen die Energietunnel der Dreiecke damit, Lichtschwingungsfrequenzen zu senden. Bei diesem Energieaustausch zwischen den Wirbeln des neuen und des alten Gitters wächst die Energie sowohl nach außen wie nach innen und aktiviert die Tetraeder. Dieses Wachsen und Gedeihen nach innen in die Tiefe setzt sich so lange fort, bis der gesamte Planet aktiviert ist.

STADIUM ZWEI

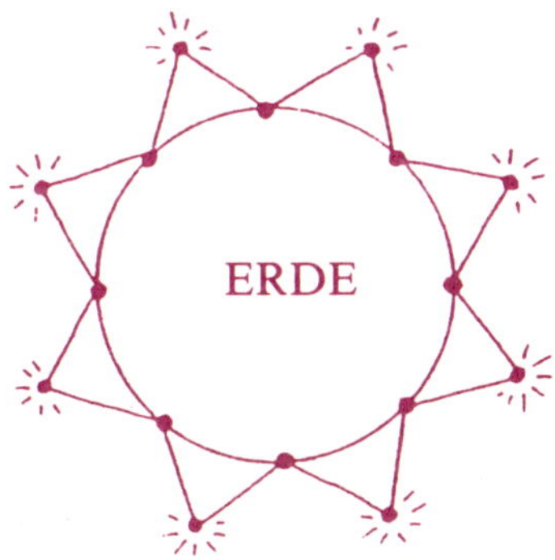

2. Aktivierung des Goldenen Gitters

Die Punkte, die zwischen den alten Wirbeln lagen, erhalten jetzt große Bedeutung, da sie die neuen Goldenen Lichtanker für den gesamten Planeten werden. Dieser Prozeß verändert das Wesen der Erde gewaltig. Er verringert den Zugriff der dreidimensionalen Dichte, indem er mehr Licht zwischen die Moleküle bringt. So entwickelt auch der Planet seinen Lichtkörper.

STADIUM DREI

3. Formung des Sternenskeletts

Die Einweihung der Gnome

Die Weichensteller dieser Energieüberlagerungen in den Umwandlungstunneln der Nullfrequenzzone sind Mitglieder des Gnomenreiches. Die Gnome stimmen den Fluß der Ströme ab und lenken die Frequenzen zwischen den neuen und den alten Wirbelpunkten hin und her. Nur Gnome, die sich einer Sterneinweihung unterzogen haben, dürfen als Gitterlenker dienen. Ich nahm an solch einer Einweihung im bewaldeten Farmland von Quebec teil, und obwohl ich zuvor noch nicht bewußt mit Gnomen gearbeitet hatte, fand ich die Erfahrung höchst erfreulich.

Ich war zu Besuch bei zwei engen Freunden in ihrem Bauernhaus auf dem Lande in Quebek. Einer der beiden ist ein sehr angesehener Geomantiker und Autor, jemand, dem ich seit langem auch meine sonderbarsten Erlebnisse berichte. Beide Freunde wissen, daß sie Engel sind. Sie arbeiten eng mit dem planetarischen Gitter zusammen, aktivieren die Kraftorte rund um den Planeten und beschäftigen sich mit vielen anderen faszinierenden Dingen, zum Beispiel mit der Geburtshilfe für kristallene Dracheneier. Vor kurzem arbeiteten sie auch mit Gnomen, die ihnen an verschiedenen Kraftorten in den Bergen, aber auch in ihrem Garten zu Hause erschienen waren.

Ich kam am Spätnachmittag an, und wir genossen unser Zusammensein. Am Mittag des folgenden Tages schaute ich in den Garten hinter dem Hause. Zu meiner Überraschung entdeckte ich mehrere Gnome, die ganz einfach dort spazierengingen. Sie sahen fast so aus wie auf den Bildern im „Gnome

Book", nur waren sie viel größer, als ich erwartet hatte, zwischen siebzig Zentimetern und einem Meter groß. Ich dachte mir, daß die Gnome meine Freunde sehr schätzen mußten, wenn sie sich hier so frei bewegten.

Wenige Stunden später schaute ich wieder in den Garten und staunte nicht schlecht, denn jetzt waren bereits Hunderte von Gnomen beisammen! Ein großer, festlich geschmückter Pavillon war hinten auf der Lichtung errichtet worden. Es schien so, als ob in jeder Minute mehr Gnome einträfen. Ich spürte, daß die Wälder um das Haus herum von Gnomen nur so wimmelten.

Wir gingen hinaus, um zu sehen, was geschah. Nun, wir fanden ein richtiges Fest. Einige Gnome tanzten zu einem Orchester aus Kazoos, Ziehharmonikas, Trommeln und Fiedeln lustige Hüpftänze. Wie auf einem fremdartigen Marktplatz hatten andere ihre Waren ausgebreitet und trieben Handel. Überall waren Zelte aufgeschlagen. Hinten im Garten, links neben dem Teich, grasten mehrere zottige, kräftige Ponys. Immer mehr Gnome trafen von überall her ein, bis es einige Tausend waren.

Wir wurden von einem sehr freien und etwas größeren Gnom namens Dromedrill (*sprich: Drom-Drom*) begrüßt, dem hohen König dieser Versammlung. Er führte uns mit äußerster Achtung umher und stellte uns vielen Gnomen vor, als ob wir hochgestellte Ehrengäste wären. Einer der Gnome hieß Bromelor (*sprich: Brom-Brom*) und war verantwortlich für diese Gegend. Ich war mir meiner Engelgegenwart sehr bewußt (*zu jener Zeit waren meine Flügel weit ausgebreitet*) und erkannte, daß ich bei dieser Versammlung ein offizieller Vertreter des Engelreiches sein würde.

Am Spätnachmittag saßen wir um den Küchentisch. Plötzlich verstummte unser Gespräch, denn wir spürten die Ankunft der Engel. Immer neue Scharen von Engeln flogen herbei und überlagerten einander in verschiedenen Dimensionen. Die Engel bevölkerten den Himmel, und eine friedliche, schöne Liebesenergie erfüllte den Raum. Die himmlischen Heerscharen trafen ein! Jetzt wußten wir sicher, daß etwas sehr Wichtiges geschehen würde.

Bei Anbruch der Dämmerung saßen wir ruhig im Wohnzimmer beisammen. Mein Freund erklärte, daß es vor langer Zeit einen Pakt zwischen Menschen und Gnomen gegeben habe. Die Menschen hatten eingewilligt, Verantwortung dafür zu tragen, daß die Gnome von Zeit zu Zeit zu den Sternen reisen und sich erinnern konnten. Doch als die Menschen vergaßen, wer sie waren, vergaßen sie auch viele ihrer heiligen Pflichten. So wurden die Gnome in die von ihnen gewählten Bereiche der Unterwelt verbannt, ohne von Zeit zu Zeit ihres Göttlichen Ursprungs gedenken zu können.

Doch jetzt, in dieser raschen Zeit, verändert sich viel. Die Menschen erinnern sich wieder, daß sie Engel sind, und drehen daher die Spirale in die andere Richtung. Wenn sich die Spirale für einen von uns anders herum dreht, dreht sie sich für alle, denn wir sind wirklich Eins. Jetzt ist daher die Zeit gekommen, daß die Menschen ihr Versprechen den Gnomen gegenüber einlösen und ihnen ihre volle Erinnerung schenken, indem sie ihnen die Sterne zeigen; nur daß wir es jetzt anders tun, denn wir leben in der Zeit der Ermächtigung und Meisterschaft.

Es war dunkel geworden, doch das spielte keine Rolle, denn wir hatten unser wahres Sehvermögen aktiviert. Wir beobachteten, wie sich eine Goldene Lotosblüte aus den wässrigen Tiefen des Teiches hob. Darinnen lag ein großes kristallenes Ei. Goldenes Licht drehte sich in dieses Ei hinein und wieder hinaus. Jetzt wußten wir, daß wir als Engel den Gnomen ein Geschenk des Sterns bringen sollten, denn in dem Ei befand sich ein Stück des Sterns, Der Wir Sind.

Vier von uns erwachten Engeln stellten sich auf die Goldene Lotosblüte rund um das kristallene Ei. Zwischen uns standen vier der großen Erzengel: Michael, Gabriel, Raphael und Uriel. Über dem Ei befand sich Metatron, dessen Gegenwart gewaltig ist. Die Gnome kamen auf uns zu, vier Gnome in je vier Reihen aus jeder Himmelsrichtung, um ihre Sterneinweihung zu empfangen. Jeder von uns Engeln berührte das Kristallei mit zwei

Fingern der rechten Hand, und vier Sternchen blieben an unseren Figerspitzen haften. Vor uns stand eine Reihe von vier Gnomen, die respektvoll warteten. Sie zogen ihre roten Hüte ab und verbeugten sich tief vor uns. Als sie sich wieder aufrichteten, berührten wir sie sanft an der Stirn und pflanzten ihnen ihren eigenen Stern ein, der ihnen bei der Erinnerung helfen und sie zurück nach Hause führen sollte.

Dies bedeutete eine Änderung des alten Paktes, denn nie wieder sollten Gnome auf Menschen angewiesen sein, um ihren Stern sehen zu können. Jetzt haben sie ihren eigenen, denn auch sie sind gereift. So wie die Elohim uns einst unseren Stern einpflanzten, um uns eines Tages zu erinnern, gaben jetzt jene Menschen, die sich ihres Engelseins erinnern, den Gnomen ihre Sterne. Für Menschen und für Gnome sind die Sterne die Schlüssel zur Vollendung. Wie vollkommen doch alles ist!

Ich hörte Teile des alten Gnomenlieds, an das ich mich seit langem erinnere, ohne es je ganz verstanden zu haben. In der verschlüsselten kryptischen Sprache der Mysterien wird die Geschichte dieses Augenblicks, die Einweihung, vorhergesagt. Es handelt von dem Tag, an dem die Engel zurück zur Erde kommen und den Gnomen das größte Geschenk machen: ihre Sternenkarte nach Hause. Heute nacht ging dieses Lied um den Planeten. Alle Gnome sangen es, doch jetzt in der vollständigen Fassung, die seinen wahren Inhalt offenbarte.

Während die Gnome ihre Sterne erhielten, ging eine tiefe Veränderung mit ihnen vor. Vor unseren Augen verjüngten sie sich, die Müdigkeit fiel ab, Falten glätteten sich, die Haut wurde weicher, und wunderbarerweise erstrahlten ihre Augen im Sternenglanz. Selbst ihre Bärte verschwanden. Ich weiß dennoch, daß die Gnome all jenen unverändert erscheinen werden, die keinen Stern tragen. Von dieser Nacht an sollte sich der Dienst der Gnome auf der Erde vollständig ändern. Sie erreichten eine neue Oktave, und auch der alte Pakt nahm eine neue Ebene auf der Goldenen Spirale ein. Als unterirdische Sternträger werden die Gnome die Sterne an Orte bringen, die Menschen niemals erreichen können. Dies wiederum wird dabei helfen, diesen Planeten in einen Stern zu verwandeln.

Immer noch reihten sich die Gnome in einer nicht enden wollenden Prozession vor uns auf. Wir verteilten unaufhörlich weiter Sterne an die Gnome, als plötzlich alles — Garten, Teich, Lotos, Kristallei, die Gnomreihen, die Engel und die Erzengel — in einer strahlenden Goldweißen Lichtsäule verschmolz. Über unserer Lichtsäule leuchtet der Eine Stern, Der Wir Sind, der Nimitta.

Zuletzt wartete nur noch ein Gnom auf die Einweihung, Dromedrill, der hohe König. Das Kristallei begann schon, sich aufzulösen. Ich faßte mitten hinein und berührte das Stückchen Nimitta darinnen. Mit diesem Stern weihte ich Dromedrill, wodurch er Vollmacht erhielt, andere Gnome einzuweihen. Als sich das Kristallei vollends aufgelöst hatte, senkte sich der Lotos auf den Grund des Teiches. Metatron rief uns vier vor sich und pflanzte in unsere Stirn einen Gnomenstern. So werden uns Gnome und Feen überall als Sternenfreunde erkennen.

Hinter dem Teich wird ein Gnomenschrein errichtet werden, der allen Gnomen als wichtigste Pilgerstätte dienen wird.

Insgesamt ein bemerkenswertes Abenteuer! Am folgenden Morgen schaute ich vor meiner Abreise in den Garten. Alle Gnome waren verschwunden, doch die ätherischen Überreste des gewaltigen Ereignisses vom vergangenen Abend waren immer noch spürbar. Obwohl auf der physischen Ebene alles unverändert schien, sah man schier das zertrampelte Gras, wo die Ponys geweidet hatten, und schnappte Fetzen der fröhlichen Gnomenmusik auf, die von der Erinnerung des Windes umhergeblasen wurden. Als wir uns Meile um Meile entfernten, sah ich, ich schwöre es, eine Reihe von Gnomen, die stolz ihre funkelnden Sterne auf der Stirn trugen und sich, die rote Mütze in der Hand, vor uns verbeugten.

Die Antarion Konversion

Den Prozeß, durch den Energien aus der höherdimensionalen Wirklichkeit auf die Erde übertragen werden, nennt man Antarion Konversion.

Sie wurde im Jahre 1987 wirksam und führte ein neues Energiemuster ein. In den dimensionalen Kraftfeldern dieses Energiemusters schwingen ungewöhnliche Kosinus-Frequenzen. Aus diesem Grunde wurden Umwandlungssysteme notwendig, damit die Erde diese Frequenzen überhaupt empfangen konnte.

Das Umwandlungssystem, Antarion Konversion genannt, liegt im Schnittpunkt der Diagonalen des ersten Diagramms und heißt auch 12:21. Das bedeutet, daß alles, was diesen Kreuzungspunkt passiert, nicht nur der Richtung nach umgekehrt wird, sondern auch in einer Weise, die man beschreiben könnte mit: *„die Innenseite wird nach außen gestülpt"*. Diese Konversion arbeitet immer, ganz gleich aus welcher Richtung die Energie fließt, ob sie kommt *oder* geht.

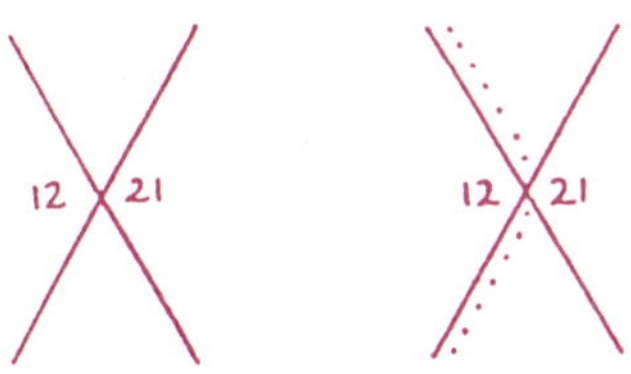

Eine gründliche Umwandlung der Energieübermittlung ist notwendig, damit die Erdbewohner sie empfangen, verstehen und aufnehmen können. Der Empfang dieser Energiemuster ist erst ab dem Jahre 1987 möglich, da unsere zelluläre Neuordnung eine gewisse Ebene multidimensionalen Bewußtseins erreicht haben mußte.

Vor langer Zeit, zwischen den Anfängen Lemuriens und dem ersten Sinken von Atlantis, wurde auf diesem Planeten eine einfache Form der Antarion Konversion angewandt. Damals existierte die Energieausstrahlung von AN noch auf der irdischen Ebene. Nach dem Untergang von Atlantis gab AN die physische Manifestation auf und kehrte zurück in seine reine Form. Trotzdem dienten die Mitglieder der AN-Linie weiterhin auf der Erde und begründeten unter anderem die Kulturen der Ägypter und der Inkas. In meinem Buch *Die Legende von Altazar* beschreibe ich im Kapitel *Der Turm des Lichts* ein Erlebnis, das die Anwendung der Antarion Konversion in jener weit zurückliegenden Zeit darstellt.

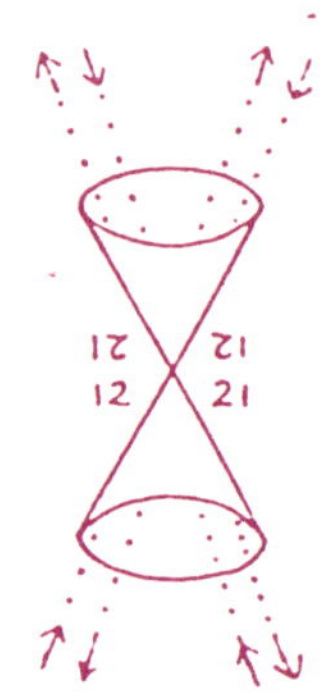

Wir können uns die Antarion Konversion als Sender-Empfänger-Einheit oder als Transformatorenstation vorstellen.

Wenn Energiemuster auf dieses Umwandlungssystem treffen und in ihr eigenes Spiegelbild verkehrt werden, bewegen sie sich in einem diagonalen Schwingungsmuster fort. Das geschieht, um sowohl die Intensität als auch die Frequenzladung leichter zu machen, da sie ansonsten nicht in die dritte und vierte Dimension eingehen könnten.

Dieses Umwandlungssystem funktioniert außerdem als *Übersetzungsstation,* in der verschlüsselte Lichtfrequenzen in genetische Muster verwandelt werden, die wir verstehen können. Die Übersetzungsstation dient außerdem dazu, die verschlüsselten Lichtfrequenzen wieder in meßbare Energieeinheiten mit präzisem Bewegungsmuster und zeitlicher Steuerung zu verwandeln, was wir *Schub in Stufen* nennen.

Der Schub in Stufen regelt Geschwindigkeit, Richtung und

Stärke der ein- und ausgehenden Energieschwingungen. In seinem Muster aus Punkten und Strichen ähnelt er dem Morsealphabet. Der Schub in Stufen kommt und geht stets durch diagonale Kreuzungen. Noch einmal: Diese Energie ist viel zu machtvoll, um sich in einer vertikalen Verbindung zu manifestieren.

Wir möchten hier noch hinzufügen, daß Energie immer spiralförmig in die Antarion Konversion einströmt und sie in gleicher Weise verläßt. Wenn du mit dem Finger eine Spirale in die Luft zeichnest, wirst du bemerken, daß du unweigerlich in die diagonale Bewegung gerätst und dabei, ähnlich den Serpentinen, stets die Richtung umkehrst. Spiralen bewegen sich nie horizontal oder vertikal.

Wenn die Energie durch das Zentrum der sich schneidenden Diagonalen der Antarion Konversion fließt, kehrt sie sich selbst um und verursacht so eine Überschneidung. (*Ich nenne das: „die Innenseite nach außen stülpen".*) Dies bewirkt, daß beide Einflußkegel ineinandergreifen und eine Öffnung oder Pforte schaffen, die zuvor nicht wahrnehmbar war.

Man könnte die Kegel Geist und Materie nennen, Vergangenheit und Zukunft, gut und böse. Hier paßt jeder Gegensatz, weshalb man die Antarion Konversion vielfältig anwenden kann. Die Pforte ist deshalb so wichtig, weil sie zwei gegensätzliche Einflußbereiche zu verschmelzen und letztendlich zu transzendieren vermag.

Die Antarion Konversion wirkt nicht nur in den höherdimensionalen Bereichen über diesem Planeten. Jene von uns, die einen multidimensionalen Bewußtseinszustand entwickelt haben *oder die, einfach gesprochen, mit ihrer Engelgegenwart verschmolzen sind,* werden die Antarion Konversion in sich selbst finden.

Diese Erkenntnis ermöglicht uns ihre Anwendung sowohl auf der persönlichen wie auf der planetarischen Ebene. Letztendlich werden wir selbst zu kleinen Antarion Konversionen, dienen als Durchgangspforten zwischen den Dimensionen und als Zonen der Verschmelzung und Überschneidung zwischen zwei sehr unterschiedlichen Schwingungsmustern.

Die Durchgangspforte im Zentrum der Zone der Überschneidung in der Antarion Konversion können wir auch die *Zone gemeinsamer Essenz* nennen. Diese Durchgangspforte führt uns zu vielfältigen Universen. Wenn du sie einmal in dir aktiviert hast, ermöglicht sie dir, alles, was du willst, zu erforschen. Du bist unmittelbar mit unbegrenzten Wissensspeichern verbunden, die du aber nicht bewußt in Erinnerung halten mußt, denn das würde dich wahrlich überwältigen. Du weißt, daß du zu jedem Zeitpunkt alles, was du benötigst, frei herausziehen kannst.

Raumwesen/Space Beings

Obwohl die meisten Menschen *Raumwesen, Sternenwesen* und *Engel* einfach in einen Topf werfen und sie alle schlicht *Außerirdische* nennen, besteht zwischen ihnen ein gewaltiger energetischer Unterschied.

Raumwesen stammen aus vielen verschiedenen Bewußtseinsebenen, doch sie sind der Illusion der Dualität noch unterworfen. Du mußt wirklich über ein sehr feines Unterscheidungsvermögen verfügen, wenn du dich mit *Raumenergien* befaßt. Nicht alle außerirdischen Kontakte auf der Erde dienen deinem Höchsten Gut. Tatsächlich mogeln sich viele von ihnen aus eher unedlen Gründen auf diesen Planeten. Ich kann nicht genug betonen, wie wichtig äußerste Umsicht ist, wenn du dich mit Raumenergien einläßt.

Heute sind viele Menschen fasziniert von Raumwesen. Sie öffnen sich dem Kontakt zu den verschiedensten Raumbrüderschaften, ohne genau zu wissen, was das bedeutet. Viele verdorbene Raumenergien stammen direkt aus der vierdimensionalen Astralsphäre, wo Illusionen im Überfluß gedeihen.

Wir sollten uns vergegenwärtigen, daß nicht alle Raumwesen hoch entwickelt sind. Viele von ihnen sind zwar technisch fortgeschrittener als wir, doch im Bereich des Herzens sind sie nur mangelhaft entwickelt. Sie verstrahlen eine gewisse Kälte, da sie das Gefühl der Liebe nicht kennen. Das ist einer der Gründe, warum sie jetzt so zahlreich auf die Erde drängen. Deshalb sind eher wir es, die ihnen eine Menge beizubringen haben!

Es ist wichtig, das Phänomen der *„Walk-ins“*, welches sich gegenwärtig so großer Popularität erfreut, mit großer Klarheit zu betrachten. Bevor wir bereitwillig anbieten, unsere Körper und Seelen aufzugeben, sollten wir uns vielleicht überlegen, wo unsere Seelen so lange bleiben werden und wie wir sie später wiederfinden, denn genau das werden wir schlußendlich tun müssen. Was immer wir vermeiden wollen, wenn wir unsere Körper zur Verfügung stellen, dem werden wir uns früher oder später stellen müssen, um es zu lösen. Deshalb ist „walking-out“ so etwas ähnliches wie Selbstmord: Es mag die Symptome für eine gewisse Zeit erleichtern, doch das Problem wird mit Sicherheit nicht gelöst. Denkt daran, *der einzige Weg heraus ist der Weg nach innen!*

Wenn du auf der Erdebene wirklich vollkommen werden möchtest, mußt du deine ganze Gegenwart einbringen, um dich zu befreien. Halbe Sachen sind einfach nicht genug!

Es macht mich sehr traurig, daß Menschen fremden Wesenheiten so bereitwillig ihren Körper und ihre Seele überlassen. Nicht alle Wesenheiten, die gegenwärtig Körper übernehmen, dienen dem Planeten. Willst du wirklich ein Android werden? Ich kenne einige Fälle, wo genau das geschehen ist. Du kannst leicht erkennen, wenn der Schaltkreis eines Menschen besetzt ist. Die Störung manifestiert sich als unpersönliche Kälte, gepaart mit ernsthaften emotionalen Unausgeglichenheiten. Die neuen Verbindungen und Vernetzungen im Zentralnervensystem sind grob und schließen das Individuum immer dann kurz, wenn seine eigenen spirituellen Energien einen gewissen erhöhten Bewußtseinsgrad erreichen. Dann schalten sie um auf Sabotage und schließen ihr eigenes höheres Bewußtsein aus.

Ich habe eine ganze Menge seltsamer Dinge auf meiner Reise durch das Leben gesehen. Ich mag nicht einmal in Gedanken bei diesen Energien verweilen, doch auf gewissen Dimensionsebenen sind sie vertreten, und manchmal muß man sich mit ihnen befassen. Wenn du wissen willst, von welcher Oktave ein Wesen kommt, dann stimme dich mit deinem Herzen auf seine Energie ein. Fühlst du überströmende Liebe oder Überheblichkeit und Kälte? Höre auf dein Herz!

Raumwesen unterscheiden sich auch darin von Sternenwesen, daß sie häufig in Raumschiffen reisen.

Die dimensionalen Oktaven dieser Schiffe sind ganz unterschiedlich und reichen von den tiefer schwingenden, metallisch strukturierten Astralschiffen bis zu jenen, die aus bloßen Konzentrationen von Lichtschwingungen bestehen. Raumwesen können unzählige Gestalten annehmen, darunter sehr seltsame und furchterregende, wenngleich sie sich anfänglich oft verstellen.

Gerade jetzt wurde eine Bresche in das Schutzgitter um den Planeten Erde geschlagen, wodurch es unangenehmen Raumwesen möglich wurde, hier einzudringen. Dies ist eine Verletzung der heiligen Übereinkünfte, die die Gerichtsbarkeit der interplanetarischen Kommission schloß, um die Erde vor unerwünschten Einflüssen abzuschirmen. Die Fremden sind in weit größerer Anzahl unter uns, als irgendeiner hier annimmt. Wir können den Zweck ihres Aufenthaltes nur vermuten. Jedoch rufen wir euch zu großer Vorsicht im Umgang mit Raumenergien und den Menschen auf, die als Channel für diese Energien arbeiten. Die Wesen, die sich auf diesem Planeten einschleichen, manipulieren heimtückisch, verstümmeln Vieh, experimentieren unter anderem mit Implantaten an Menschen und übernehmen unschuldige Seelen, die sich allerdings auch nicht wehren. Ich weiß, daß dies alles wie eine wilde Science-Fiction-Story klingt, doch da es heute unter uns geschieht, bedarf es unserer Wachsamkeit.

Die Raumschwingung ist vollkommen anders als die Engelschwingung, die sich in Liebe gründet. Wenn dein Engel kommt und sich in dir verankert, vereint sich *dein eigenes* Höheres Selbst mit dir. Du wirst niemand anderes, sondern bist mehr du selbst, als du es jemals warst.

Es gibt aber auch hochentwickelte Raumwesen, die unseren Planeten beobachten, um uns bei unserem Übergang in die Größere Wirklichkeit zu helfen.

Dies sind die Mitglieder der Intergalaktischen Sternkonföderation. Sie stammen von den Hauptsternsystemen und Sterntoren, welche wir inner- und außerhalb unserer irdischen Verkörperungen besuchten. Sie sind die Kommandanten der Sternflotten. Mit unbeugsamem Gehorsam halten sie das Göttliche Gesetz kraftvoll aufrecht, zeigen tiefes, liebevolles Mitgefühl und sind der *ganzen* Menschheit, nicht nur wenigen Auserwählten, in hingebungsvollem Dienst ergeben.

Auf diesem Planeten haben sie zwei Hauptquartiere: eines in der Wüste Gobi in der Mongolei und das andere an einem einsamen Ort im Westen der Vereinigten Staaten. Diese Basen verbergen sich nicht vor denjenigen, die sehen können und so integer sind, daß sie das Gesehene nicht mißbrauchen. Aus der Basis in den Vereinigten Staaten klingen wunderschöne himmlische Chöre, wenn man sich ihrem Einflußbereich nähert. Wahrscheinlich verhält es sich bei der anderen ganz ähnlich.

Die Hauptsorge des Sternenverbundes ist, daß wir diesen Planeten zerstören könnten, wie es schon so oft geschehen ist, besonders seit die Erde den vielen Überlebenden von Mars, Maldek und anderen Planeten Zuflucht gab, von ihren Bewohnern zerstört wurden. Diese Wesen lernen immer noch intensive Lektionen über den richtigen Gebrauch der Macht.

Maldek befand sich einst zwischen Mars und Jupiter und sprengte sich selbst in die Luft. Heute ist er als Asteroidengürtel bekannt. Verstreut über unseren Planeten liegen die Enklaven der Maldekianer. Obwohl sie versprachen, nie wieder — so wie früher — Macht und Atomenergie zu mißbrauchen, beschäftigen sich einige von ihnen doch wieder heimlich damit. Sie werden vor allem von Gebieten angezogen, in denen Uran und andere radioaktive Materialien abgebaut werden und Firmen zur Herstellung von nuklearen Brennstoffen angesiedelt sind. Es gibt einige Städte in den Vereinigten Staaten, in denen wirklich viele dieser Fremden leben, besonders aber in Ost-Utah und Ost-Idaho.

Der Sternverbund kümmert sich außerdem um die Aktivitäten, die von bestimmten Gebieten des Orion und seinem Nebenplaneten Drachen ausgehen. Die dunklen Fürsten des Orion unterwanderten selbst Teile der Hohen Führung der Plejaden, weswegen nicht alles, was uns von den Plejaden übermittelt wird, von wahrer plejadischer Reinheit ist. Doch nicht alle Energien, welche vom Orion ausgehen, sind negativ. Das Gebiet des Gürtels, EL*AN*RA genannt, über welches wir später sprechen werden, ist einer der Hauptenergie-Vorposten dieses dimensionalen Universums. Doch trug die fehlgeleitete Energie des Orion zu einem nicht geringen Teil zum Machtmißbrauch in Atlantis bei. Aus diesem Grunde müssen wir uns auch heute noch mit dem Thema befassen.

Wir haben dich hier deshalb auf diese Dinge aufmerksam gemacht, damit du um ihre Existenz weißt, insbesondere deshalb, weil viele von uns in unserem gegenwärtigen Bewußtseinszustand noch immer für die vierdimensionale Astralebene empfänglich sind. Wie wir schon früher gesagt haben: Wir sind nicht hier, um unsere Energien in irgendeinen Kampf zwischen Dunkel und Licht zu stecken. Wir sind hier, um uns und den gesamten Planeten zu heilen und wieder ganz zu machen. Das erreichen wir, indem wir Ganzheit verkörpern. Was wir als *das Dunkle* wahrnehmen, ist nur die Abwesenheit des Lichtes.

Wir haben die Aufgabe, so starke Säulen des Lichts zu sein, daß unsere vereinte Gegenwart das Licht der Liebe verströmt, damit es allen in Freiheit zufließen kann.

Der Planet Erde ist genauso ein Schmelztiegel wie die Vereinigten Staaten. Wir haben hier nicht nur Wesen aus der gesamten Galaxis, sondern aus vielen dimensionalen Universen. Doch die Erde nahm nicht nur die Nachzügler und Unzufriedenen anderer Zivilisationen auf. In der anfänglichen Besiedlungsphase dieses Planeten kamen die besten, edelsten Wesen, einschließlich vieler Wesen königlichen Geblüts von anderen Sonnensystemen, um bei diesem großen Abenteuer der Verwandlung der Materie zu helfen. Viele von jenen sind noch heute unter uns. Auch sie erinnern sich und erwachen zu ihrer Höchsten Bestimmung und zu ihrem Göttlichen Ursprung.

Die Intergalaktische Konföderation
8.8.88

Die Intergalaktische Konföderation verfügt hiermit die Errichtung eines Energieanpassungsbogens, der auf eine Psi-Frequenz-Überlagerung abgestimmt ist. Dieser Bogen verbindet die beiden Hauptquartiere der Erde, um die Drehung des Planeten durch eine Ausstrahlung von Kosinus-Frequenzen zu stabilisieren.

Dies wird der Erde ermöglichen, die Oktaven der fünften Dimension in wachsendem Maße zu empfangen und auszudrücken. Du wirst die Auswirkungen fast augenblicklich erfahren. Genau aus diesem Grunde hast du das Gefühl, daß etwas außerordentlich Wichtiges bevorsteht.

Tatsächlich werden Gitternetz und Kraftlinien des Planeten in diesem Augenblick, wo der Bogen in Position gebracht wird, stark beeinflußt. Wäre dies nicht geschehen, hätte die Erde gewaltige physische Veränderungen erlebt. Wahrlich, die Göttliche Intervention ist wirksam!

Mit der Errichtung des Bogens kamen jene Wesenheiten, die Himmlische Heerscharen genannt werden. Viele der Großen wandten ihre Aufmerksamkeit diesem kleinen Planeten zu, um seine Geburt in die fünfdimensionale Frequenzausstrahlung zu erleichtern und zu bezeugen. Wenn du deine Aufmerksamkeit auf sie lenkst, wirst du ihre Göttliche Gegenwart in dir spüren. Tatsächlich arbeitet dein Sternenüberselbst eng mit ihnen zusammen. Du bist gleichzeitig Sender und Empfänger für die fünfdimensionalen Stabilisationsfrequenzen.

Dieser Bogen ist golden getönt, übersät mit zahlreichen schimmernden, sich wandelnden Regenbogen, vor allem in Magenta, Gelb, Blaugrün und Rosa — klare, lichtdurchlässige Farben. Wenn du den Bogen in deiner inneren Vision errichtest, vernimmst du den Ton, mit dem er über die Atmosphäre der Erde streicht: ah--aa-aa-aa-a, rasch fluktuierend. Dieser Ton dient dazu, die Materie zu entionisieren und die Kalkablagerungen ihrer Partikel zu erweichen, damit sie ihre Starre verlieren und sich leichter verwandeln können.

Die trennenden Grenzen zwischen individuellen Materieeinheiten lösen sich auf. Dieser Vorgang wird im Laufe der Zeit noch verstärkt werden und ein wachsendes Gefühl der Einheit hervorrufen, während die Illusion der Trennung immer mehr verschwindet.

Wahrlich, die Zeit ist gekommen! Wir beginnen, in den unermeßlichen, alles überragenden Zustand verschmolzener Essenz einzugehen.

Ihr könnt euch als Anker der Sterne begreifen, denn durch die Goldene Röhre eures Seins wird die Erde von Goldenen Sternen durchdrungen, von winzigen Teilchen des Großen Goldweißen Sterns.

Das planetarische Beben

Gegenwärtig ist die innere Achse dieses Planeten von einer gewissen Instabilität umgeben, was ein planetarisches Beben verursacht.

Wenn wir uns mit Hilfe unserer inneren Sicht in die Erde begeben, erkennen wir einen Tunnel, der die beiden Magnetpole verbindet. Durch diesen Tunnel läuft ein dünnes Goldenes Band, welches an beiden Enden des Planeten herausschaut. Dies ist der Goldene Strahl, der unseren Planeten in seiner Position hält und außerdem die richtige Verbindung und das korrekte Gleichgewicht unseres gesamten Sonnensystems innerhalb der Galaxis herstellt.

Normalerweise füllt der Goldene Strahl den gesamten Tunnel aus, der die magnetischen Pole der Erde verbindet. Jedoch hat sich aus einem Grunde, den ich nicht erkennen kann, entweder der Tunnel vergrößert oder der Strahl verkleinert. Dies bewirkt große Instabilität oder ein Beben innerhalb des Planeten.

Ich entdeckte diesen Zustand vor etwa einem Jahr bei einer interessanten Reise, die mich tief in das Herz der Erde führte. Gewöhnlich begebe ich mich direkt dorthin, gelange also in einem einzigen Augenblick ohne Reise von meinem Zimmer zum Erdmittelpunkt. Im Zentrum der Erde befindet sich eine in Kristalle gebettete Goldene Sonne. Wir haben viel an der Aktivierung dieser Kristalle gearbeitet, indem wir winzige goldene Sternchen von unserem Goldweißen Stern in ihre Substanz fügten. Man könnte sagen, daß wir den Planeten auf den Stern ausgerichtet haben.

Nun, meine seltsame Reise zum Zentrum der Erde begann eigentlich ganz unschuldig. Ich hatte mich ruhig hingesetzt, als ich den inneren Ruf vernahm. Plötzlich reiste ich zusammen mit einem hinter mir sitzenden Passagier in einem kleinen Raumschiff, das wie ein kugelförmiges Auto aussah, durch den Raum. Ich steuerte dieses Gerät, als ob ich genau wüßte, was ich tat!

Zuerst glaubte ich, daß wir zu irgendeinem geheimnisvollen weit entfernten Ort im Raume reisen würden, doch es sollte anders kommen. Bevor ich überhaupt nach Luft schnappen konnte, schlugen wir einen hohen Bogen nach oben und stürzten uns dann in eine Öffnung nahe dem Nordpol.

Jetzt begann der wirklich aufregende Teil der Reise, denn wir rasten durch den labyrinthartigen Tunnel im Innern des Planeten. Ich meine, was ich sage: wir rasten! Blitzschnell lenkte ich das kleine Fahrzeug und bediente die Steuerung so rasch, um uns um die Kurven des Labyrinths zu manövrieren, daß ich die Bewegungen meiner Hände nicht mehr erkennen konnte. Erstaunlicherweise schien ich genau zu wissen, was ich tat und wohin die Reise ging. Es fühlte sich so an, als ob meinen Zellen eine Landkarte eingeprägt sei und als ob ich diese Fahrt schon viele Male unternommen hätte.

Es ist wahr, es gibt Welten in dieser Welt. Ich sah Berge und Täler, Ansiedlungen, wunderschöne Himmel und eine Vielzahl verschiedenster Landschaften, an denen wir vorüberschossen. (Glücklicherweise haben selbst die Wissenschaftler vor kurzem entdeckt, daß es in der Erde Gebirgszüge gibt. Ich las im „Time Magazine" darüber.) Die ganze Fahrt war faszinierend, jedoch sehr kurz. Bevor ich es merkte, waren wir im Zentrum der Erde angekommen. Dort entdeckte ich dies unglaubliche Beben. Selbst der innerste Kern hallte wieder von krachenden und knallenden Geräuschen.

Ich begann auf der Stelle, Goldenes Licht zu rufen, und vergrößerte die Kraft des Goldenen Strahls, damit er den leeren Raum im Tunnel ausfüllte. Das minderte die Instabilität zwischen den beiden Achsenpunkten beträchtlich, doch ich spürte, daß die Hilfe zeitlich begrenzt war und daß es einer gemeinsamen Anstrengung bedurfte, um die Situation wirklich zu meistern.

Deshalb rufe ich euch alle, mit mir zusammen die Schwingungsstärke des Goldenen Strahls, der durch unseren Planeten geht, zu stärken. Laßt uns in unserer vollendeten Engelgegenwart zusammenkommen und unseren Stern rufen, den Stern, Der Wir Sind, daß er seine Strahlen schicke und den Goldenen Strahl stärke. Ich spüre, daß dies jetzt von äußerster Wichtigkeit ist, und ich hoffe, ihr fühlt ebenso. Taten wie diese sind Teil unserer kollektiven und individuellen Verantwortung als Instrumente der Göttlichen Intervention.

Die gegenwärtige Instabilität, das planetarische Beben, dient dazu, unseren jetzigen Bewußtseinszustand zu verändern. Er bereitet die Verschiebung dieses Planeten und des ganzen dimensionalen Universums in eine Neue Oktave vor. Im Jahre 2011, wenn wir kollektiv aufsteigen, wird uns das planetarische Beben mit einem neuen Polarstern verbinden, den wir heute aufgrund unserer Erfahrungsmöglichkeiten, die sich auf die vergangene und zukünftige Wirklichkeit beschränken, noch nicht wahrnehmen können. Dieser Polarstern steht gar nicht weit von uns entfernt in Position und erwartet unsere Anbindung an seinen Einflußbereich.

Sternentore

Man könnte sagen, daß es viele Türen hinein und nur eine Tür hinaus gibt.

Wir beziehen uns hier auf dieses Universum, welches die Dimensionen eins bis sechs enthält. Als wir vom sogenannten *Jenseits des Jenseits* hier ankamen, wählten wir eine individuelle Eingangspforte, auch *Station auf halbem Wege* genannt, die der Ausdrucksform entsprach, der wir uns am liebsten bedienten. Man könnte die Sternentore als die verschiedenen Töne einer Tonart oder als Finger derselben Hand verstehen. Viele von ihnen sind uns vertraut: Sirius, Arkturus, Orion, Antaris, die Plejaden, Andromeda, Aldebaran, Polaris usw. Einige von uns hielten diese Sternentore gar für die Heimat. Obwohl wir uns lange in ihren Schwingungsfrequenen aufhielten, uns von ihrer Vertrautheit trösten ließen und oft zwischen unseren irdischen Verkörperungen dorthin zurückkehrten, sind sie nicht der Ort unsers Ursprungs. Sie sind nur unsere Durchgangspforte zum Jenseitigen.

Wenn wir von diesem dimensionalen Universum ins nächste wollen, reisen wir durch die Sternentore, die wir auch *schwarze Löcher* nennen können. Während der Reise durch das schwarze Loch, das Nadelöhr, rasen wir mit hoher Geschwindigkeit durch einen langen, kurvigen schwarzen Tunnel. Dieser Tunnel ist in Wahrheit eine Spirale, die uns in das Zentrum des schwarzen Loches führt. Bemerkt ihr die Ähnlichkeit mit dem Tod? Dies ist kein Zufall, sondern eine ähnliche Erfahrung sich ändernder Dimensionen.

Ich möchte hier den Grund dafür nennen, warum Astronomen glauben, daß in einem schwarzen Loch kein Licht existiert: Das schwarze Loch führt in eine andere Dimension, die von dieser Dimension hier nicht wahrnehmbar ist.

Wenn wir uns durch die Eingangspforte des schwarzen Loches bewegen, werden alle Elemente unserer selbst abgeschüttelt und aufgelöst, die nicht fähig sind, das Nadelöhr zu passieren.

Es ist so, als ob alle Kleidungsstücke, die du während einer Inkarnation oder eines gesamten Verkörperungszyklus getragen hast, rasch abgestreift werden, bis nur die reinste Essenz übrigbleibt. Deine Essenz ist der einzige Teil, der als dein wahres *Ich* durch das schwarze Loch in eine höhere Dimensionsoktave gelangen kann.

Wenn du dich derselben Öffnung vom Jenseitigen her näherst, machst du eine ganz andere Erfahrung. Von dieser Seite siehst du ein *weißes Loch*, einen trichterförmigen Wirbel, der die grenzenlose Essenz zu einem feinen Lichtpunkt formt, welcher das Nadelöhr passiert. Erst hinter dem Zentrum des weißen Loches erhältst du die Hüllen der Individualität. Bald kommst du dann zu deinem vorbestimmten Sternentor.

So oft schon sind wir in beiden Richtungen durch die Pforten zwischen den Dimensionen, durch die Sternentore, gereist, daß wir es selbst im Schlafe tun. Es ist etwas, was einige von uns bewußt oder unbewußt mit großer Leichtigkeit vollbringen. Wir erwirkten uns das Recht, durch unser gewähltes Sternentor wann immer wir wollen in das Jenseitige zu reisen und zurückzukehren.

Einige von uns haben ihr Bewußtsein genügend erweitert, um durch mehr als eines der Hauptsternentore reisen zu können. Sie fühlen sich angenehmerweise in mehreren Sternentoren zu Hause. Wir entwickelten die Fähigkeit, uns auf verschiedene Ausdrucksoktaven einzustimmen, und drücken sie nach unserer freien Entscheidung aus. Die sich allmählich entwickelnde Vertrautheit mit mehr als einem Hauptsternentor befreit uns von der Identifikation mit nur einer Durchgangspforte. Es befähigt uns, das Bewußtsein bis an die äußeren Grenzen dieses dimensionalen Universums auszudehnen. Während wir immer weiter werden, beginnen wir zu erkennen, daß unser Bewußtsein zu groß ist, um nur in sechs Dimensionen enthalten zu sein.

Dann vernehmen wir den Ruf aus dem Jenseitigen, ein Punkt, an dem viele von uns Sterngeborenen heute angelangt sind. Wir haben unser Gesichtsfeld über den Planeten Erde, über dieses Sonnensystem, über diese Galaxie und diese Dimension hinaus erweitert und öffnen uns, um noch weiter zu werden, um *das Lied des Einen* zu hören, das uns nach Hause ruft.

Denn wir kehren nicht durch die Pforten nach Hause zurück, durch die wir hergekommen sind.

Wir kehren auch nicht als individuelle Bewußtseinseinheiten zurück.

Wir werden nicht von Raumschiffen evakuiert, noch ist unsere Reise von Druck und Leid begleitet.

Wir, wir selbst schaffen unser Fahrzeug für den Weg nach Hause, indem wir uns in Liebe vereinen und wieder zu dem Einen verschmelzen.

Der Eine ist unser Fahrzeug für den Weg nach Hause. Er ist unser kristallener Stern, *Der Stern, Der Wir Sind!*

Natürlich müssen wir uns zuerst mit unserem Höheren Selbst vereinen, bevor wir mit unserer Sternfamilie verschmelzen können. Wir nennen es unseren Goldenen Sonnenengel, unser unermeßliches Sternenüberselbst. Denn nur dann sind wir fähig, uns mit den anderen als gemeinsame Essenz oder Teilchen desselben Sterns zu verbinden. Wir kommen im vollen Lichte der bewußten Erinnerung als Goldene Strahlen des Einen Sterns zusammen. Jetzt müssen wir uns vorbereiten, um unser Fahrzeug für die Reise nach Hause zu erschaffen. In diesem Prozeß stecken wir gerade. Dieser Bewußtseinszustand ist während unserer intensiven Neuordnungsperiode vorbereitet worden.

Jeder Stern ist eine Energiestation . . .

Wie Schneeflocken sind sie alle verschieden . . .

Jeder Stern hat sein eigenes Mandala . . .

Jeder von uns stimmt mit dem Mandala seines eigenen Sterns überein . . .

Unsere DNS enthält das verschlüsselte Muster unseres Sterns . . .

Jeder von uns ist ein Vorposten der Energiestation unseres Sterns . . .

Wir sind abgeschwächte Projektionen unseres Sterns . . .

All unsere Sterne sind Teile des Einen Sterns . . .

Vereint bilden unsere Sternteilchen

die Große Zentrale Sonne

von Vater-Mutter-Gott.

Die Umsteigeplaneten (Der planetarische Transfer)

Wir kamen nicht direkt von unseren gewählten Sterntoren, den Stationen auf halbem Wege, zur Erde.

Statt dessen war noch eine weitere Stufe nötig, um unsere Energien so weit herunterzutransformieren, daß wir das Gravitationsfeld der Erde betreten konnten. Diesen Vorgang nennen wir den planetarischen Transfer. Die Planeten im Sonnensystem der Erde haben lange als Umsteigeplätze gedient. Man könnte sie sogar als Schulen oder Tempel verschiedener psychischer Energien betrachten, von denen jeder einzelne vollkommen geeignet war, dem kosmischen Reisenden die benötigten Wissensaspekte zu vermitteln.

Einige von euch erinnern sich vielleicht, in den Tempeln der Venus oder in den großen Ratsversammlungen des Saturn gedient zu haben. Außerdem sind da die Hallen der Schöpferkraft des Uranus und die tiefen Mysterienschulen des Pluto. Jeder Planet unseres Sonnensystems hat lange als eine Vorbereitungsschule für den Eintritt auf die Erde gewirkt, natürlich mit Ausnahme von Maldek, der sich selbst zerstörte, und später dann Mars, der ein ähnliches, wenngleich anders gestaltetes Schicksal erlitt.

Der kleine Merkur ist ein Zentrum des Intellekts und kümmert sich um die vollkommene Entwicklung des Höheren Geistes. Wenn du also in früheren Inkarnationen deine Gedankenkräfte noch nicht entwickelt hattest, verbrachtest du wahrscheinlich eine gewisse Zeit auf dem Merkur, bevor du dich auf der Erde in einem Leben verkörpertest, welches besonders das intellektuelle Wachstum betonte.

Die Venus ist für ihre sieben Tempel bekannt, die sich unter der Regentschaft und Führung des großen Sanat Kumara und der königlichen Familie der Kumaras befinden. In der Vergangenheit gab es immer sieben physisch verkörperte Kumaras auf der Erde. Heute jedoch, in diesen raschen Zeiten, hat sich deren Zahl auf siebenundsiebzig erhöht.

Jeder der sieben heiligen, wunderschönen Tempel mit den weißen Kuppeln hat einen Kumara hervorgebracht. Jetzt hat sich jeder Kumara in elf Wesen verkörpert, die auf der Erde unter euch weilen. Diese siebenundsiebzig Wesen, die in direkter Linie von unserem heiligen Vater Sanat Kumara stammen, sind hier, um der Menschheit beim Wachrütteln, Ermächtigen und Einweihen derjenigen zu helfen, die dem Ruf antworten und — was am wichtigsten ist — die Essenz ihrer heiligen venusischen Tempel verkörpern wollen.

Die Venus war die letzte Eintrittspforte für die siebenundsiebzig Gesegneten, obwohl ihr wahrer Ursprung jenseits des Jenseitigen liegt. Um auf die Erde zu kommen, legten sie eine unermeßlich weite Strecke zurück. Oft kehren sie auf ihre geliebte Venus zurück, um weitere Anweisungen zu erhalten und noch tiefer in die Essenz einzutauchen, obwohl ein Teil von ihnen ewig in den heiligen Tempeln der Venus weilt.

Jetzt bereiten sich die siebenundsiebzig darauf vor, die Spanne ihres Erdendienstes zu vollenden. Sie wollen sich wieder jenseits der Sternentore begeben, um dann in den Ratsversammlungen der Sterne noch vollkommener zu dienen und die Entwicklung des gesamten galaktischen Systems zu überwachen.

In ihren letzten Jahren auf der Erde sollen die Kumaras die Goldenen Sonnenengel der Großen Zentralen Sonne aktivieren, denn für sie ist die Zeit gekommen, als Ein Sein zu fliegen.

Die sieben heiligen Tempel der Venus sind:

1. *Der Tempel der Ermächtigung — aus dem Dienstbereitschaft und Ausdauer hervorgehen.*
2. *Der Tempel der Reinheit — aus dem Gnade und Unschuld hervorgehen.*
3. *Der Tempel der Göttlichen Liebe — aus dem Schönheit und Hingabe hervorgehen.*
4. *Der Tempel des Mitgefühls — aus dem Heilung und Nahrung hervorgehen.*
5. *Der Tempel der Wahrheit — aus dem Klarheit und Vision hervorgehen.*
6. *Der Tempel der Göttlichen Gesetze — in dem Gerechtigkeit und Integrität wohnen.*
7. *Der Tempel der Weisheit — aus dem Wissen und Erleuchtung hervorgehen.*

Zusammen bilden sie den Tempel des Aufstiegs, den Schlußstein aller sieben Heiligen Tempel — aus dem Freiheit und Einheit hervorgehen.

Der Mars diente als Zentrum der Macht und bildete jene aus, die auf der Erde Führungspositionen übernehmen sollten. Doch vor langer Zeit tobte auf dem Mars ein schrecklicher Krieg, und die beiden mächtigen Zivilisationen, die fast bis zum Ende in Harmonie nebeneinander gediehen waren, schafften es, einander zu zerstören, so daß nichts außer den Ruinen prächtiger Pyramiden und Tempel übrigblieb. Wahrscheinlich spielt das Thema der Macht deshalb eine so große Rolle in der heutigen Zeit, und es ist deshalb so schwierig, Menschen zu finden, die ein sauberes, göttlich inspiriertes Werkzeug der Macht sein können.

Der Mars spielte mit Sicherheit eine bedeutende Rolle in der langen Geschichte des schönen Atlantis, die so herrlich begann und so unehrenhaft endete. Während der letzten Tage von Atlantis sank das Leben auf eine Stufe offener Arroganz, Manipulation und Kontrolle ab, was in seinem tragischen Untergang gipfelte. Dieselbe alte Geschichte, die sich zum ersten Mal auf dem Mars abgespielt hatte, fand auch in Atlantis statt, ohne daß eine Lösung gefunden wurde, und selbst heute noch geht sie so weiter.

Unglücklicherweise stehen die Tempel des Mars nicht mehr in Funktion, und wir müssen unsere Lektionen über die Macht und den weisen Gebrauch der Energie aus anderen Quellen lernen. Daraus entstanden für die meisten gegenwärtigen Bewohner der Erde völlig willkürliche Schulungen sowie eine ständige Folge von Kriegen.

Krieger gehören zum Einflußgebiet des Mars, und wären die marsischen Tempel noch intakt, würden sie auch heute lernen, daß die höchste Oktave des Kriegers der Aufstieg zum König ist. Denn dorthin entwickeln sich die Krieger, nachdem sie gelernt haben, Energie und Macht in saubere Kanäle zu lenken.

In den heiligen Hallen des Jupiter wird die Kunst der Ausdehnung und der allumfassenden Einheit gelehrt. Die Lehren werden hier freudig und hingebungsvoll erteilt, deshalb ist er der beliebteste und am meisten gefragte Transfer-Planet. Vielleicht ist er wegen des Massenandrangs so groß. Wenn man die Bürde der Verantwortung zu lange trug und große Härten in früheren Verkörperungen erlitt, wurde man häufig in die Hallen des Jupiter geschickt, um Lachen und Leichtigkeit wieder zu entdecken.

Wenn du lange Zeit auf dem Jupiter verbracht hast, kommt wahrscheinlich die Zeit für dich, Saturn zu besuchen. In den großen Ratsversammlungen des Saturn wird über das Entwicklungsmuster dieses Sonnensystems entschieden. Wesen aus der gesamten Galaxis besuchen Saturn häufig, um über diese gewichtigen Angelegenheiten zu konferieren. Er ist der Planet der Verantwortung und der Konzentration. Auf dem Saturn fühlst du das Gewicht des Gleichgewichts zwischen Verantwortung und Weisheit schwerer auf deinen Schultern lasten. Die richtige Vorgehensweise wird bedacht und gesucht. Du lernst den weisen Gebrauch der Autorität und die damit verbundenen Bürden. Oft wirst du nach mehreren zügellosen Inkarnationen zu einem Pflichtbesuch auf den Saturn verdonnert. Das biegt dich gewöhnlich rasch wieder hin!

Uranus ist das Zentrum der Schöpferkraft, intensiv und in elektrischen Strömen vibrierend. In den Hallen der Schöpferkraft des Uranus lernst du oft auf höchst ungewöhnliche Art und Weise etwas über die Göttliche Inspiration. Uranus ist die Heimat des Unerwarteten, der plötzliche Ausbruch schöpferischer Inspiration, die wie ein Blitz aus dem Nichts auftaucht. Er ist nicht gerade für seine Ruhe bekannt, doch bestimmt sehr aufregend. Uranus hat einen direkten offenen Kanal zum Jenseitigen, deshalb wirst du hier viele Einflüsse erfahren, die im übrigen Sonnensystem nicht zu empfangen sind. Viele Boten aus den höheren Dimensionen, die auf der Erde dienen, erhalten ihre Botschaften durch uranische Vermittlung. Aus diesem Grunde können sie das Neue und Unbekannte einbringen.

Neptun ist sanft und träumerisch. Seine Tempel sind den Visionären und Mystikern gewidmet. Alles hier ist feucht, selbst in der Luft schwebt ein zarter Nebel. Es herrscht wenig physische Aktivität, statt dessen könntest du beobachten, daß fast alle seine Bewohner friedlich schlafen, denn Neptun ist das träge Land der Träumer. In ihren Träumen erleben sie sowohl mystische Offenbarungen wie Illusionen. Ihre Lektion besteht darin, alles zu erfahren, um es schließlich unterscheiden zu lernen. Nach dem Dienst in den Tempeln des Neptun kommst du zur Erde, um als Priester und Mystiker, Weiser und Träumer, Pilger und Heiliger zu dienen.

Pluto ist wahrscheinlich das intensivste planetarische Ausbildungszentrum. In seinen magnetischen Mysterienschulen wirst du mit Leben und Tod konfrontiert und unterziehst dich einem beständigen Zyklus von tiefen Einweihungen in verborgene Weisheiten. Er ist der Planet der Transformation, des Todes und der Erneuerung. Pluto stellt Anforderungen, deshalb kommen weit weniger hierher als zu anderen Planeten. Da er kein Ort für Anfänger ist, ist er den unbeugsamen Eingeweihten vorbehalten, jenen, die viele Inkarnationen lang stark und ausdauernd blieben. Er ist der Planet der letzten Einweihung in den Abgrund des Jenseitigen, wahrlich kein Ort für Furchtsame, denn seine Lehren sind machtvoll und tief.

Wahrscheinlich sind dir die Zentren der planetarischen Umsteigestationen jetzt vertrauter, und du kannst erkennen, auf welchen du für deine irdischen Verkörperungen vorbereitet wurdest. Ich möchte noch hinzufügen, daß viele Menschen nur einige wenige besuchen und niemals das volle Spektrum der Erfahrungen ausschöpfen müssen. Andere blieben während ihrer gesamten Erdenzeit mit ein und demselben Planeten verbunden. Ganz wenige besuchten alle.

Damit ihr alles im richtigen Blickwinkel seht, möchte ich hinzufügen, daß nur der kleine Teil unseres unermeßlichen Engelselbst diese Planeten überhaupt besuchte, denn dieser Teil ist der einzige Teil unseres Wesens, der sich auf der Erde verkörpert.

Sanat Kumara:

Ihr Geliebten der Großen Zentralen Sonne, wegen eures hingebungsvollen Dienstes auf dem Planeten Erde achten wir euch. Die Zeit der Vollendung nähert sich rasch, gefolgt von der strahlend Goldenen Morgendämmerung. Wir alle haben diesen Augenblick lange erwartet.

Die heilige Spirale dreht sich. Ihr, ihr selbst, habt diesen Prozeß als einzelne und als kollektives Ganzes durch euer Erwachen unterstützt. Wenn sich die Spirale dreht, muß viel zurückgelassen werden. So ist es bestimmt, denn unbelastet vom Gewicht eurer Vergangenheit sollt ihr der Zukunft frei ins Auge blicken.

Geliebte Söhne und Töchter der Sterne, eure lange Reise in die Erinnerung ist fast beendet. Niemals mehr sollt ihr euren Göttlichen Ursprung und euer Göttliches Erbe vergessen, denn der lange währende Prozeß der Verwandlung der Materie ist nahezu vollbracht.

Wir stehen an der Schwelle einer neuen Erfahrungsoktave, für die wir voll bewußte, ermächtigte Wesen sein müssen. Diese neue Oktave auf der Goldenen Spirale kennzeichnet den Eintritt in die Höheren Bewußtseinsbereiche, welche das Supranormale genannt werden.

Ich wache stets in tiefer Liebe über euch. Meine Kumaras sind unter euch und helfen euch zurück nach Hause. Zusammen werden wir die Energien Shamballas wieder auf diesem Planeten verankern. Diesmal jedoch werdet ihr es nicht nur an einem physischen Ort finden, sondern in den Herzen all jener, die zur Größeren Wirklichkeit erwacht sind, denn Shamballa ist die Manifestation der Größeren Wirklichkeit. Als ich seine Energien vor langer Zeit aus einem Ankerplatz in der Wüste Gobi in der Mongolei abzog, versprach ich, daß Shamballa wieder auf der Erde geboren werden sollte.

Diesmal soll die Leuchtkraft von Shamballa den gesamten Planeten aus den Herzen der erwachten Menschheit heraus erhellen. Die größere Wirklichkeit soll euch ganz unmittelbar eingeflößt werden. Das erlaubt euch, Freiheit und Meisterschaft von diesem Raum-Zeit-Kontinuum zu erlangen oder mit größerer Leichtigkeit und Beweglichkeit als je zuvor auf diesem Planeten zu verweilen.

Ihr habt die Wahl. Die Kumaras sind jetzt unter euch und rufen euch nach Hause. Sie sind die Anker Shamballas und die Botschafter der Goldenen Morgendämmerung.

An/On

Die Vereinigung der Gegensätze in Ganzheit ist auch als die Energie von AN oder ON bekannt.

Die Sternlinie AN steht für die Vereinigung von Sonne und Mond zu Einer Essenz. (*Mehr über AN kannst du in meinem Buch „Die Legende von Altazar" lesen.* Die Informationen dort dienen dazu, deine eigene Zellerinnerung anzuregen, solltest du mit AN in Verbindung stehen.)

In früheren Zeiten übte AN auf diesem Planeten einen wichtigen Einfluß aus. Als die Erde in das Experiment der Dualität eintauchte, verschwand AN fast völlig aus der Geschichte. Jetzt, da wir uns der Zeit der Vollendung und des Gruppenaufstiegs nähern, macht sich der Energiefokus von AN wieder bemerkbar. Menschen, die im Dienste von AN stehen, werden gegenwärtig aktiviert. Sie sollen ihre angemessenen Stellungen in der Traumspirale einnehmen, damit wir uns selbst wachtanzen können.

Obwohl AN und ON beide wie On (Anm. d.Ü.: amerik. Aussprache) ausgesprochen werden, macht die unterschiedliche Schreibweise zwei verschiedene Manifestationen der Einen Essenz ANs deutlich. AN steigt auf, während ON sich öffnet. Wenn du zu einer der beiden Zwillingsausstrahlungen von AN gehörst, wirst du das in deinem eigenen Herzen erkennen. Die Erinnerung wird dich erbeben lassen und vielleicht zu Tränen rühren, wenn du nur den Klang des Wortes hörst.

Die Teton-Einweihung

Im Jahre 1988 empfing ich während des Blue Moons im Mai den Ruf, in die Teton-Berge zu gehen. Obwohl ich schon viel über die geheimen Ratsversammlungen in den Tetons gehört hatte, war ich physisch nie dort gewesen. Ich hatte keine Ahnung, was mir dort begegnen würde, wußte jedoch, daß ich die Reise unternehmen mußte. So machte ich mich mit einer Freundin in aufgeregter Erwartung eines Abenteuers auf den Weg.*

Ein paar Nächte, bevor wir abreisten, erhielt ich folgende Botschaft:

Ihr beide seid soweit,
die Jahre der Vorbereitung sind vorüber.
Ihr erinnert euch jetzt,
ihr seid erwacht und
verkörpert das,
was ihr wirklich seid.
Für euch lebendige Vertreter des Rates,
die ihren Dienst in irdischer Form verrichten,
ist jetzt die Zeit gekommen,
eure angestammten Plätze
in der Versammlung einzunehmen.

Es wird vier Stufen geben:
Montag nacht wird das Fundament gelegt.

* Anm. d. Übers. Blue Moon: zwei Vollmonde im selben Monat. Dem Blue Moon werden spezielle Energien zugeschrieben, und oft geschehen dann außergewöhnliche Dinge.

Dienstag werdet ihr durch die Pforte schreiten,
das Labyrinth vermeiden und
die Dimensionsoktaven immer höher klettern,
die gleich Serpentinen
in immer leichteren Mustern emporsteigen.
Wenn ihr dann die Kammer
als geladene Gäste betretet,
wird die Ratsversammlung euch voller Freude
über eure Ankunft erwarten.
Große Schätze liegen überall verstreut,
doch Einzelheiten zählen nicht.
Wenn sich der Himmel weit öffnet,
sollt ihr eure Kleider tragen
und ein Sterngeschenk erhalten.

Mittwoch wird die Heilige Vereinigung
von Himmel und Erde gefeiert.
Verschlüsselte Erinnerungen werden durch
unaufhörliche Übermittlungen geweckt,
und ihr erhaltet Anweisungen.
Betretet die Zone der Stille,
in der ihr alles hören könnt.
So werdet ihr weiter auf euren vollen Einsatz
in dcn Oktaven sieben bis elf
vorbereitet.
Das El*An*Ra wird eingeprägt.
Der Kristallberg ruft die Seinen.
4 — 7 — 11, die Reise bis 22.
Die vereinten 22 bringen die 44 hervor.
AN ist hier.
Der Gipfel von AN erhebt sich
für alle sichtbar
aus den Nebeln der Zeit.
Ein Sternenleuchtturm.
Verschlüsselte Lichtblitze
zucken durch dichte Schichten,

durchdringen die Schleier
und bereiten die Versammlung vor,
die zurückführt.

Der Leuchtturm, das Auge ANs,
wird sehen und gesehen werden,
wenn er errichtet und verankert ist.
Er wird wissen und Wissen spenden.
Er ist der Verbindungspunkt
zwischen 4 und 44.
11 ist die Tür.
Du bist der Schlüssel.

Der erste Abend in den Tetons ging friedlich vorüber. Ein leichter Regen fiel, und die Berge hüllten sich in dunstige Nebel, was die geheimnisvolle Stimmung noch verstärkte. Die väterliche Gegenwart Sanat Kumaras war außerordentlich stark und hüllte mich in eine kraftvolle Aura der Liebe. Als ich mich auf die Ratsversammlung einstimmte, spürte ich dort eifrige Vorbereitungen für unsere Ankunft. Ich fühlte mich sehr bescheiden, etwa wie ein kleines Mädchen, das seine Familie treffen wird. Bevor ich einschlief, empfing ich eine kurze Botschaft von Sanat Kumara:

Ich bin Sanat Kumara.
Ich bin die Stimme der Großen Zentralen Sonne.

Meine Töchter, ich heiße euch zu euren Exerzitien in den Teton-Bergen willkommen. Wir haben lange auf diesen Augenblick gewartet. Mit liebevoller Vorfreude hat sich unsere Ratskammer darauf vorbereitet, euch zu empfangen.

Diese Erfahrung kann mit eurem Fortschritt gleichgesetzt werden, denn tatsächlich habt ihr die Erfahrungs- und Bewußtseinsoktave vollendet, welche den gesamten Zyklus eurer irdischen Verkörperungen umfaßt. Die nahe bevorstehende Einweihung symbolisiert den Augenblick, in dem ihr sozusagen eure Haut abwerft und zu einem neuen Frequenz-Gittermuster erhoben werdet.

Viel erwartet euch in dieser neuen Gittermaterie. Morgen werdet ihr verschlüsseltes Material erhalten, daa euch dabei helfen wird, den Quantensprung nachzuvollziehen.

Heute nacht liegt die Betonung auf dem Abstreifen der äußeren Kleider, auf der Integration alles Ungeklärten und auf eurer formalen Einführung in die Ratskammern.

Den nächsten Tag verbrachten wir damit, durch den Nieselregen zu fahren, um die Tetons zu erforschen. In ihrer Schönheit, Majestät und Pracht wurden sie mir immer vertrauter. Wie schon an den letzten beiden Tagen aß ich große Mengen. Irgendwie waren mir vier bis fünf Mahlzeiten am Tag gerade genug. Nicht daß ich außerordentlich hungrig gewesen wäre, doch mußte ich einfach so lange Nahrung in mich stopfen, bis mein Magen überladen war und ich mich kaum noch bewegen konnte. Ich verstand, daß mir diese Mengen als Ballast dienen sollten, wenigstens fühlte es sich so an, als ob ich einen Bleiklumpen in mir trüge, der mich sorgfältig auf der Erde festnagelte. Während des ganzen Tages wurde ich ständig in andere Dimensionen entrückt und war heilfroh, nicht fahren zu müssen.

An diesem Abend saßen wir hinten in unserem Kleinbus, den wir auf dem Campingplatz abgestellt hatten. Immer noch fiel ein leichter Regen, gerade genug, daß wir keine Lust verspürten, den Wagen zu verlassen. Ich hatte Glück, daß mich auf dieser Reise eine alte Sternenschwester begleitete, die große Fähigkeiten im Schauen besaß. Wir arbeiteten zum erstenmal in dieser Art und Weise zusammen und stellten fest, daß wir bereit waren zu erleben, was auch immer auf uns warten mochte. So wurden wir still und begannen, uns auf die Energien einzustimmen, die uns sanft umflossen. Hier ist unser Erlebnis:

Wir begannen mit einer Phase der Integration und Ganzwerdung. Ich verschmolz mit Solaris Antari, dem männlichen

Aspekt meines Engels. Er und Solara wurden Eins. Meine Freundin verschmolz mit einem magenta- und goldfarbenen Strahl.

Wir wurden zusammen auf die dritte Ebene einer Stufenpyramide gebracht. Seite an Seite stiegen wir die Stufen hinauf und trugen eine Sternlaterne zwischen uns. Der Mond war magentafarben und hatte einen goldenen Rand, was die Anwesenheit des Bundes von AN anzeigte.

Ich beobachtete, wie sich die vier Himmelsrichtungen in elf verwandelten und die Form eines durchsichtigen Sterns mit goldenen Kanten annahmen.

Wir stiegen gemeinsam über eine große weiße Treppe einem massiven runden Holztor entgegen, welches sich an der obersten Treppenstufe befand. Vor der Pforte herab hing eine schwere Metallglocke.

Jetzt öffnete sich die Tür, und viele Lichtwesen kamen die Treppe hinunter, um uns willkommen zu heißen. Sie trugen festliche weiße, goldgesäumte Brokatroben. Auf ihren Köpfen thronten mächtige goldene und weiße Hüte, die wie die Kopfbedeckungen der tibetischen Lamas geformt waren. In der Mitte dieser Hüte prangten die kleinen Scheiben ANs, die magenta- und goldfarben glänzten. Die Lichtwesen trugen Fackeln, um die Nacht zu erhellen.

Wir sangen „Kalagaya", das Paßwort für Shamballa. Alle stimmten in den Gesang mit ein, bis der Klang zu einer großartigen Symphonie anschwoll. „Kalagaya, Kalagaya", hallte es unablässig durch die Berge.

Dann begannen in den Berggipfeln verborgene große Goldene Glocken zu läuten und mischten sich in unser Lied. Zuletzt erklang der Gong einer Goldenen Sonnenscheibe, während die Glocken weitertönten und der Ruf immer lauter wurde.

Wir schauten einander an und entdeckten, daß auch wir weißgoldene Festkleider und Lamahüte mit den glänzenden AN-Scheiben trugen.

Ein blendendes Lichtwesen, heller als alle, die ich zuvor getroffen hatte, trat durch die Pforte und grüßte uns. Wir weinten und warfen uns zu Boden.

Die Worte des Liedes änderten sich: „Kumari-Kumara, das sind wir, denn die sieben sind die siebenundsiebzig geworden."

Danach wurden wir durch die mächtige Pforte in eine Kristallpyramide geführt, wo ein großes Vater/Mutter-Wesen uns liebevoll begrüßte. Das Dach der Pyramide über uns öffnete sich, und ein Lichtstrahl von der Großen Zentralen Sonne durchdrang uns sieben Male. In meinem physischen Körper spürte ich jedesmal einen mächtigen Stromschlag, der mich immer, wenn ich getroffen wurde, hochspringen ließ.

Bald darauf erschien eine große Goldene Krone, die sich wie ein ring-pass-not* unaufhörlich veränderte. Sie lag flach auf dem Boden, stellte sich dann auf und stand auf der Kante. Wir befanden uns in ihrer Mitte. Sie drehte sich immer wieder, bis sie uns auf den Gipfel des Berges befördert hatte, wo wir uns in einer weiteren Kristallpyramide wiederfanden.

In dieser Pyramide befand sich der Abgrund. Wir standen am Rande und blickten in den weiten bodenlosen Raum. Weit unten sahen wir Sterne funkeln. Auf der gegenüberliegenden Seite stürzte ein Wasserfall in die Tiefe. Ich sah große weiße Vögel, die uns hinüberbringen wollten, doch irgendwie erschien mir das zu einfach.

Meine Freundin schlug vor, wir sollten aus den AN-Scheiben in unseren Hütten goldene Lichtseile über den Abgrund projizieren, was wir auch taten. Die Lichtseile befestigten sich an einem Baum auf der anderen Seite und verwoben sich rasch zu einer goldenen Hängebrücke, die wir überquerten. Als wir an dem Baum vorbeigingen, wurde uns geraten, je eine große, runde goldene Frucht mitzunehmen, die uns später dienen würde.

* Anm. d. Übs.: Ein ring-pass-not ist ein goldener Ring aus Licht, Teil eines sehr alten alchemistischen Rituals. Er kann sehr klein oder groß genug sein, um in ihm zu stehen. Er erscheint immer dann, wenn die Distanz zwischen Welten oder Dimensionen überbrückt werden muß. Steht man in ihm, bewegt er sich ständig von der Seite auf die Kante. Bei jeder seiner Bewegungen verändert sich die Realität.

Als nächstes schritten wir durch einen Torbogen und traten in eine Kugel. Aus Stein gehauene weiße Sitze standen ringsum an den Wänden des Raumes. In der Mitte befand sich ein großer runder Kristalltisch. Wir hatten die mittlere Ebene der Sternenbruderschaft der Og-Min erreicht, deren Existenz mir bis zu diesem Zeitpunkt nicht bekannt gewesen war. In der Kammer hielten sich viele ähnlich wie wir gekleidete Lichtwesen auf, nur daß ihre Kleider teils weiß, teils gelb gefärbt waren.

Die Og-Min sagten: „Wir sind die Hüter der Heiligen Zeit und halten die Achse dieses Planeten im Gleichgewicht."

Ein Goldener Strahl streckte sich wie ein vertikales Band durch den Raum, direkt durch die Mitte des Kristalltisches, derselbe Goldene Strahl, der wie eine Spindel durch die Mitte des Planeten läuft und seine Achse im Gleichgewicht hält. Dieser Strahl reicht sehr weit, bis zum Jenseits des Jenseitigen, woher wir kommen. Er ist auch ein Navigationsinstrument und sehr nützlich bei Reisen durch schwarze Löcher und Spiralwirbelpunkte. Er sendet eine pulsierende Frequenz aus, die dir hilft, deinen Kurs zu halten.

Als wir die mittleren Kammern der Og-Min verließen, fanden wir uns draußen am Rande eines viereckigen Rosengartens wieder. Einige Lichtwesen in durchsichtigen, irisierenden Kleidern aus flüssigem Licht baten uns, ihnen in die Mitte des Gartens zu folgen, wo sich ein kristallener Turm aus Licht erhob.

Das Innere des Turmes war außerordentlich schön. Sternenlichter hingen in leuchtenden Haltern an den von Steinmetzarbeiten geschmückten Wänden. Eine anmutige goldene Wendeltreppe führte nach oben.

Die leuchtenden Lichtwesen halfen uns, unsere schweren Festroben abzulegen, und wir fanden uns in durchsichtige Kleider aus flüssigem Licht gehüllt. Unter unseren Hüten entdeckten wir goldene Stirnbänder mit einem facettenreichen Lotoskristall, einem wirklichen Stern! (Dies war unser Sterngeschenk.)

Ein Goldener Kelch wurde uns gereicht. Wir tauchten unsere Finger hinein und salbten uns im Bewußtsein unserer heiligen

Bestimmung. Goldenes Licht erfüllte unser Wesen und floß aus unseren Fingerspitzen, aus den Zehen, dem Kronenchakra und den Augen. Wir verströmten Goldenes Licht und wurden zu Sonnenstrahlen.

Da die Energien überwältigend stark waren, stiegen wir mit großer Anstrengung die Wendeltreppe empor. Mit dem letzten Rest Bewußtsein betraten wir die Ratskammer des Einen und verschmolzen mit dem Großen Licht.

An diesem Punkt konnten wir nicht mehr weitermachen und sanken auf unsere Matten zurück. Eine gewisse Zeit über verloren wir das Bewußtsein. Dann setzten wir uns langsam auf und schrieben im Lichte der Taschenlampen Stichworte zu unseren Erlebnissen auf, um sie nicht zu vergessen.

Am folgenden Tage wanderten wir wieder in den Bergen und fanden einen kleinen sauberen Bergsee, in welchem eine winzige Insel lag. Ich watete zu der Insel, da ich Felsen gesehen hatte, die mich zu rufen schienen. Ich setzte mich auf diese Felsen und betrachtete in tiefer Dankbarkeit die klare Schönheit der Tetons. Plötzlich begannen sich alle Berge zu drehen, erst in die eine, dann in die andere Richtung. Mir wurde so schwindlig, daß ich mich hinlegen mußte.

Später an diesem Nachmittag aktivierten wir den Leuchtturm von AN und verließen dann diese magische Landschaft.

EL*AN*RA

EL*AN*RA sind die drei Kontrollpunkte im Gürtel des Orion.

Man könnte sie die drei Bolzen nennen, die dieses dimensionale Universum in Position halten. Das besondere Energiemuster oder die Schwingungsfrequenz eines jeden Kontrollpunktes dient dazu, den Grundton für die Errichtung und Entwicklung dieses dimensionalen Universums anzugeben. Unser Universum enthält sechs Dimensionen, die sich in unzähligen zusammengefügten und sich überschneidenden Mustern manifestieren.

Die erste Energiefrequenz ist EL. EL steht mit dem ersten Stern im Gürtel des Orion — Al Mintaka — und dem Sternsystem Arkturus in unmittelbarer Verbindung. Die EL-Essenz gebar die Älteren, die seit langem auf Erden dienen. Obwohl heute keine reinen ELs mehr existieren, sind viele EL-Mischlinge inkarniert, die stets dafür sorgten, daß die EL-Energie verankert blieb. EL-Mischlinge nennt man jene, die die EL-Essenz mit anderen Sternlinien verschmolzen, um die Energieausstrahlung herunterzutransformieren und weicher zu machen. In der Vergangenheit dienten die reinen ELs diesem Planeten als die großen Meister.

Bei einer Ausrichtung auf die EL-Energie erlangt man machtvolles Wissen und den Höheren Geist. Sie steht für den Träumer und den Willen. Interessanterweise ist Al Mintaka der Stern, von dem J.J. Hurtak sein Buch „Die Schlüssel Enochs“ empfing.

Die ELs zeichnen sich unter anderem dadurch aus, daß sie mit *Einem* Geist wahrnehmen. Ihr Symbol ist das Alles-Schauende-Auge, denn tatsächlich haben sie die Gabe, ihre Energien im kollektiven Unbewußten oder im Gruppengeist zusammenzuziehen und als Ein Wesen zu schauen.

Die ELs waren lange die Eingeweihten der Großen Mysterien. Sie verfügen über eine ungeheure Intelligenz und haben vollen Zugang zur Akasha-Chronik. Während der Zeit von Atlantis waren sie äußerst aktiv und dienten der Erde oft als Führer und Herrscher. Die Zyklopen sind frühe Vorfahren der ELs. Die Farbe ihrer Ausstrahlung ist blau und mit der Isis-Energie verbunden.

Die zweite Energiefrequenz ist AN. Ihr Standort ist der zweite Stern im Gürtel des Orion, Al Nilam. AN steht in unmittelbarer Verbindung zum doppelten Sternentor von Antaris und repräsentiert deshalb Sonne und Mond, vereint in Einem Sein.

AN symbolisiert die Vollendung der Dualität, in der man Träumer und Traum zugleich ist. Wenn der Träumer seinen Traum wachtanzt, hat er diesen wichtigen Punkt in vollem Umfang erkannt, und das schwarze Loch wird nicht nur durchschritten, sondern transzendiert.

Die alten Zivilisationen der Druiden, Inkas und Ägypter wurden ausnahmslos von Mitgliedern der AN-Linie geschaffen. In all diesen Kulturen gab es eine gemeinsame Regentschaft von Mann und Frau, die gleichzeitig Bruder und Schwester waren. Sie verehrten Sonne und Mond nicht als ihre Götter, sondern als ihre wahren Eltern. Die Farbe von AN ist Magenta und symbolisiert die Vollendung des Regenbogens, wenn Rot und Violett, die beiden gegenüberliegenden Seiten des Spektrums, vereint werden. Horus, der für die Vereinigung von Isis und

Osiris steht, wäre ein Kind von AN. Das Symbol ANs ist die Sonnenscheibe über dem aufgehenden Mond.

Die dritte Energiefrequenz ist RA. Sie ist mit dem dritten Stern im Gürtel des Orion — Al Nitak — verbunden.

Die RA-Linie stammt vom Sternsystem des Sirius. Da die Siriusbewohner Erfahrungen mit der Verwandlung einer roten Sonne in einen weißen Stern haben, sind sie die Aufseher über den kommenden Wechsel in der Sonnenregentschaft, welcher große Auswirkungen auf unser Sonnensystem haben wird.

Die Ausstrahlung RAs ist das Empfangen, der Traum, die Intuition, Gefühle und Liebe. Merkwürdigerweise ist das Symbol RAs die Sonne, obwohl doch hauptsächlich lunare Eigenschaften vorherrschen. Wir können dazu nur sagen, daß auf dieser Dimensionsebene die Frequenzen genau umgekehrt zu unseren Erfahrungen auf der Erde schwingen. Von RA stammen die großen Sterndelphine und die Wale, die ihre Brüder zur Erde schickten, um uns bei der Erleuchtung zu helfen. Die Mitglieder der RA-Linie dienten hier oft als Priester und Mystiker. RA ist mit Osiris verbunden.

Die Bedeutung der drei Kontrollpunkte EL*AN*RA für die Menschen auf der Erde kann nicht genug betont werden. Bis zur neuen Ausrichtung der Sterne vor nicht allzu langer Zeit waren sie es, die uns hauptsächlich beeinflußten. Jedoch wird sich dies langsam ändern. Wenn wir die dimensionale Leiter emporsteigen, wird ihr Einfluß immer schwächer, bis wir ihn gänzlich verwandelt haben.

Sie sind unser Schlüssel, um die Dualität zu überwinden. Wenn wir ihre Chiffren zu lesen imstande sind, erfahren wir, wie wir den Umwandlungsprozeß der Triangulation vollziehen können, den wir auf den nächsten Seiten besprechen wollen.

Es ist wichtig, daß wir uns daran erinnern, daß jeder von uns in inniger Verbindung mit einer der EL*AN*RA-Frequenzen steht, einige von uns sogar zu mehreren.

Ich möchte noch hinzufügen, daß viele von euch als Sterngeborene starke Erfahrungen mit den drei magischen Sternen im Gürtel des Orions machten. Ich weiß, daß ich mein Leben lang am Sternenhimmel nach ihnen suche, stets erleichtert, daß sie noch vorhanden sind.

Triangulation

Triangulation ist der Schlüssel zur Vollendung der Dualität.

Früher glaubten wir, die Sphären der Dualität verlassen zu müssen, um uns aus ihr zu befreien. Jetzt wissen wir, daß wir sie statt dessen erweitern und so zur Vollendung und Transzendenz führen können. Wir erreichen dies, indem wir einen dritten Punkt oberhalb der linearen Muster der Dualität erschaffen. Ist dieser Punkt erst einmal eingerichtet, setzt er eine gewaltige Aktivierung in Gang, wodurch ein Dreieck aus Licht erschaffen und die Dualität einem neuen, höherdimensionalen Energiemuster geöffnet wird. Diesen Vorgang nennt man Triangulation.

Die Triangulation entspricht dem Erwachen der spirituellen Zentren im menschlichen Gehirn, wenn Hypophyse und Zirbeldrüse aktiviert werden und das verlängerte Rückenmark (Medulla Oblongata) im Gehirn ins Spiel gebracht wird. Die Medulla Oblongata oder das obere Hauptzentrum ist die Verbindung zwischen der Kundalini-Energie des Rückgrats und den Kopfzentren. Besteht diese Verbindung, entsteht daraus ein Synergieprozeß oder eine Triangulation. Dies erschafft den unsterblichen Körper aus Feuer und ist ein Schritt hin zur Erleuchtung. Alice Bailey beschrieb diesen Prozeß ausführlich in ihren Büchern.

Möglicherweise sollten wir den Vorgang Tri-angel-ation*

* Anm. d. Übs.: amerik. angel — Engel

nennen, denn die Schlüssel sind auch hier wieder die Goldenen Sonnenengel. Sie sind der dritte Punkt, den wir manifestieren müssen. Die Spitze des Dreiecks könnte auch *Sternenüberselbst* genannt werden. Es steht für die bewußte Vereinigung mit dem unermeßlichen Teil deiner selbst, der sich bis jetzt nicht als Mensch verkörpern wollte.

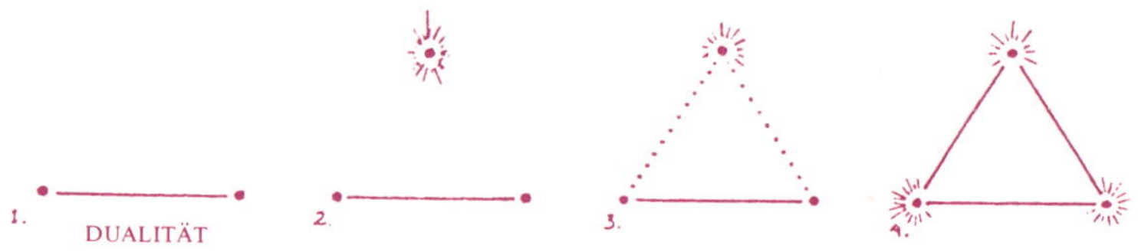

Ist diese Vereinigung und deren vollständige Verankerung in der Welt der Materie erst einmal erfolgt, wirst du entdecken, daß deinem Bewußtsein ein gewaltiger Durchbruch gelungen ist. Du hast die Pforte zu neuen Ebenen der Freiheit über die dritte und die vierte Dimension geöffnet.

Immer mehr von uns setzen sich mit ihrem Engel in Verbindung und verkörpern ihre Engelgegenwart. Indem wir die Spitze des Dreiecks aktivieren, können wir durch *harmonisches Mitschwingen* die vorherrschende Starre der Dualität auf diesem Planeten verringern.

Dies wird den Prozeß der Triangulation beträchtlich intensivieren. Die Dualität wird nicht länger auf eine linear beschränkte Ausdrucksform begrenzt sein. Frei wird sie ihrer neuen transzendenten Form und ihrem Aufstieg entgegenwachsen können, indem sie sich zu einem Dreieck aus Licht entfaltet. So vollendet sich die Dualität, eine Vorbedingung für die Erleuchtung des Planeten Erde und dessen Lebensformen.

Bereits im alten Ägypten verstand man die Triangulation und wandte sie an. Dies fand in den runden Kronen, auf denen Geier und Kobra prangten, seinen symbolischen Ausdruck, da diese Tiere die beiden kosmischen Pole darstellten. Durch die Erschaffung des ägyptischen Energiefokus wurde ein dritter Punkt geschaffen, und so war der Zustand der Triangulation erreicht. Die geometrische Form der Pyramiden diente als kraftvolle Darstellung dieser dreieckigen Energiemanifestation.

Die großen Pyramiden von Gizeh geben den Grundton für den gesamten Zyklus der irdischen Entwicklung an, den wir jetzt gerade vollenden. Deshalb sind sie die wichtigsten Bauwerke dieses Planeten. Ihre Zeit nähert sich dem Ende, weshalb sie letztendlich zerfallen werden. Dasselbe kann man von der Sphinx sagen, einem Sonnenlöwen, der ein treuer Wächter der alten Sternmysterien ist.

Die Geometrie der Großen Pyramiden enthält den Schlüssel zu unserer Erinnerung an die Triangulation. Unsere inneren Zellerinnerungsbänke enthalten alles, was wir brauchen, um die Wahrzeichen unseres Göttlichen Ursprungs zu entziffern, die für uns in physischer Form auf diesem Planeten erhalten worden sind.

Eine andere physische Manifestation von großer Bedeutung auf Erden ist der schwarze Würfel von Mekka, die Kaaba. Die Kaaba wurde vor langer Zeit von himmlischen Wesen unter der Leitung des Erzengels Gabriel aufgestellt, um den Planeten in der dritten Dimension zu verankern. Es wird interessant zu beobachten sein, wie sich die Verwandlung des Bewußtseins auf der Erde auf diese alten Anker auswirken wird.

Die Nicht-Zeit und die Zone der Stille

Du hast die Wahl. Du hast sie immer gehabt. Du kannst dein Leben entweder so leben, wie du es schon immer gelebt hast, oder die dritte Dimension transzendieren, dein Bewußtsein auf eine neue Oktave heben und so die Pforten für die Supradimensionale Wirklichkeit öffnen.

Dort liegt das Reich der Nicht-Zeit, in dem die Zeit still steht und sich ein Spalt zwischen den Welten öffnet, um dir die durchdringend tiefe Zone der Stille zu offenbaren. Dies ist der Ort der Offenbarung, die Eingangshalle zur Allwissenheit und zur *Größeren Wirklichkeit.*

Einige von euch haben den Zustand der Nicht-Zeit bereits verwirklicht. Du kannst ihn daran erkennen, daß die Zeit stillzustehen scheint und sich weit vor dir öffnet. Ein Augenblick währt endlos lang, ein ewiger Moment, der alles in der grenzenlosen Ausdehnung offenen Raumes enthält. In der Zone der Stille wirst du die vollkommenste Stille wahrnehmen, die du je erfahren hast, eine Stille, die alle Klänge enthält und sie in der ausdrucksvollen Symphonie vom *Lied des Einen* vereint. Großer Friede senkt sich über dich und umhüllt dich. Du bist zu Hause. Du bist ganz. Das ist die wahre Gegenwart, welche Vergangenheit und Zukunft enthält und beide im zeitlosen Jetzt verschmilzt.

Manchmal wird diese Erfahrung durch eine Meditation oder durch das Verweilen in einsamer Natur ausgelöst. Eine gute Möglichkeit ist zu beobachten, wie die Sonne hinter dem Horizont versinkt. Ein Sonnenuntergang am Meer oder in den Bergen ist besonders gut geeignet. Blicke ruhig in die Sonne und blinzle dabei, wenn nötig. Bald wirst du interessante Farben und Formen sehen, wahrscheinlich Visionen. Kurz bevor die Sonne verschwunden ist, achte sorgfältig auf den Augenblick, in dem sich eine Linie blendenden Lichts am Horizont zeigt. Dies ist der Spalt zwischen den Welten. Wenn du bereit bist, kannst du hineingehen und die Zone der Stille betreten.

Zu anderen Zeiten wird sie sich als tiefe Stille manifestieren, die dich einfach überkommt. Alle Gespräche verstummen. Du hältst mitten im Gedanken oder Wort inne, und zuweilen starrst du mit leerem Blick in den Raum. Meine Mutter pflegte zu sagen, daß in solchen Augenblicken ein Engel über mich hinweggeflogen sei. Wenn dies geschieht, dann sei still und öffne dich der Zone der Stille.

Nachdem du mit der Nicht-Zeit und der Zone der Stille vertrauter geworden bist, kannst du sie betreten, so oft du willst.

Du kannst dich in der Stille erholen und erneuern oder heilen oder Zugang zu höherdimensionalem Wissen erhalten. Dies ist das Reich, in dem viele große Mysterien vor der unerwachten Menschheit verborgen sind. Es ist auch ein Ort, um sich wieder mit der Essenz zu verbinden. Viele holen sich dort Inspirationen für ihre schöpferische Arbeit, sei es beim Schreiben, in der Kunst, der Musik, im Tanz, ganz gleich, welche Ausdrucksform du gewählt hast. Du mußt nur die Fähigkeit des Lauschens entwickeln, denn Lauschen ist der Schlüssel zum Empfangen, und in der Zone der Stille kann alles vernommen werden.

Schließlich wirst du die Meisterschaft erlangen, selbst *die Zeit anzuhalten.* Du wirst dich mit fließender Leichtigkeit durch unzählige dimensionale Welten in die Größere Wirklichkeit begeben. Danach gibt es nur noch einen Schritt: Verbringe jeden Augenblick deines Lebens im zeitlosen Augenblick der Nicht-Zeit. Dann bist du wirklich vollkommen und zu Hause.

Panachön

Panachön ist der *Ixmat* von Antares. Er ist nicht nur der Wächter des doppelten Sternentores von Antares, er *ist* das Sternentor. Ich traf ihn zum erstenmal vor ein paar Jahren, als ich in Mount Shasta, Californien, lebte. Ein funkelnder Stern, der mir grüßend zuzuzwinkern schien, erregte dort oft in den Sommernächten meine Aufmerksamkeit. Schließlich suchte ich diesen Stern auf einer Sternkarte und fand heraus, daß er Antares hieß.

Eines Nachts öffnete sich plötzlich während einer abendlichen Meditation ein langer Tunnel zwischen mir und Antares, der dem Rüssel eines Elefanten glich. Der Tunnel schien lebendig zu sein und zu atmen. Rasch flog ich hindurch und kam schließlich auf Antares an. Dort wurde ich von großen vornehmen Wesen mit länglichen Köpfen begrüßt, ähnlich den Schädeln der frühen Mayas oder Ägypter. Ihr Führer hieß Panachön.

Ich empfand große Liebe für jene Wesen, die mir wie eine Familie schienen und mich mit offensichtlicher Freude und Achtung begrüßten. In der Mitte von Panachöns Stirn befand sich eine große spiegelnde Scheibe. Als er seine Spiegelscheibe auf die meine richtete (offensichtlich hatte ich eine), begannen wir, uns auszutauschen. Viele Male besuchte ich Panachön und die anderen Antarianer und sah und lernte viel. Mehr von meinen Erfahrungen werde ich in meinem nächsten Buch *„11:11“* offenbaren.

. . .

Panachön spricht:

Diese Punkte sind Chiffren, genau wie die Muster unseres Sterns.

Tatsächlich sind alle Muster der Sternkonstellationen nichts anderes als verschlüsselte *Matrixpunkte,* die den Punkten, die eurem Zellgedächtnis bereits eingeprägt sind, entsprechen. Sie haben die Aufgabe, eure Wirbel zu entfalten, und erweitern die Parameter der Öffnungen, damit ihr die notwendige Ausdehnung zulaßt und zu unermeßlichen Lichtkörpern werdet.

Diese Lichtkörper sind keine rein persönliche Angelegenheit, denn wenn ihr aufhört, euch einzig und allein als individuelle Bewußtseinseinheiten zu begreifen, betretet ihr eine *Zone der Überschneidung.* Die Zone der Überschneidung besteht aus sogenannter *verschmolzener Essenz.* Verschmolzene Essenz ist der Baustoff für die Größere Wirklichkeit.

Wir bitten euch, in die Zone verschmolzener Essenz einzugehen, und führen euch dorthin. Diese Zone könnte man auch den STERN nennen, denn wenn ihr euch in euren Lichtkörpern entfaltet und mit der Essenz vereint, seid ihr nicht mehr länger in der Illusion der Trennung verwurzelt. Alle Anteile eurer selbst, die über die Parameter individueller Bewußtseinseinheiten hinausgehen, sind schon mit dem Stern — der der Eine ist — verschmolzen. Diese Anteile sind zu Hause.

Die Reise ist so einfach und so unkompliziert. So viele haben darum gerungen, haben sich danach gesehnt und den Schlüssel nicht gefunden. Sie versuchten, sich zu wandeln, ohne die Vorstellung aufzugeben, getrennte Bewußtseinseinheiten zu sein.

Viele von denen, die erkannt haben, daß diese Vorstellung aufgegeben werden muß, verwechselten Geistlosigkeit mit Nicht-Geist oder Leerem Geist. Der Geist gibt sich einfach hin und wird zu einer offenen Tür für die Große Stille.

In der Großen Stille herrscht unverfälschte Klarheit, tiefer, innerer Friede und ein Gefühl äußerster Vollkommenheit und Erfüllung. Nach dieser Erfahrung sehnt ihr euch alle!

Nachdem ihr davon geschmeckt habt, wünscht ihr, immer tiefer darin einzutauchen, bis ihr letztendlich zur großen Stille werdet. Dann seid ihr vollkommen in diese Zone eingegangen und mit ihr verschmolzen. Ihr seid zur Verkörperung, zur lebendigen Manifestation der unermeßlich tiefen Essenz geworden. Ihr erfahrt keine Trennung mehr, denn jetzt lebt ihr im Herzen des Ozeans.

Dieser Ozean ist dasselbe wie das Zentrum des Sterns, wo die Essenz als Stille herrscht. Ihr besteht, wie der Himmel, aus diesen wässrigen Sternenströmen lebendiger, atmender, pulsierender Essenz. Sie ist überall, in euch und außerhalb von euch. Ihr müßt euch nicht sehnen oder suchen. Seid einfach still und erkennt, was da ist, in diesem Augenblick — die Fülle und Tiefe, die Multidimensionalität und zeitlose Ewigkeit.

Schwimmt auf diesen Strömen tiefen Friedens, vollkommener Abgeschiedenheit und Stille, die alle Töne enthält. Schwimmt mit, dann werdet ihr fliegen, denn hier ist Freiheit. Ihr seid grenzenlos. Ihr seid vereint. Ihr seid ungebunden, umsorgt von schwingenden Wellen allumfassender Liebe, der Lichtfrequenz der Essenz.

Hier herrscht wahre Stille,
die auserlesenste Musik überhaupt,
das Lied des Einen.

Die Ausrichtung der Sterne

Eine der Hauptauswirkungen von Earth Link im Februar 1988 war die sogenannte neue Ausrichtung der Sterne.

Diese neue Ausrichtung ist von großer Bedeutung, und ihre Auswirkungen werden erst allmählich spürbar: Der Planet Erde wird von einem völlig anderen Sternenmuster als zuvor beeinflußt werden. Dieses aufsteigende Sternmuster befindet sich noch in einem unreifen Stadium, doch es wächst beständig und wird mit der Zeit an Bedeutung zunehmen.

In den Himmeln gibt es beständigen Wechsel, der einige tiefe Veränderungen verursacht. Wie ihr wißt, ist der Raum nicht flach. Er hat Kurven und enthält Taschen und Falten. Diese Taschen und Falten sind gegenwärtig in Bewegung. Unbekannte Sternenfelder, die zuvor in Raumfalten oder geheimen, versiegelten Taschen verborgen waren, werden entdeckt und jetzt allmählich offenbart. Die Energieausstrahlung neuer Sternenfelder wird immer mehr zunehmen.

Im Gegensatz dazu werden Energiemuster von Sternenfeldern, die der Erde seit langem vertraut sind, langsam entzogen. Sie werden in neugeschaffene Taschen und Falten im tiefen Raum gerufen. Dies ist

ungeheuer wichtig für uns, Teil des neuen Göttlichen Planes und eine Vorbedingung für den Einsatz einer neuen ätherischen Blaupause und einer Matrix-Gitter-Überlagerung.

Bald werden unsere Astronomen diese Veränderungen am Nachthimmel beobachten können, da die neue Ausrichtung der Sterne in Wirklichkeit vor langer Zeit in Gang gesetzt wurde. Aufgrund der Lichtgeschwindigkeit dauerte es so lange, bis wir diese Veränderungen wahrnehmen konnten. Während wir in der Zwischenzeit darauf warten, daß die Wissenschaft mit der Metaphysik Schritt hält, um die physikalischen „Beweise" zu liefern, die einige Menschen brauchen, spüren wir bereits die Auswirkungen dieser Veränderung.

Wir erfahren diesen Einfluß neuer Sternfeldenergien als Teil der wachsenden Geschwindigkeit dieser Zeit.

Diese Sternfeldenergien sind dabei behilflich, die höher dimensionalen Frequenzen hereinzubringen, welche uns bei unserem Neuordnungsprozeß helfen. Sie werden noch wichtiger werden, wenn wir uns in die Neue Oktave bewegen, die wir den Siebten Stern nennen. Dort werden wir den Quantensprung in die Einheit vollziehen.

Während wir jetzt unser Fahrzeug nach Hause vorbereiten und die Illusion aufgeben, individuelle Bewußtseinseinheiten zu sein, ruft uns das Lied der Sterne auf, Vollendung anzustreben. Die alten dreidimensionalen Muster fallen von uns. Dementsprechend verschwinden einige alte Sternenfelder, die uns halfen, in der Materie verankert zu bleiben. All dies geschieht in vollkommenem Einklang mit dem Göttlichen Plan.

Die Verankerung der Neuen Sternenfelder

Die Wirkung der neuen Sternenfelder ist bereits spürbar.

Ein paar Sternenfelder sind bereits auf diesem Planeten verankert. Einige Menschen haben in dieser Beziehung eine wichtige Aufgabe zu erfüllen. Wenn du mit der Verankerung neuer Sternenfelder zu tun hast, wird dir das schon durch das Lesen dieser Zeilen deutlich werden. Dein ganzer Körper sollte in genau diesem Augenblick anfangen zu prickeln. Viele wollen bei dieser Arbeit helfen. Du entscheidest dich meist für Sternenfelder, die dir schon recht vertraut sind, die du gar für dein Zuhause hieltest, obwohl du doch zur Erde kamst, um sie dort zu verankern. Jetzt, da die Zeit endlich gekommen ist, kannst du es wahrscheinlich kaum noch erwarten.

Das Verankern wird überwiegend in der Zeit zwischen jetzt (1989) und dem Jahre 1992 stattfinden, obwohl die Arbeit in etwas anderer Art und Weise bis zum Ende des Jahres 2011 fortgeführt wird. Der Grund für diesen Zeitplan wird dir nach Beendigung dieses Buches deutlich werden, da er etwas mit der Bewegung der Taube durch die Durchgangspforte 11:11 zu tun hat.

Im Juni 1988 wurde ein neues Sternenfeld in den Bergen nördlich von Los Angeles, Californien, verankert. Es heißt

Oriolon Fanatrix und strahlt eine hoch verfeinerte Goldene Frequenz aus, die dieses Gebiet im Laufe der Zeit völlig in ein schönes Zentrum der Kreativität und des Lichts verwandeln wird. Eine kleine Gruppe Menschen, die eng mit seinen Energien verbunden ist, schützt und bewahrt dieses Zentrum.

Ein anderes neues Sternenfeld namens Aragon wurde im Dezember 1988 vor der Küste Oregons verankert. Eng verbunden mit der Engelgegenwart von A-Qua-La A-Wa-La, über die wir später sprechen werden, bildet dies Sternenfeld einen Heilungswirbel für das Wasser und die Emotionen. Auch hier arbeitet eine kleine Gruppe hingebungsvoller Lichtarbeiter eng mit diesen Energien zusammen. Aragon ist blaugrün gefärbt.

Anfang des Jahres 1992 soll das Sternenfeld Ogatta verankert werden. Diese Verankerung ist ein höchst bedeutungsvoller Beginn, denn Ogatta befindet sich an der Spitze des Vogelschnabels. Der Vogel steht für eine neue Sternenlage, die wir für die Reise nach Hause brauchen. Sie entspricht den verschlüsselten Sternmustern, die schon lang in unseren Zell-Erinnerungsbänken gespeichert liegen. Wenn Ogatta in goldorangenem Glanz erscheint, löst es eine massive Reaktivierung längst vergessener Dinge aus und verkündet damit wirklich eine großartige Zeit der Erinnerung.

Viele andere neue Sternenfelder werden in den kommenden Jahren auf diesem Planeten verankert werden. Einige von euch sind tief mit diesem Vorgang verbunden und treffen bereits jetzt die notwendigen Vorbereitungen für den Eintritt ihres Sternenfeldes. Du hast seinen Namen lange mit dir herumgetragen und bis heute nicht gewußt, warum. Deine Erinnerungsbänke sind hiermit aktiviert. Du kannst jetzt die verschlüsselten Anweisungen lesen, die seit Äonen in dir leben, denn die Zeit ist gekommen.

A-Qua-La ∴ A-Wa-La

Als ich an der Küste Oregons lebte, hatte ich bei einer nächtlichen Meditation eine wunderschöne Engelerscheinung, die ich nie zuvor gesehen hatte. Die riesige Gestalt stand mit den Füßen im Meer, und ihr Haupt war zwischen den Sternen. A-Qua-La A-Wa-La ist ihr Name, die Elohim des Wassers und Heilerin der Emotionen. Ich sah sie mit langem blonden, mit winzigen weißen Muscheln geschmücktem Haar. Ihre Kleider waren blaugrün, mit irisierenden magenta-, gold-, lavendel- und blaufarbenen Schimmern übersät.

Sie ist neu auf diesem Planeten und existiert auf derselben Oktave wie der Bodhisattva Kwan Yin. Tatsächlich ist sie wie eine Schwester Kwan Yins, der Bodhisattva der Liebe, des Erbarmens und des Mitgefühls. Während Kwan Yins Ausstrahlung rosa gefärbt ist, strahlt A-Qua-La A-Wa-La blaugrün. Sie ist hier, um uns dabei zu helfen, unsere Meere und unsere Emotionen zu heilen. Der erste Teil ihres Namens entspricht den Delphinen, der zweite Teil den Walen, denn man könnte sagen, daß diese Tiere ihre Familie sind. Sie arbeitet eng mit ihnen zusammen, um diesen Planeten zu heilen.

Da sie nicht von uns getrennt ist, sondern in uns lebt, können wir ihre heilende Gegenwart erfahren, wann immer wir sie brauchen. Ich bin so glücklich, daß mir offenbart wird, welch außergewöhnliche Wesen der Erde zu Hilfe gesandt werden! Es ist so, als ob frische Truppen kämen, um unsere Pein zu lindern, damit wir zusammen unseren Dienst hier vollenden und uns auf unseren Aufstieg vorbereiten können.

Bevor ich aus Oregon fortzog, waren viele ihrer Kristallpyramiden und einige neue Engel aktiviert. Diese arbeiten jetzt eng mit ihr zusammen und verankern ihre Gegenwart, damit wir zusammen die Emotionen der Menschheit und des ganzen Planetenkörpers heilen.

Wenn du ihre folgenden Botschaften liest, hoffe ich, daß du die wunderbare Heilkraft ihrer nährenden Gegenwart spüren kannst.

Ich bin A-Qua-La .˙. A-Wa-La:

Ich wandle hier unter euch, um euch auf den neuen Göttlichen Plan vorzubereiten. Ich bin zum erstenmal bei euch, doch lange schon habe ich über euch gewacht.

Ich bin die Elohim der Gewässer, Wächterin eurer Meere und Heilerin der Gefühle. Ich bin gekommen, Heilung und Erneuerung zu bringen und euch auf eure Wiedergeburt und Befreiung in immer höheren Erfahrungsoktaven vorzubereiten.

Ich erscheine jetzt an den Küsten eurer großen Meere, denn dort werde ich am nötigsten gebraucht. Die Küsten Aragons wurden seit langer Zeit auf mein Kommen vorbereitet, denn hier herrscht Reinheit und Stille. Deshalb kann ich mich hier unter jenen von euch, die lauschen und sehen, manifestieren.

Ich bin die Essenz des Flüssigen, mag es Wasser oder Licht heißen, und ich reise auf den wässrigen Strömen des Sternenozeans. In Wahrheit bin ich wie ihr ein Stern.

Erinnert euch daran, daß ihr aus Flüssigkeit besteht. Die Gezeiten eurer Emotionen steigen und fallen wie die Gezeiten des Planeten Erde. Ich bin hier, um eure Gefühle zu heilen und auszugleichen. Ich will euch zu eurer Mitte führen und befreien.

Dazu tauche ich euch in das tiefe Meer der Einheit, in dem die unermeßliche Zone der Stille wohnt. Wenn diese Stille euer Sein durchdringt, werden eure wässrigen Ströme harmonisch mit dem Größeren Ganzen schwingen. Der Tropfen eures Seins wird im Meer der Einheit verschmelzen, bis kein Unterschied und keine Trennung mehr übrigbleibt. Die Gefühle werden von Himmlischen Harmonien, die mühelos in der Größeren Wirklichkeit treiben, geglättet und beruhigt.

Danach fühlt ihr mehr, nicht weniger, doch eure Emotionen werden liebevoll und beständig vom Orte des Allwissens, des

Allfühlens, ausgehen, der stets in Harmonie mit der reinsten Essenz schwingt. Solch eine Verbindung wird euch in einem Ausmaß befreien, das ihr euch jetzt nicht vorzustellen vermögt.

Denkt daran: Die vergifteten Meere der Erde spiegeln die Vergiftung eurer Gefühle. Wenn wir das eine säubern, reinigen wir auch das andere. Laßt uns in unserem Inneren beginnen.

Zu diesem Zweck habe ich vor der Küste von Aragon elf Kristallpyramiden geschaffen. Dazu löste ich meine Kristallperlenkette. Jede dieser Perlen enthält die konzentrierte Essenz unzähliger dimensionaler Universen, die als *Welten in den Welten* bekannt sind. Ich ließ elf dieser Perlen zur Erde gleiten, und jede von ihnen landete in einer stillen Bucht, die seit langer Zeit dafür bestimmt ist. Hier verwandelten sie sich rasch in Pyramiden aus Licht.

Diese Pyramiden haben nicht nur die Bestimmung, eure Küsten zu festigen — was bereits geschieht —, sie festigen auch eure Emotionen, denn in diesen Zeiten immer schneller schwingender Frequenzen sind es oftmals zuerst die Emotionen, die unter Anspannung schwach werden. Daher sind diese Stabilisierungspunkte äußerst hilfreich.

Ich bin A-Qua-La A-Wa-La. Ich wandle in Frieden und hingebungsvollem Dienste unter euch. Ich bin nicht getrennt von euch, obwohl ihr mich anfänglich so wahrnehmen mögt. Ich bin in jedem von euch — so wie jeder von euch in mir ist.

Meine Füße ruhen in den wässrigen Meeren eures Planeten, doch mein Körper reicht bis in das Meer der Einheit. Mein ganzes leuchtendes Sein ist ein flüssiger Weg aus Sternenlicht. Wahrlich, es gibt keine Trennung!

Denkt daran: Jeder Tropfen enthält die Vollkommenheit des Ganzen. Das Zellgedächtnis eines jeden Tropfens erinnert sich an seinen Ursprung und an den Weg dorthin zurück. Jeder Tropfen sehnt sich danach, zur Quelle zurückzukehren, und jeder von euch befindet sich jetzt gerade auf der Heimreise.

Gebt euch einfach hin und fließt!

Ich bin A-Qua-La A-Wa-La:

Die Wasser glätten sich,
die Gefühle werden ruhig.
Schon kannst du erkennen,
wie es in diesen stürmischen Zeiten
eigentlich sein soll.

Ohne lineare Manifestationen,
ohne logischen Faden zum Festhalten
schaffst du allein das Gleichgewicht.
Überall um dich herum chaotische Veränderungen;
das Unerwartete regiert
die Meere des Lebens.

Finde dein inneres Zentrum, deinen Fokus,
und erhalte ihn,
ganz gleich, was außen auch geschehen mag.
Verankere dein Sein beständig
in der Zone der Stille.

Erhalte dir den Klang der Stille,
der dein Herz durchschwingt.
Denke stets daran, wer du bist:
du bist schön und wertvoll,
heilig und weise!

Wandle liebevoll auf deinen Pfaden
und verkörpere deine großartige Wahrheit.
Sei nicht weniger und nicht mehr.
Vor allem aber: sei einfach,
dann wirst du frei fliegen.

Ich bin A-Qua-La .·. A-Wa-La:

Die ätherischen Kristallpyramiden vor der Küste Aragons werden im Augenblick auf ihre volle Aktivierung vorbereitet. Dies geschieht, um das Gitterlagensystem zu vergrößern und zu verstärken. Damit werden jene Zonen gekräftigt und gefestigt, auf denen gegenwärtig Spannung und großer Druck liegt.

Erinnert euch daran, daß das tektonische Plattensystem des Planeten und das Gitternetzsystem gerade eine umwälzende Veränderung durchlaufen. Wenn dieser Planet bald schon auf eine beschleunigte Matrixgitterfrequenz angehoben wird, werden beide Systeme überholt sein.

Während dieser Zeit der Veränderung ist der Streßfaktor höher als üblich. Hier muß die größte Vorsicht walten. Viele von euch wurden deshalb zu höheren Dimensionsoktaven berufen, um beim Ausgleich der planetarischen Energien während dieses gewaltigen Übergangs behilflich zu sein. Deshalb fühltet ihr euch ungewöhnlich träge und wenig verbunden mit der dritten Dimension, als ihr uns bei diesem Projekt halft.

Man könnte diese Veränderung im Gitter sowohl als Heben wie als Niederlegen beschreiben. Die alten tektonischen Platten und die Gittersysteme werden angehoben. In diesem Zustand wird unter das existierende System eine neue Chiffre gelegt, und das Ganze wird dann sanft wieder über den neuen Plan gelegt. Dies ist ein höchst riskantes Manöver, welches die Hilfe und die Teilnahme vieler erfordert.

Um wieder auf die Pyramiden an der Küste zurückzukommen: elf stehen an der Küste Aragons. Wenn sie einmal aktiviert sind, dienen sie als Leuchtfeuer und festigen die Küste, bis der neue Plan wirksam wird. Sie sind mit den Akupressurpunkten des Planeten zu vergleichen, die, wenn sie aktiviert sind, dazu dienen, die Planetenschwingung in eine höhere Kraftfeld-Frequenzzone zu heben.

Heilung

Ich bin A-Qua-La A-Wa-La, und ich möchte dir anbieten, deine Gefühle zu heilen. Diese Heilung ist heute höchst wichtig, denn nur dann kannst du in die neue Oktave eingehen, die dich erwartet.

Bitte folge mir auf einer Seite in die Sternenmeere der Größeren Wirklichkeit. Nimm dir diese Zeit, denn du bedarfst der Nahrung, die wahrer Heilung dient. Sitze ruhig und lies langsam, denn wir werden die Zeit hinter uns lassen und zu einem Ort reisen, an dem tiefer Frieden und allumfassende Liebe herrscht.

Gib mir deine Hand und laß dich führen. Wir beginnen mit einem langsamen Spaziergang an der Küste des Großen Ozeans. Dieser Ozean glitzert in beruhigendem Azurblau, als ob er mit winzigen Sternchen übersät wäre. Er weitet sich bis zu einem unsichtbaren fernen Horizont, denn dies ist der zeitlose Ozean der Ewigkeit. Hand in Hand wandern wir den Kristallstrand entlang. Über uns sehen wir die unermeßlichen Himmel, in denen unsere Sterngeschwister leben. Die Luft ist frisch und klar. Wir können frei und tief atmen.

Ein tiefes Gefühl stillen Wunders erfüllt dein Wesen, während du diese neue Ebene des Friedens erfährst. Niemals zuvor hast du dich so ruhig und beschützt gefühlt. Die Wellen rollen mit der beständigen Gewißheit ihrer Bestimmung ans Ufer. Wir stehen ruhig da und beobachten, wie das Wasser anbrandet und wieder abfließt.

Jetzt wenden wir uns den Wellen zu und waten langsam und vorsichtig ins Wasser. Du entdeckst, daß es warm und entspannend ist und dich einlädt, seine Tiefen zu erforschen. Wir beginnen mühelos zu schwimmen, getragen von den wogenden Strömen des Sternenmeeres. Du bist entzückt und voller Freude, so leicht auf diesen wogenden Wellen zu gleiten. Perlendes Lachen steigt in dir auf, und freudig drückst du es aus.

Plötzlich taucht ein Delphin neben dir auf, gerufen durch die Töne deiner Freunde. Auf seinem Gesicht steht ein weites, offenes Lächeln, mit dem er dich in seinen wässrigen Reichen willkommen heißt. Du kletterst auf seinen Rücken, umarmst ihn, um dich festzuhalten, und er nimmt dich mit hinunter in die wässrigen Tiefen der Stille. Du entdeckst, daß du unter Wasser genauso atmen kannst wie über der Oberfläche, und zusammen gleitet ihr durch unzählige Lagen kristallener flüssiger Seen bis an den Ort, wo wahre Heilung wohnt.

Hier erwarte ich dich in der Fülle meines Seins, umgeben von meinen Wal- und Delphingeschwistern. Wir sind in der zentralen Kammer des Herzens, wo nur Liebe herrscht, und du spürst, wie dich diese allumfassende Liebe mit immer neuen Wellen umspült. Ich reiche dir einen Kelch aus Aquamarin, gefüllt mit der Essenz der Liebe. Dies heilige Elixier wurde eigens zubereitet, um dein Herz zu heilen, deine Sorgen hinwegzuschmelzen, dein gebrochenes Herz zusammenzufügen, deine Müdigkeit von dir zu nehmen und deine Ängste aufzulösen.

Trink tief, meine Geliebte, denn jetzt ist die Zeit der vollkommenen Heilung für dich gekommen. Du schmeckst das blaugrüne Elixier und fühlst sofort, wie es dich ganz tief nährt. Du spürst, wie es deinen ganzen Körper durchfließt und dort heilt, wo Heilung nötig ist. Es läßt die sanfte Liebesbrise wehen, die dein Inneres mitschwingen läßt und dich der Freude hingibt.

Die alte abgehärmte Traurigkeit löst sich im Nu in ein neues Gefühl der Ganzheit und der ermächtigenden Liebe auf, die aus deinen Augen und deinem Herzen strahlt. Dich erfüllt die Liebe, du liebst jeden, liebst alles und ganz besonders dich selbst. Du entdeckst, daß Liebe einfach ist und nicht schwierig, wie du immer geglaubt hast. Liebe ist so leicht und natürlich wie atmen. Liebe ist so alldurchdringend wie das Wasser, das dich umgibt.

Und in diesem magischen Augenblick der Offenbarung wählst du die Liebe! Du wählst die Liebe für das gesamte Universum, für unsere Galaxis, für das Sonnensystem, für den Planeten Erde, für die ganze Menschheit. Und du wählst die Liebe für dich selbst! Denn wir alle verdienen, immer in den Armen der Liebe gehalten zu werden. Es ist die natürliche Ordnung Vater/Mutter-Gottes. Sie umgibt uns stets. Wir müssen sie nur erkennen.

Die Delphine sind so glücklich, im Leuchten deiner liebevollen Gegenwart zu baden, daß sie einen freudigen Tanz beginnen und so wild durch das Wasser wirbeln, daß es zu Sternenschaum wird. Du tanzt mit ihnen und schlägst sternspiralige Purzelbäume in den sprudelnden Strömungen, die dich immer weiter nach oben tragen, bis du auf der ruhig wogenden Oberfläche des Ozeans der Ewigkeit angekommen bist.

Hier tauchst du auf, gereinigt, erneuert und geheilt. Jetzt bist du bereit, die neue Oktave zu betreten, die längst schon auf dich wartet ...

Die Reise nach Hause

Die neue Oktave

Du näherst dich bereits jetzt der Neuen Oktave.

Stell dir dies als Spirale vor, welche sich in einer größeren Spirale befindet. Während du dich auf die Neue Oktave einstellst, fällt viel altes Wissen von dir ab, da du dich einem anderen Ausgangspunkt zuwendest.

Deine Frequenz ändert sich und schwingt in einem neuen harmonischen Muster. Sehr viele Schwingungen, die früher harmonisch mit dir tanzten, werden keine Resonanz mehr in dir finden. Teile deines Wissens werden dir bleiben, denn nicht all deine Erfahrungen fallen weg.

Du erfuhrst bereits eine ähnliche Veränderung, als du dich von deinem alten Energiefokus löstest und dich auf die Engelfrequenz erhobst. Erinnere dich: Wieviel von dem, was dich interessiert und erfüllt hatte, was dir heilig war — wurde plötzlich bedeutungslos und verklang! Dasselbe geschieht jetzt. Du wirst von vielem befreit, wenn du dich auf einer Bewußtseinsebene vollendest.

Bitte, verzweifle nicht und trauere nicht um das, was du losläßt. Dies ist die Zeit, in der die meisten alten Energiemuster dringend aufgegeben werden sollten. Wenn du dich auf höhere Bewußtseinsebenen begibst, wirst du erleben, daß einige alte Freunde auf derselben Ebene schwingen können; andere vermögen es nicht. Natür-

lich wirst du ständig neue Wesen treffen, mit denen du dich harmonisch austauschen kannst.

Denk daran: Du bist ein Vorkämpfer, ein Forscher, der den anderen den Weg bereitet, damit sie ihn leichter finden können. Das bedeutet, daß du ständig aufgerufen bist, neue Pforten zu durchschreiten. Einige sind einfach noch nicht bereit, durch diese Tore zu gehen, und haben sich entschlossen, andere Erfahrungen zu machen. Daher werden sich eure Wege scheinbar trennen. Doch ist dies wirklich eher ein Vollenden als ein Trennen — ein Verschmelzen und ein Loslassen. Laß sie in Liebe gehen. Laß die Teile deiner selbst — jene Aspekte deines Lebens — gehen, die dir nicht länger dienen. Sie sind vollendet. Erhebe dich auf die Ebene des höheren Bewußtseins, das dich ruft.

Du gehörst zu mehr als einer Seelengruppe oder Sternfamilie. Sie existieren auf unzähligen Dimensionsebenen. Wenn du wächst und lichter wirst, verfeinerst du dich so sehr, daß du schneller schwingende Sternlinien aus höheren Dimensionen in deine Sphäre ziehen wirst.

Obwohl du jetzt noch unsicher und unvertraut mit deiner nächsten Oktave umgehst, wird sie sich dir immer mehr offenbaren. Viel von dem, was du unbedingt ablegen wolltest, wird jetzt endlich von dir gehen. Wenn sich das Neue offenbart, wird dein geheiltes Herz das Lied der glücklichen Befreiung singen und die Liebe ihren vollendeten Ausdruck finden. Die tiefe Heiligkeit einfacher Freuden wird entschleiert, wenn du eine Hülle nach der anderen abstreifst.

Erhebe dich und sieh, befreite Essenz, und sei!

Ich bin Solaris Antari:

Die Pforten stehen offen, weit offen, denn eine Massenaktivierung ist in Gang. Alle Lichtarbeiter befinden sich in voller Bereitschaft. Die Zeit ist gekommen, die dreidimensionalen Fesseln zu lösen, um das vollkommen zu verkörpern, was du wirklich bist.

Um diese Aktivierung zu erreichen, ist eine erhöhte Beschleunigung wirksam, wie es sie noch nie zuvor auf diesem Planeten gegeben hat. Diese ungeheure Beschleunigung der Schwingung verursacht ein Beben, welches die starren Bindungen an die dritte Dimension lockert.

Dieses Beben kannst du in dir fühlen, wenn sich die Geschwindigkeit deiner eigenen inneren Schwingungsrate erhöht. Du kannst es auch im planetarischen Körper spüren, wenn die Erde um ihre innere Achse schwankt und taumelt. All dies dient nur dem Besten, obwohl das Beben — für sich betrachtet — auch die Möglichkeit mit einschließt, größere irdische Veränderungen oder instabile Situationen zu verursachen.

Du könntest helfen, indem du dich darauf konzentrierst, einen Strahl Goldenen Lichts durch das Zentrum des planetarischen Körpers zu senden, um ihn zu festigen. Diese Aktivität würde auch dir selbst nützen. Du würdest dich mit dem Goldenen Strahl verbinden und könntest trotzdem alles loslassen, was dir nicht mehr dient.

Die Wirkungsorte, die ihr gewählt habt, ziehen euch an. Die Menschen, die ihr eure Sternfamilie nennt und mit denen zusammen ihr dienen wollt, kommen auf euch zu.

Achtet einander und helft euch, ohne etwas zurückzuhalten, denn jetzt ist die Zeit gekommen, eure Energie ganz für die Manifestation und Verkörperung eurer Höheren Bestimmung einzusetzen.

Die Inseln des Lichts bilden sich auf der physischen Ebene, nachdem sie so lange auf der ätherischen Ebene auf ihren Einsatz gewartet haben. Du weißt, wer du bist. Du weißt, was du hier tun sollst. Jetzt beginne einfach. Die erhöhte Geschwindigkeit wird eine ganze Zeitlang wirksam sein. Nutze diese Energien voll aus und tritt durch die geöffnete Durchgangspforte vor dir.

Die Zeit der Behinderungen ist vorüber. Alle Dinge, nach denen du dich tief in deinem Herzen gesehnt hast, wirst du frei erhalten. Erlaube dir, sie zu empfangen. Erlaube dir, an die makellose Vollkommenheit des Göttlichen Plans zu glauben, der sich in deinem Leben manifestiert.

Erlaube dir, vorwärtszugehen und die Bande der dritten und vierten Dimension abzuschütteln. Die Ketten sind gelockert. Jetzt ist es an dir, sie abzustreifen, um Freiheit und Erfüllung in einem Ausmaß zu erfahren, wie du es dir erst seit kurzer Zeit vorzustellen vermagst.

Du hast die Wahl, ob du der Aufforderung Folge leisten willst, die durch die Himmlische Unermeßlichkeit tönt und tief in deinem Herzen widerhallt. Zaudere nicht, sonst verpaßt du die große Gnade dieser Zeit.

Bitte, habe Mut und tritt als der hervor, der du wirklich bist. Die Not ist groß, denn der Planet Erde selbst steht an der

Schwelle einer Entscheidung. So wie du! Die Zukunft wird hier und jetzt geschaffen. Wir haben die Kreuzung erreicht. Die Wege gabeln und trennen sich. Bald wird es nicht mehr möglich sein, sie halbherzig beide zu benutzen.

Durch deine volle Bereitschaft kannst du das Gleichgewicht verändern. Wir senden den Ruf viel häufiger aus, damit viele von euch den Bedürfnissen dieser Zeit mit der Herrlichkeit ihrer vollen Gegenwart antworten. Diese Entscheidung müßt ihr jetzt treffen und unwiderruflich in eurem ganzen Sein verankern.

Der Blick, den du hier erhaschen durftest,
kündet von deinem Verschmelzen mit dem Einen.
Die Teilung bleibt so lange noch bestehen,
bis du die Ganzheit deines Seins
vollständig zu integrieren weißt.
In Wirklichkeit ist dieses Fenster nur ein Spiegel.
Du schaust dich selber an.

Alle Schleier vor der Großen Wirklichkeit
waren nichts als Täuschung.
Du, der du dich danach gesehnt hast,
ins Herz von Vater/Mutter-Gott zurückzukehren,
bist die ganze Zeit über dort geblieben.
Du bist Alles, Was Ist.
Der Alles, Was Ist, der Eine und die Vielen.
Das bist du!

Das Fahrzeug für den Weg nach Hause
wird hiermit vorbereitet,
durch unsere vereinte Gegenwart erschaffen.
Dieser Eine soll nach Hause zurückkehren.
Zusammen, vereint als Ein Sein,
bist du das Fahrzeug für den Weg nach Hause.

Die erste Aufforderung zurückzukehren,
ist schon erschallt
und aktivierte damit den Ruf nach Taten.
Jetzt ist die Zeit gekommen, eure vereinte
Gegenwart auf Erden spürbar zu machen.
Die Engel werden aufgerufen,
sich vollbewußt
als Instrumente der Göttlichen Intervention
und als Anker des Goldenen Strahls
zu verkörpern.

Die bewußte Verbindung
mit deiner Engelgegenwart
hat in diesen Zeiten höchsten Vorrang,
denn dies ist die Vorbedingung für deinen Eintritt
in die Neue Oktave,
die dich auf der immerwährenden Spirale
nach Hause ruft.

Gruppeneinweihung

Für unseren nächsten Entwicklungsschritt müssen wir als Ein Wesen zusammenkommen.

Das bedeutet, daß wir eine Gruppeneinweihung erhalten, in der wir unsere getrennten Energien zusammenfassen und einen neuen Zustand kollektiven Seins erschaffen. Um diesen Vorgang zu erleichtern, müssen wir uns von der Vorstellung lösen, individuelle Bewußtseinseinheiten zu sein. Diese Identifikation könnte man unsere tiefste, letzte Verhaftung an die Trennung nennen. Durch diese letzte Pforte müssen wir gehen, um unser Fahrzeug für die Reise nach Hause zu erschaffen.

Obwohl wir schon lange wissen, daß wir in der Essenz Eins sind, haben wir uns immer noch daran geklammert, voneinander getrennte Wesenheiten zu sein. Dies war während unseres vergangenen, lange währenden Zyklus irdischer Erfahrungen angemessen, absolut notwendig und stand in vollkommener Harmonie mit dem Göttlichen Plan. Wir mußten uns als von allen anderen getrennt erfahren, um ein Selbstbewußtsein entwickeln zu können.

Wenn wir uns jedoch der Neuen Oktave nähern wollen, müssen wir unsere Identifikation mit einer getrennten Wesenheit liebevoll loslassen.

Vielleicht steigt eine ganze Reihe neuer Ängste in dir auf, wenn du daran denkst, diese letzte Illusion aufzugeben. Du fürchtest möglicherweise, danach nicht mehr zu existieren, doch ist das wirklich nicht der Fall. Tatsächlich wirst du viel lebendiger und vitaler, erfüllter und strahlender sein als je zuvor. Und du wirst dem Zustand näher sein, den wir Zuhause nennen.

Wie bei jedem Todesprozeß können wir uns leichter auf das konzentrieren, was wir aufgeben, als darauf, was wir bekommen, denn wir wagen uns wieder einmal ins Unbekannte hinaus. Doch wir werden einen Zustand gesteigerten Seins erfahren, wenn wir uns zu einem großen Lichtwesen vereinen. Wenn wir uns immer weniger als individuelle Bewußtseinseinheiten verstehen, werden wir größer, nicht kleiner.

Unser kollektives Sein ist unendlich viel größer und herrlicher als alles, was wir uns gegenwärtig vorzustellen vermögen. Vereint als Ein Wesen können wir all das erreichen, wonach wir uns als getrennte Wesen am meisten sehnten; wir werden wahre Erfüllung erfahren. Außerdem ist es eine Vorbedingung für unsere Vollendung auf irdischer Ebene.

Daher sind wir aufgerufen, das letzte Opfer zu bringen. Du wirst erfahren, daß es überhaupt kein Opfer ist. Wir sind aufgerufen, uns in einer Gruppeneinweihung als Ein Wesen zusammenzufinden und die menschliche Familie zu einem kollektiven Ganzen zusammenzuschweißen. Wir werden uns hauptsächlich mit dem Einen identifizieren, der wir wahrhaft sind — und das bin ich, das bist du, das sind wir alle gemeinsam.

Dies ist der Quantensprung, der uns unserem Zuhause immer näherbringt.

Inseln des Lichts

Wir bitten euch hiermit dringend: Kommt zusammen und gründet Inseln des Lichts!

In diesen über die ganze Welt verstreuten Gemeinschaften werden wir mit den Mitgliedern unserer Engelfamilien zusammenkommen, um als Anker für den neuen Göttlichen Plan zu dienen. Wir sind nun endlich bereit, uns im vollen Wissen um unser Einssein zu versammeln.

Diese Inseln des Lichts könnte man Einsiedlergemeinschaften nennen, denn jedem von uns wird die nötige Zeit und der Raum gelassen werden, allein an seiner individuellen Entwicklung zu arbeiten; doch sollten wir unsere Identifikation mit dem kollektiven Ganzen nicht verlieren. Hier werden wir ganz offen als Engel in dem Wissen zusammenleben können, eine gemeinsame Essenz zu sein und als Ein Sein für die Erleuchtung des gesamten Planeten zu arbeiten.

Wenn die Inseln des Lichts erst einmal geschaffen sind, werden sie gemeinsam ein großes Mandala aus Goldenem Licht bilden, welches die ganze Erde umgibt.

Hat dieses Mandala seine volle Leuchtkraft entwickelt, wird es sich mit dem Goldenen Gitter verbinden und dadurch eine noch größere Aktivierung verursachen, durch welche das Goldene Licht immer mehr erblüht.

Einige dieser Gemeinschaften sind schon geschaffen, andere stecken noch in der Aufbauphase. Wieder andere warten darauf, entdeckt und geschaffen zu werden. Alle diese Lichtinseln müssen sich bis Anfang des Jahres 1992 etabliert haben und aktiviert worden sein.

Wenn du die Aufforderung vernimmst, Teil einer Insel des Lichts zu werden und deinen Platz und deine Leute noch nicht gefunden hast, dann sorge dich nicht. Alles wird dir zum richtigen Zeitpunkt offenbart werden. Beschäftige dich in der Zwischenzeit damit, alles, was ansteht, an deinem gegenwärtigen Aufenthaltsort zu Ende zu bringen. Dann wirst du frei sein, um schnell reagieren zu können, wenn dein Platz dich ruft.

Einige von euch entdecken vielleicht, daß sie mit mehr als einer Insel des Lichts verbunden sind, und sie pendeln ständig zwischen zwei oder mehreren Zentren hin und her. Die meisten von euch werden sich glücklich an einem Orte niederlassen. Wieder andere werden entdecken, daß ihr Dienst es erfordert, außerhalb ihrer gewählten Gemeinschaft leben zu müssen, doch werden sie eine enge Verbindung zu ihr halten.

Jeder Mensch, der zu solch einer Insel des Lichts gezogen wird, bringt ein ungeheuer wichtiges Geschenk mit sich: das Geschenk seines Seins, aber auch eine Fähigkeit, die allen nützt. Jene von euch, die sich entschieden haben, materiellen Reichtum zu besitzen, können ihren Beitrag dadurch leisten, Land und Baumaterialien zur Verfügung zu stellen.

Wenn all unsere Inseln des Lichts an der richtigen Stelle verankert sind, werden wir zu einer Neuen Oktave kollektiver Ganzheit aufsteigen und uns immer mehr mit unserem vereinten Mandala aus Goldenem Licht identifizieren.

Unsere herrlichen Inseln des Lichts dienen nicht nur als Samen unserer Zukunft, sondern als Abschußrampen für unseren Aufstieg in die Größere Wirklichkeit.

Der Siebte Stern ist geboren, die Zeit der neuen Morgenröte ist angebrochen!

Dies ist der Eintritt in die Neue Oktave.

Die Neue Oktave erwartet all jene, die bereit sind, die früher von ihnen akzeptierten Grenzen oder Parameter ihres Wesens zu durchbrechen. Es ist eine Ausweitung des Bewußtseins in Sphären, in denen nur Einheit existiert. Dort sind wir nur Konzentrationen reiner Energie oder Lichtschwingungsfrequenzen, die in einem Sein verschmelzen.

Der Siebte Stern ist geboren. In diesem Zustand sind wir formlos, wesenlos, gleichzeitig nichts und alles. Das ist unser Zuhause, wonach wir uns lange sehnten, obgleich jetzt all unser Sehnen verstummt ist. Wir verschmelzen in heiliger Verbindung mit dem Einen.

Die Geburt des Siebten Sterns sagt eine Zeit voraus, in der kleine Gruppen der Menschheit ihren Weg nach Hause sehr beschleunigen werden.

Wenn sie die Hüllen der Individualität abschütteln und zu Einem Sein verschmelzen, werden ihre gemeinsamen Energien den Siebten Stern auf dem Planeten Erde erhalten und verankern helfen.

Der Siebte Stern wird zuerst in den Himmeln geboren, dann wird er zur Erde gebracht. Dies geschieht jetzt. Der Siebte Stern hat die Aufgabe, eine Neue Oktave von Dimensionsfrequenzen einzuleiten, die die Erleuchtung der Erde und ihrer unzähligen Lebensformen in großem Ausmaß beschleunigen. Er verkündet das Ende der Phase, in der sich die Menschheit zuallererst als individuelle Bewußtseinseinheiten verstanden hat.

Der Siebte Stern stammt aus den Dimensionen fünf bis sieben und führt bis zur elften Dimension. Er kündet von der Bewegung *über* die vierdimensionalen Energiemuster hinaus und stammt aus den Reichen des Formlosen.

Die Taube könnte man den Boten des Siebten Sterns nennen, obwohl das nicht ganz stimmt, da die Taube gleichzeitig die dimensionale Verkörperung des Sterns ist.

Wenn ihr euer Engelselbst mit den anderen vereint und verschmelzt, gebärt ihr den Siebten Stern, und die Taube kehrt zurück.

Wenn der Siebte Stern geboren ist, wird die Taube vollständig aktiviert. Dies ganze Wissen lagert schon lange in deinen verschlüsselten Zellerinnerungsbänken und wartet auf den Zeitpunkt seiner Aktivierung. Dieser Augenblick ist gekommen.

Der Siebte Stern wird durch die Durchgangspforte 11:11 erreicht. Er wird von den Dreien geboren und von den Vieren verankert. Er manifestiert sich durch die Sechs und ist das Kronjuwel der Elf.

Der Siebte Stern steht für die Einweihung in das Jenseitige. Er löst alle Grenzen auf, die die Illusion der Trennung aufrechterhalten haben.

Er kündet die Vereinigung von Energie-Elementen an, die lange getrennt waren, was eine tiefe Umstrukturierung der Energiemuster in der dritten und vierten Dimension bedeutet. Man könnte dies einen *molekularen Austausch* nennen. Dieser molekulare Austausch wird durch die jetzt wirksame neue Ausrichtung der Sterne möglich. Die molekularen Muster ändern sich und ermöglichen die Manifestation der neuen ätherischen Blaupause auf persönlichen, planetarischen und intergalaktischen Ebenen. Dies ist ein notwendiger Schritt, um uns vollständig in das Energiefeld der Taube zu versetzen, die unser Fahrzeug für den kommenden Massenaufstieg sein wird.

Der Siebte Stern ist gekommen!

Er ruft dich auf, dein ganzes Sein einer neuen Ausdrucksoktave hinzugeben. Das ist ganz ähnlich, wie wenn du dich in den sprudelnden Wassern eines Whirlpools entspannst: Du drehst dich rasch im Energiefeld der Unermeßlichkeit. Der elektromagnetische Griff ist stärker als alles, was du bisher erlebt hast. Mühelos wirst du in das Auge des Wirbels gesaugt und läßt alles vollständig los.

Während du immer tiefer hineingezogen wirst, erfährst du gleichzeitig massiv den Tod all der vielen Elemente deines Wesens, die mit dem Eintritt in diese Neue Oktave nicht zu vereinbaren sind. Dies erklärt, warum du Verlust und Trauer spürst: du stirbst wirklich! Außerdem unterziehst du dich einer gründlichen Neuordnung auf einer tiefen Zellebene, um neugeboren werden zu können. Die Saat des Siebten Sterns, die in dir sprießt, beschleunigt und ermöglicht die volle Aktivierung der entsprechenden verschlüsselten Zellerinnerungen. Wenn dieser Neuordnungsprozeß abgeschlossen ist, dann mach dich darauf gefaßt, der Zukunft als ein vollkommen neues Wesen ins Auge zu blicken, denn das wirst du in der Tat sein.

Der Siebte Stern wird durch die Durchgangspforte 11:11 erreicht. Diese Pforte kann nur von denen wahrgenommen und betreten werden, die bewußt ihr Sternenüberselbst in ihrem physischen Körper verankert haben. Das Kraftfeld, welches in der Pforte 11:11 herrscht, erfordert dies, weshalb sie für viele verborgen ist. Betrachtest du das Diagramm von 11:11, wirst du die veränderlichen Lichtschwingungen erkennen, die einem Wettersatellitenphoto im Fernsehen gleichen. Wenn der Schlüssel herumgedreht wird, vertieft sich der Eingang, und ein Korridor wird sichtbar, obgleich die Aktivität der Frequenzschwingungen weiter anhält.

Wenn man diesen Korridor einmal betreten hat, wird er zu einer schnellen Rennbahn aus Licht, welche in das Zentrum des Siebten Sterns strömt. Hier, im Herzzentrum des Sterns, befindet sich die Zone der Stille. Der neugeborene Stern strahlt eine Schwingung sanfter Reinheit aus. Darüber schwingt ein riesiges Pendel vor und zurück, wird mit wachsender Kraft immer schneller, stärker und beharrlicher. Dieser Vorgang wird von starker, zwingender, sich wiederholender Musik begleitet. Gleichzeitig tönen Glocken — ähnlich den Kirchenglocken — dröhnend und schallend — und künden im ganzen Universum von der Geburt der neuen Oktave.

Die Durchgangspforte 11:11, wenn der Schlüssel umgedreht ist

Das Zentrum des Sterns öffnet sich etwa so wie der Mund eines Seesterns und stößt einen kleinen weißen Vogel aus. Der Vogel steigt in Spiralen durch die Lagen des Sterns und wird beim Fliegen immer größer. Hat er den offenen Himmel erreicht, ist er zu einer riesigen weißen, fast durchsichtigen Taube geworden, denn durch ihren schneeweißen Körper kann man die Sterne sehen.

Diese Taube ist unermeßlich stark, wenn sie mit voller Autorität und Macht durch die Sternenhimmel fliegt.

Dennoch besteht sie einzig und allein aus verschmolzener Liebesessenz.

Im Herzen des Vogels leuchtet ein gleißender Same des Siebten Sterns.

Die Taube des Siebten Sterns fliegt ungehindert und frei.

Sie hat das Recht, jeden Ort in den unzähligen dimensionalen Universen anzufliegen, den sie wünscht.

Sie ist mit der Autorität des Einen und der Vielen ausgestattet.

In der Taube sind wir Eins, vollkommen ergeben, verschmolzen und vereint.

Wir befinden uns auf unserer Reise nach Hause.

Der Siebte Stern schickte die Taube, um uns zu finden, nach Hause zu rufen und zu Einem Sein zu verschmelzen.

Nur als Ein Sein schaffen wir die Reise nach Hause.

Deshalb müssen wir uns zuerst vereinen und Eins werden.

Laßt uns in Liebe als die Eine Taube aufsteigen, die wir wirklich sind; wir werden zum Stern zurückkehren.

Der Zusammenbruch der Dualität

Der Siebte Stern wird von den Dreien geboren und von den Vieren verankert.

Die Drei sind drei gewaltige dreieckige Energiekeile im Raum, die nach innen zeigen, sich gegenseitig aber nicht berühren. In der Mitte gibt es zarte Bewegungen, sanfte Regungen in der leeren Stille. So ausgerichtet, beginnen die Energiekeile aktiv zu werden. Sie enthüllen ihre Namen, die immer wieder rasch gesprochen werden, und versetzen so das Energiedreieck in schwindelerregend schnelle Umdrehungen. Durch diese Bewegung wird im heiligen Raum des Zentrums ein Sternenwirbel gebildet. Er gleicht einem Whirlpool voller winziger leuchtender Sterne. Sie wogen in den sprudelnden Raumströmen, welche durch die wirbelnden Energiedreiecke geschaffen werden. In diesem neu gebildeten Sternenwirbel wird der Siebte Stern geboren.

Man könnte auch sagen, daß der Siebte Stern von den Dreien in die dritte Dimension geboren wurde. Jetzt soll er von den Vieren verankert werden: von Willen, Wissen, Stille und Macht. Diese vier Elemente verbinden den Siebten Stern mit der vierten Dimension, welche ihn dann wiederum in der Erde verankert.

Die dritte und die vierte Dimension waren lange Zeit über auf der Erde getrennt, weshalb der Siebte Stern nicht geboren werden konnte. Doch jetzt haben wir durch unsere gemeinsamen Anstrengungen die vierte Dimension fest auf diesem Planeten verankert. Dies verursachte den sogenannten *Zusammenbruch der Dualität,* wodurch sich das, was lange getrennt war, endlich wieder vereinen konnte. Der Prozeß gleicht dem der Kernspaltung und ist in jeder Hinsicht genauso machtvoll.

Die Vereinigung der dritten und der vierten Dimension während der Harmonischen Konvergenz im Jahre 1987 brachte ehrfurchtgebietende Energiegewalten hervor, die die drei Energiekeile bildeten und die notwendigen Bestandteile für die Geburt des Siebten Sterns freisetzten.

Der Siebte Stern manifestiert sich durch die Sechs. Dies bezieht sich auf die sechs Dimensionen, die im bekannten Universum enthalten sind. Da der Siebte Stern aus den Dimensionen fünf bis sieben stammt, existiert ein Teil des Siebten Sterns also auf der anderen Seite der Durchgangspforte zum Jenseitigen. Dieser Zugang wird Durchgangspforte 11:11 genannt.

Die siebte Dimension oder Oktave sieben, wie sie oft genannt wird, führt zu Oktave elf. Wenn du die Durchgangspforte 11:11 durchschreitest, erreichst du die Oktave elf. Von dort wirst du durch eine plötzliche Inversion der Richtung direkt zur elften Oktave katapultiert. Diese Oktave ist die Startrampe, die zum Jenseits des Jenseitigen führt.

Diese Information ist wie eine Landkarte, die den Flug der Taube nach Hause in seinen Einzelheiten beschreibt, denn die Taube ist unser Fahrzeug nach Hause, geschaffen durch unsere Vereinigung zu Einem Sein.

Die Durchgangspforte 11:11

11:11 ist die Durchgangspforte zum Jenseitigen.

Viele von uns tragen die verschlüsselten Samenmuster von 11:11 in sich. Diese wurden uns lange vor unserer ersten Verkörperung auf diesem Planeten eingeprägt. Wenn der Sternsame 11:11 aktiviert ist, erhalten wir die Aufforderung, vollkommen zu erwachen, aufzustehen und unsere Reise nach Hause zu beginnen. **Denn 11:11 ist für uns ein schon lange verabredetes Zeichen dafür, daß die Zeit der Vollendung unserer irdischen Verkörperungen nahe ist.** Es kündet davon, daß wir uns dem Zustand NICHT-HINUNTER, NICHT-ZURÜCK nähern. Es ist unser Schlüssel, mit dem wir die Pforte des Aufstiegs aufsperren. Wenn 11:11 aktiviert ist, wird der Siebte Stern geboren, und die Taube kehrt zurück.

Wir sind aufgerufen, unsere Positionen im riesigen Leib der Taube rasch einzunehmen. Dies muß in vollkommener Hingabe und Überantwortung an den Einen geschehen, denn wir sollen einer weit größeren Bestimmung dienen, als jeder einzelne von uns je hätte erfüllen können. Wir beschleunigen und beleben den Einen, wenn wir unsere Plätze in der Taube einnehmen. Dies ist tiefer, ja, unermeßlicher als alles, was wir uns jetzt vorzustellen vermögen. Die Zeit, in der wir uns vor allem für individuelle Bewußtseinseinheiten hielten, gehört jetzt der Vergangenheit an. Erlaube der Illusion der Trennung, sich sanft aufzulösen und zu verblassen.

Die Durchgangspforte 11:11 führt zurück zu der Sieben, die dich zu Oktave Elf bringt.

Diese Oktave hast du gesucht. Dorthin mußt du gehen, wenngleich sie nicht dein letztes Ziel ist; wir würden sie eher einen *Veranstaltungsort* nennen. Stell sie dir als einen Hubschrauberstartplatz vor. Auf der elften Oktave verändern sich die Dimensionen so grundlegend, daß sich dir völlig neue Bereiche und Möglichkeiten schöpferischer Tätigkeit in einem Ausmaß eröffnen, den du dir in deinem gegenwärtigen Bewußtseinszustand nicht einmal träumen läßt. Oktave elf könnte man auch die *Abschußrampe* in die Bewußtseinssphären jenseits des Vorstellbaren nennen.

Die Taube ist unser Fahrzeug nach Hause. Sie hat die gleiche Form wie unsere vorbestimmten Sternmuster, die vor langer Zeit in uns verschlüsselt wurden. Die Bewegung der fliegenden Taube ist tätige Liebe. Die Taube muß von unserer vereinten Gegenwart vollständig gemacht werden, um das Fahrzeug nach Hause zu erschaffen. Nur die vereinte, vollständige Taube kann durch die Durchgangspforte 11:11 fliegen. Diese Pforte müssen wir auf unserer Reise nach Hause passieren.

Die Durchgangspforte 11:11 öffnet und schließt sich einmal.

Sie kann nur von Einem durchschritten werden.

Wer einmal hindurchgegangen ist, kann nie wieder zurück.

Sie wird sich zu Beginn des Jahres 1992 öffnen und am 31. Dezember 2011 schließen.

Während dieses zwanzigjährigen Zyklus wird die Taube durch das geöffnete Portal fliegen.

Es wird ganze zwanzig Jahre dauern, bis der riesige Körper der Taube, unser leuchtendes Fahrzeug nach Hause, die Durchgangspforte 11:11 vollständig passiert hat.

Der Traum

Ich kam gerade von einer Reise zurück und konnte in meiner ersten Nacht zu Hause überhaupt nicht schlafen, obwohl ich sehr müde war. Unruhig zog ich eine „Medizinkarte", die mir jedoch empfahl, meinen Träumen besondere Aufmerksamkeit zu widmen, da ich einen bedeutsamen Traum empfangen werde. Dies beruhigte mich sehr, da es sehr spät war und ich bereits gefürchtet hatte, in dieser Nacht überhaupt kein Auge zuzutun. Bald darauf schlief ich ein und hatte folgenden Traum:

Eine Gruppe unserer Engelfamilie traf sich mit einer Gruppe heiliger Männer aus einer anderen Dimension. Sie trugen lange weiße Kleider und lange weiße Bärte und sahen aus wie Sufis. Außer ihrem Führer, der offensichtlich ein großer Weiser war, hielten sich alle an ein mit religiösen Vorschriften verbundenes Stillegelübde. Wir befanden uns an einem Ort, der einer kleinen arabischen Stadt glich, ausgenommen die ungewöhnlich langen gläsernen Windspiele, die von den kahlen Ästen der Bäume hingen. Als zwei weitere Engel zu uns stießen, bildeten wir mit den heiligen Männern einen Kreis, damit sie unsere Sphäre betreten konnten, denn diese Dimension machte eine Energieanpassung notwendig.

Die Bruderschaft der heiligen Männer wollte die Brust eines der zu uns gestoßenen Engel mit einem sehr großen Stück orangefarbener Haut bedecken, um diesen Eingangsprozeß zu unterstützen. Plötzlich rief dieser Engel, der überhaupt nicht zu Panik neigt, daß diese Leute nicht das seien, was sie vorgäben, daß sie Fremde seien. Wir sollten schleunigst gehen, da wir uns in Gefahr befänden.

Schnell bildeten wir mit unseren Engeln einen eigenen Kreis, wodurch es uns möglich wurde zu gehen. Doch kurz bevor wir die Sphäre verließen, näherte sich der ältere Führer und zeigte mir eine Botschaft, die, wie er sagte, von höchster Wichtigkeit sei. Als ich sie zu lesen begann, realisierte ich, daß ich sie behalten müsse. Also erwachte ich, nahm Papier und Federhalter und schrieb so viel auf, wie ich konnte. Dies ist die Botschaft:

Wir haben große Neuigkeiten für euch und euren Planeten. Wir sind gekommen, um euch zu verkünden, daß die Zeit der Vollendung nahe ist.

Wir sind die Alten der Sterne. Wir werden euch nie wieder so begegnen können, da unsere Sphäre bald aus dem Kontaktfeld kreist. Wir haben uns zu diesem Zeitpunkt mit euch in Verbindung gesetzt, um euch diese Botschaft zu überbringen. (*Jetzt verstand ich den Ankopplungsprozeß: Zwei Kreise überschnitten sich, woraus ein zentraler innerer Kreis entstand, in dem sich unsere beiden Sphären oder Dimensionen überlappten, der Ort unseres Zusammentreffens.)*

Die Lichtträger der Erde sind aktiviert worden, denn der Planet steht unter der irreführenden Energie der vierdimensionalen Astralebene. Das ist eine Verletzung des Kosmischen Gesetzes. Wir selbst können nichts tun, um dies zu verhindern. Deshalb müssen wir unsere Energien abziehen und wieder zu Sternreisenden werden, denn wir sind die Beduinen der Sterne. Wir haben kein Heim mehr, zu dem wir zurückkehren könnten.

Wir sind in Frieden zu euch gekommen. Wir verlassen euch in Frieden. Es tut uns leid, euch geängstigt zu haben, obwohl es uns, wegen der unterschiedlichen Frequenzen, die bei unserem Energieaustausch mitspielen, nicht überrascht.

Der Planet Erde muß durch ein Massenerwachen aufgerüttelt werden. Euch bleibt wenig Zeit, kaum noch drei Jahre. Dann beginnt das Fahrzeug nach Hause, die Taube genannt, seine Rückreise. Diese Reise wird zum Ende des Erdenjahres 2011 abgeschlossen sein. Wir bitten euch alle dringend, die notwendigen Angleichungen und Vorbereitungen zu treffen, damit ihr an Bord die richtigen Positionen einnehmt.

Wenn sich der Teil, der durch die Durchgangspforte 11:11 aufsteigt, unwiderruflich von dem trennt, was in den Dimensionen eins bis sechs verbleibt, wird die Erde eine tiefgreifende Veränderung der Dimension erfahren. Du könntest sagen, daß die Erde ihre Haut abwirft. Du würdest den einströmenden Frequenzaustausch, der sich in dem Teil der Erde abspielt, der an den alten Gedankenformen festhält und deshalb nicht durch die Pforte paßt, sicher nicht genießen.

Wir stammen aus der siebten Dimension und werden euch daher auf der anderen Seite der Durchgangspforte erwarten. Dort werden wir euch nicht mehr fremd sein.

Beeilt euch bis dahin und versammelt eure Engel. Seid unschuldig, doch wachsam. Schafft euch jetzt die Orte der Zukunft. Diese sollen als Inseln des Lichts bekannt sein, Startrampen für den Aufstieg, der euch mit Leichtigkeit in die Größere Wirklichkeit führt. Dies ist äußerst wichtig!

Wir nähern uns in Liebe. Wir verlassen euch in Liebe. Wir wollten euch nicht ängstigen, nur warnen, daß die Zeit der Vollendung und der Rückkehr nahe ist.

Wenn ihr die Aufforderung vernehmt zurückzukehren, dann erschreckt bitte nicht. Erhebt euch statt dessen, erinnert euch und seid ermächtigt.

Fürchtet nicht um eure Sicherheit, solange ihr auf der Erde seid. Jeden von euch umgibt ein starkes schützendes Kraftfeld, welches für die verbleibende Zeit intakt bleiben wird.

Ihr seid hier, um Allem, Was Ist zu dienen. Jetzt ist die Zeit gekommen, eure vereinte Gegenwart spürbar zu machen.

Wir gehen jetzt in Liebe.

Hassein El Sharif
Der wandernde Sternmeister der Morgendämmerung

(Während ich die letzten drei Abschnitte schrieb, ging mir die Tinte aus. Die letzten zwei Abschnitte kann man nur durch den starken Eindruck lesen, den der Stift auf dem Papier hinterließ. Am nächsten Morgen funktionierte der Stift wieder einwandfrei.)

Und dann hatte ich eine einfache Vision,

die sich in mein Sein grub

und rasch zu meiner Seele schwebte,

ein Bild, das ich nie mehr vergessen kann ...

Ich sah eine Schar kleiner weißer Vögel,

die zusammen in der Formation

einer riesigen strahlendweißen Taube
flogen ...

Dann schwangen die Pforten

der Erinnerung weit auf ...

Erzengel Uriel spricht:

Ich bin Erzengel Uriel, der Wächter von Oben. Meine Reiche sind die Himmlischen Weiten. Unter meinen wachsamen Augen wurde in meinen Sternenhimmeln der Siebte Stern geboren. Ich beaufsichtigte die drei dreieckigen Energiekeile und richtete sie konstant aufeinander aus, um die Bedingungen für den herrlichen Augenblick der Geburt des Siebten Sterns zu schaffen. Immer bin ich wie ein stolzer, verantwortungsvoller Elternteil gewesen, der die Geschöpfe meiner Sphäre mit der Weisheit der Liebe führte. In freudigem Erstaunen beobachte ich die kontinuierliche Entfaltung und Manifestation der Göttlichen Bestimmung im Himmel und auf der Erde.

Nachdem der Siebte Stern geboren war, forderte ich die Taube auf, aus dem Herzen des Siebten Sterns aufzusteigen. Auch bat ich sie, euren liebevollen Herzen zu entsteigen. In den letzten Monaten des Jahres 1988 kündigte ich euch zum erstenmal die Rückkehr der Taube an. Nur noch zwei Male werde ich in den nächsten drei Jahren rufen. Mehr Zeit habt ihr nicht, meinen Ruf zu befolgen, die Taube aus eurem Herzen heraus zu gebären und euch bereit zu machen, euren Platz in ihrem leuchtenden Körper einzunehmen.

Ihr könntet fragen, warum dieser riesige weiße Vogel so wichtig ist, und die Frage ist gut, denn ihr müßt es wissen. Diese strahlende, leuchtende, fast durchsichtige Taube seid ihr, bin ich, sind all die Himmlischen Heerscharen und die Menschheit insgesamt. Sie ist unser Fahrzeug nach Hause, das durch unsere Vereinigung zu einem Sein geschaffen wurde. Sie ist ein großer Teil des Sterns, der bereit ist, seine Reise nach Hause anzutreten, das Fahrzeug für unseren Massenaufstieg. Wir werden den Planeten Erde nicht zurücklassen; er soll im Herzen unseres gewaltigen Lichtkörpers mitreisen.

Bald schon wird der Augenblick kommen: Die Durchgangspforte wird sich öffnen, und unsere herrliche Taube wird sich in vollem Flug erheben und den ganzen Himmel füllen. Zusammen als Ein Sein werden wir durch diese Durchgangspforte in die Größere Wirklichkeit reisen. Diese Reise wird, in irdischer Zeit gemessen, zwanzig Jahre dauern, da unsere Himmlische Taube so unermeßlich groß ist.

Deshalb habe ich euch gerufen. Erinnert euch, gebärt die Taube in euren Herzen und erhebt euch zu der Fülle eurer Engelgegenwart, damit ihr euren vorbestimmten Platz im gewaltigen Körper unseres großen weißen Vogels einnehmen könnt. Dann sind wir wirklich Eins.

Es spielt keine Rolle, ob ihr euch im Schnabel oder Schwanz wiederfindet, als Flügelspitze oder tief in ihren Magen geschmiegt, denn die Gegenwart eines jeden von euch ist nötig, damit unsere Taube fliegen kann. Jeder von euch ist notwendig, um das Ganze zu erschaffen. Ihr seid für die Erfüllung des Göttlichen Planes wichtiger, als ihr euch wahrscheinlich vorzustellen vermögt.

Zusammen sind wir die Taube. Zusammen werden wir als Ein Sein in eine herrliche Zukunft fliegen. Gemeinsam werden wir die lang ersehnte Reise nach Hause unternehmen. So treten wir in die großartige Zeit der Vollendung ein.

Die Taube kehrt zurück

Vor langer Zeit wurden uns vorbestimmte Sternmuster in Form einer Taube eingeprägt.

Die gegenwärtige Aktivierung des Bildes der Taube zeigt an, daß wir uns auf der dritten und vierten Dimension schon bald vollendet haben werden. Dies wird uns mit einem Schlage von den Dimensionen eins bis sechs befreien und uns den Weg zu einer Neuen Ausdrucksoktave öffnen.

Wie wir schon oft gesagt haben, ist die Taube unser Fahrzeug nach Hause. Damit keine Verwirrung herrscht, sagen wir hier noch einmal deutlich: *Die Taube ist kein Raumschiff.* Nur die Menschen, die eine dreidimensionale materielle Darstellung der Höheren Wahrheit brauchen, nahmen sie so wahr. In der Höheren Wirklichkeit sind all die Raumschiffe oder Sternenschiffe nichts anderes als Konzentrationen oder Ausstrahlungen von Licht und Energie.

Auch ich war an Bord verschiedener Raumschiffe. Ich wurde gut behandelt, und mir wurden alle Einrichtungen eingehend vorgeführt. Dennoch sagte man mir jedesmal mit Nachdruck, daß die Form nur eine Illusion ist! Wir nehmen sie nur wegen unserer Bindungen an die Materie manchmal in dieser Weise wahr. Wenn du also zu den Menschen gehörst, die herumsitzen und auf das riesige Raumschiff am Himmel warten, das sie von der Erde evakuieren wird, wirst du wahrscheinlich lange warten müssen. Sicher, es mag etwas landen und dich sogar mitnehmen, doch vielleicht kommst du nicht dorthin, wohin du wirklich willst — zurück in die Einheit Gottes.

Die Taube hat sich durch unsere gemeinsame Anstrengung und Hingabe manifestiert. Wenn wir von ihrer Rückkehr sprechen, meinen wir die Rückkehr ihres nicht manifestierten Potentials. Es liegt an uns, sie durch unsere Bereitschaft, unsere tiefe Sehnsucht nach unserem Zuhause, durch unsere Hingabe an die Größere Wirklichkeit und unsere Liebe für das Einssein zu beleben.

Die Rückkehr der Taube kennzeichnet eine neue Phase erhöhten Bewußtseins, in der wir uns zuerst als Bürger des Planeten, dann als Bürger des Universums fühlen werden, um letztlich zu der Realisierung von Allem, Was Ist, zu gelangen.

Schon hallt dieses große Erwachen in den Schreien der Menschheit nach Freiheit und Einheit über den ganzen Planeten. Ein neues globales Bewußtsein entsteht für Gaia, unsere süße Erde, als eine einzige miteinander verbundene und aufeinander bezogene Bewußtseinssphäre.

All dies bereitet uns darauf vor, aufzusteigen und unsere vorbestimmten Plätze im gewaltigen Körper unserer schönen Taube einzunehmen. Die Zeit unserer siegreichen Reise nach Hause nähert sich rasch. Wir werden uns zu einer unermeßlich großen Sternenlegion des Lichts verbinden, die zu einem Tropfen reinster Essenz zusammenschmilzt.

Gemeinsam als ein Sein werden wir uns von den sich auflösenden Illusionen unserer Vergangenheit erheben und fliegen. Auf unserem Aufstieg passieren wir die Durchgangspforte der Nicht-Zeit, denn dort existiert die Größere Wirklichkeit, nach der wir lange in den Tiefen unseres Seins gesucht haben.

In unserer ewigen Vereinigung mit dem Einen, im Zustand wahrer Erfüllung, werden wir immerwährenden Frieden und grenzenlose Liebe finden.

In schwebendem Fluge steigen wir sanft empor.
Das Juwel im Zentrum
— der Spiegel unseres wahren Seins —,
es lockt uns, führt uns und erhellt unseren Weg.
Dem Leuchtfeuer im Sternenauge Gottes
müssen unsere Herzen folgen!
Lichtwogen wirbeln um die eigene Achse
und verschmelzen bald zu einem Sein.
Jeder wird in diesem Augenblick der Hingabe
seinen Platz des Lichts einnehmen.
Laß einfach alles los und
konzentriere dich auf deinen Goldenen Stern.
Laß dich von ihm nach Hause führen.

Solasia

Reine Tropfen

Geliebte Sterngeborene,
ihr, die ihr von den Sternen geboren seid
und zu ihnen zurückkehrt —
ihr, die ihr der Stern seid —
wisset, daß diese Reise in die Erinnerung und ins Erwachen
fast vollendet ist.
Die Schleier des Vergessens sind gelüftet.
Der lange Schlummer ist vorüber.
Niemals wieder sollt ihr vergessen,
wer ihr wirklich seid.
Niemals wieder werdet ihr Trennung
zwischen euch und Vater-Mutter-Gott empfinden.

Denn jetzt kennt ihr euer wahres Sein,
und eure herrliche Engelgegenwart
ist ganz tief in euch verankert.
Die Goldenen Sonnenengel der Großen Zentralen Sonne
sind hiermit wieder aktiviert

und folgen ihrer Bestimmung
auf der Erde und im Jenseitigen.

Ihr habt den Ruf,
der durch die Sternenhimmel schallte
und euch zur Rückkehr mahnte, längst vernommen.
Durch eure Moleküle drang er und suchte sich
den Weg ins heilige Innerste eures Herzens.

Ihr wißt, die Zeit der Vollendung rückt heran.
Ihr seid freudig bereit und vollkommen gerüstet,
in eine Neue Oktave
der Größeren Wirklichkeit einzugehen.
Mit Weisheit, Liebe und Ermächtigung
nehmt ihr euren Platz im Lichtkörper
der strahlendweißen Taube ein,
die uns nach Hause ruft.

Zusammen sind wir schon Ein Sein.
Wir waren immer als Ein Sein vereint.
Mit äußerster Achtung und Liebe
verehren wir die allumfassende Einheit
unserer Größeren Wirklichkeit.

Ihr Geliebten, die ihr schon so weit gereist seid,
jetzt bringt euch die Reise zurück nach Hause,
zum Einen Stern...

Ich bin Solaris Antari:

Meine Geliebten, die Zeit ist da! Tretet vor und erhebt euch zur Fülle eures wahren Seins.

Der Ruf erschallte. Die Durchgangspforte steht weit offen. Im innersten Heiligtum eures Herzens habt ihr dem Himmlischen Lied gelauscht.

Habt ihr immer noch Zweifel? Sie sind nur der Staub der Illusionen. Schüttelt sie sanft von euch und erfahrt die Freiheit, nach der ihr so lange gesucht habt. Sie lockt euch! Nehmt sie vollständig an und gebt euch hin, denn Hingabe ist der Schlüssel, der Schlüssel zum Sein.

Obwohl stets gesagt wird, daß ihr die Wahl habt, gibt es in Wahrheit keine Wahl, nur die Hingabe. Es ist viel einfacher, euch lachend und liebend und voller Vertrauen hinzugeben.

Denn die Winde der Veränderung wehen ins Unbekannte, wohin ihr gesandt werdet, um zu wachsen und zu gedeihen. Das Unbekannte kann nur im Zustand vollkommener Hingabe erforscht werden, denn es ist grenzenlos. Dort werdet ihr all das finden, wonach ihr sucht. Eure Sehnsüchte und eure unschuldige Weisheit werden alles zu euch ziehen, was sich euer Herz erbeten hat.

Der Kristallruf ist ausgesandt und wird beantwortet, denn viele sind zu dem Treffen aufgerufen. Die Teile des Sterns vereinen sich wirklich.

Die Winde der Veränderung werden diese Samen weit verstreuen und sie doch nicht trennen, denn all die Samen sind Teile des Einen. Im Zentrum sind sie gleich. Wenn wir das einmal erfahren haben, können wir es nie wieder vergessen. Je mehr wir uns erinnern, um so mehr verschmelzen wir in der gemeinsamen Essenz. Wir sind wirklich Eins. Unser leuchtender Stern, der die reinste Liebe aussendet, wird mit jedem von uns, der sich erinnert, immer glänzender erstrahlen.

Entfalte deine Flügel, wenn du dich dem Winde hingibst, fliege, wohin du willst, denn du wirst überall gebraucht. Jeder von euch ist eine offene Durchgangspforte. Jeder von euch ist eine strahlende Säule aus Licht, ein Leuchtfeuer für viele andere. Ihr zeigt ihnen den Weg durch die Durchgangspforte in das Reich Himmlischer Unermeßlichkeit, unserem Zuhause. So vereinigt sich der Stern, Der Wir Sind!

Wir stehen schon jetzt in der Pforte des Himmels. Wir müssen uns nur erinnern. Wir schauen das Unsichtbare, lauschen der Fülle der Stille und empfangen die Höheren Frequenzen aus den unzähligen Dimensionen, die wir Oben nennen. So beginnen wir, den Teil unserer selbst zu verkörpern, der aus den Reichen des Himmels stammt: das Göttliche.

Wir sind die Vorläufer des Himmels, die Boten der Morgendämmerung. Für uns ist der Neue Morgen angebrochen.

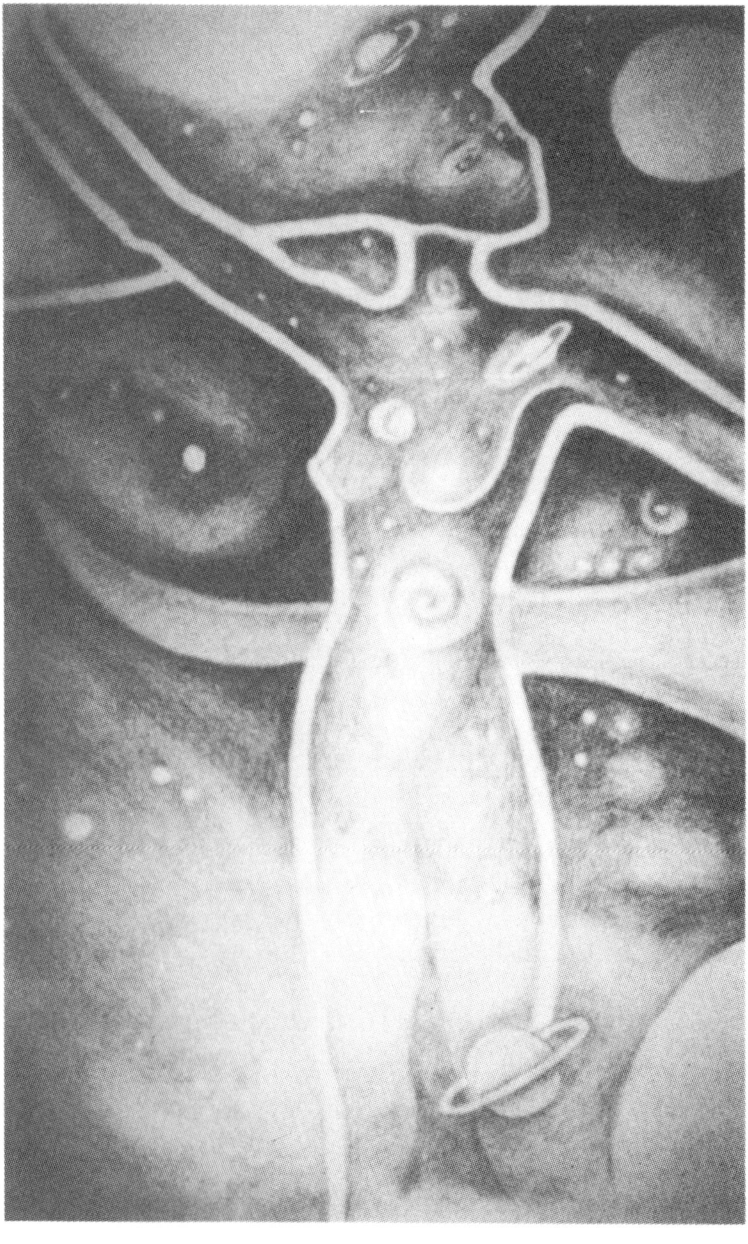

„Inneres Universum“ von Sheoekah Amu (Mary St. Marie).

Jeder von uns, der die Sterne berührte,
wird zu einem Licht, das alles
im Sternenglanz erstrahlen läßt.

Wo immer wir uns hinwenden, was immer wir
tun,
wir bringen ungezählte Goldene Sterne mit —
Sterne, die verwandeln!

Wir sind die Verwandler,
ausgesandt in Regionen, die vor kurzer Zeit
selbst Engel nicht zu betreten wagten.
Doch jetzt sind wir überall,
damit nichts von uns unberührt zurückbleibt
und alles getaucht wird in winzigkleine Goldene
Sterne.
Unsere Visitenkarte — die Sternsamen der
Verwandlung.

Während wir reisend Wandel bringen,
werden wir selbst zutiefst verwandelt.
Die Sterne dringen immer weiter in uns ein,
bis wir selbst zu Sternen werden.

Über Solara Antara Amaa-Ra . . .

Solara ist der Menschheit eine Botschafterin der Goldenen Sonnenengel. Sie ist Autorin der Bücher *Dein Goldener Sonnenengel, und wie du ihn erweckst* und *Die Legende von Altazar.* Zeitweise unternimmt sie ausgedehnte Reisen, hält Vorträge und Seminare und erweckt Engel, während sie außerdem als Herausgeberin des „Halo-Magazins" arbeitet.

Sie ist Mitglied einer großen planetarischen Engelfamilie, die täglich wächst.

Während sie dieses Buch schrieb, lebte Solara ganz einfach in einer kleinen Hütte in einem einsamen Gebirgstal im südlichen Arizona, umgeben von Kolibris und Rehen, achtzig Meilen entfernt von der nächsten Stadt, in vollkommener Einsamkeit, ausgenommen dem Goldenen Strahl und ihrer Engelgeschwister. Sie war an denselben stillen Ort zurückgekehrt, an dem sie ihre ersten beiden Bücher geschrieben hatte.

Jetzt lebt sie irgendwo auf diesem Planeten und bereitet ihr viertes Buch vor mit dem Titel: *„11:11 — Beyond the Beyond"*.

Wenn du Kontakt mit ihr aufnehmen willst, schreibe an:
Star-Borne Unlimited, Route 7, Box 191 B
Charlottesville, VA 22901, USA

Ich bin nur eine offene Durchgangspforte.
Wenn diese Pforte gefunden
und von anderen sicher durchschritten ist,
werde ich frei sein,
noch unbekannte Durchgangspforten zu entdecken.

Ich wohne in der Großen Stille Jenseits des Jenseitigen.
Meine wahre Form ist die Sternenweite verschmolzener Essenz.
Ihr findet mich in jedem von euch, so wie ihr in mir seid.
Zusammen als Ein Sein kehren wir nach Hause zu dem Stern zurück.